U0695905

张乾/著

从容智慧地行走

一位小学数学教师的行与思

东北师范大学出版社

长 春

图书在版编目（CIP）数据

从容智慧地行走：一位小学数学教师的行与思 / 张
乾著.—长春：东北师范大学出版社，2020.6
ISBN 978-7-5681-6912-7

Ⅰ.①从… Ⅱ.①张… Ⅲ.①小学数学课—教学研究
Ⅳ.①G623.502

中国版本图书馆CIP数据核字（2020）第096062号

□策划创意：刘　鹏

□责任编辑：邓江英　刘贝贝　　□封面设计：姜　龙

□责任校对：刘彦妮　张小娅　　□责任印制：许　冰

东北师范大学出版社出版发行

长春净月经济开发区金宝街 118 号（邮政编码：130117）

电话：0431-84568115

网址：http://www.nenup.com

北京言之凿文化发展有限公司设计部制版

北京政采印刷服务有限公司印装

北京市中关村科技园区通州园金桥科技产业基地环科中路 17 号（邮编：101102）

2022年6月第1版　　2022年6月第1次印刷

幅面尺寸：170mm×240mm　印张：18.25　字数：300千

定价：45.00元

序 言
PREFACE

作品意识——从不自觉走向自觉

（代 序）

一位好的教师应该在教育的行与思中有作品意识。这种作品意识就是以"我所知道的"为基础，把"我想写的"写出来。"我所知道的"是教师在教育实践过程中的客观现象本身，而"我想写的"则是以一种研究的态度，对客观现象的深刻反思与合理扬弃。从"我所知道的"到"我想写的"的过程，是一位老师从青涩走向成熟的过程，更是从教育实践的不自觉走向自觉之境的过程。而张乾老师就是这样一位在教育的行与思中，不断反思、研究，实现了从不自觉走向自觉之蜕变的老师。

2012年，我开始主持并深入研究大问题教学，张乾老师作为旁听学员参与课题组的学习，参与听课、研课和评课。我想那个时候"研究课堂"这个意识已经注入张乾老师心中，使得他在之后的教育实践中扎根于课堂，蹲下身来和学生一起学习、一起研究，成为学生最好的老师，成就最好的教育，并努力实践与践行大问题教学理念与法则。

2017年暑假，张文质先生和我在福州橘林书院举行大问题课题指导师培训，当时我们谈得最多的是教师要有作品意识，要注重对课堂教学的研究。张乾老师也参与了此次学习活动，并且已在那时开始着手本书的创作。他一直把这个"作品意识"深植于脑海里，并付诸行动，用笔记录了他与学生学习中的点点滴滴，记录了他在教育教学过程中的所思所想所感，记录了他在教育研究中遇到的问题以及提供的解决方法。可以说，他教育生涯中那些最原本的东西，那些与学生交往过程中师生智慧的闪光点，那些真实学习背后的精彩故事，那些最真实最感人的学生学习故事，才是"真"的故事、"真"的教育。

其实，教育教学的过程就是学生学习、思考和自我生长的过程，也是教师行思的过程、教学相长的过程。作为一位小学数学教师，张乾老师十年如一日地躬耕于课堂，身处在学生身旁，与学生肩并肩地成长着、学习着、思考着、研究着、记录着。本书能结集成册，那是张乾老师十多年的思考与研究，更是多年的教育教学实践成果的最好见证。本书内容既有丰富、生动的教学案例，又有对教育实践的深度反思与研究，能够使读者从教育故事中启迪智慧，从教学设计中感悟课堂魅力，从教学研究中挖掘学习的本质。同时也通过这本书，我们能够全面而深刻地了解一位小学数学教师的行与思。

我想，教育就是自我生长和教学相长的过程，努力做一位幸福的研究者，带着笔前行，带着学生和一盏明灯去寻找教育的真善美，人间的大善大爱莫过于此。教育就是播种爱，就是互相成全，张乾老师在成全学生的同时，也成全了他自己，从一位年轻的教师，走向成熟型教师，走向骨干教师，走向区级专职责任督学……即使这样，张乾老师仍旧初心不改，矢志不渝，用爱与行动，在小学数学课堂上，在学生身边行走，那是怎样的行走！那是怎样的教育！

身为张乾老师的良师益友，能够见证他从不自觉走向自觉之境的蜕变，深感欣慰！希望他的蜕变能够激励更多的教师以一种作品意识去思考与实践，在反思与扬弃中不断提升自己的专业素养，从而开展更多的"真"教育。

2020年5月

（作者系全国知名数学特级教师，数学正高级教师，大问题教学的首创者。任职于深圳市教育科学研究院）

行走于教育天地间

（自 序）

陶行知先生说，人生为一大事来，做一大事去。而教育就是我一生的大事。

也许一切都是命运的安排。从没想过这辈子要从事教育事业的我，大学毕业后，走进了伴随改革开放光辉历程的深圳市蛇口育才教育集团，做了一名小学数学教师。

为人师表，敬业乐学。十余年光阴荏苒，我深爱自己的工作和学生，无论课内还是课外，我都用心去思考教育的可能性，探寻教育真理，践行生本教育理念。

犹记从教之初，我像是一粒想长成参天大树的种子，扎根教育沃土，吸收养分，努力向上生长，希望有朝一日能和自己羡慕的那些优秀的教育者一样有所成就。如今我初心不改，仍希望自己是一粒种子，扎根三尺讲台，吸收着身边人的光和热，和更多学生一起成长，用生命影响生命，用灵魂触动灵魂。

撷英拾萃，智慧结晶。这本书积淀了我这些年来所思所想、潜心思考的教育教学问题和日积月累的工作点滴。内容虽然平常，却能显真实、见成长。我希望自己能似一缕春风，用师者之仁心去影响学生，带其走进知识的殿堂；我希望能用真情故事让读者感悟，与其进行深度对话；我希望能用鲜活的案例促教育实践，在科研道路上勇往直前；我也希望自己如一滴雨露，润泽万物，滋养生命，使学生走向真、善、美的教育圣地，去寻找生命的真谛。

下面介绍这本书的主要内容：

本书共分三个篇章，分别是师者情怀、专业领航和科研点津，分别从三个角度阐述了我对小学数学教育的思考与实践。师者情怀篇阐明了我的教育教学主张，收录了许多精彩的教育故事，还特别对师生在学习过程中的亮点对话进行了记录，希望可以促进读者思考，使读者感悟到教育的博大精深。专业领航篇汇集了我的教育演讲及教学设计，内容都是多年来我精心设计并多次琢磨与修改的，读者将会透过文本感悟到我的教育理念与设计构想。在科研点津篇，我对教育教学深"挖井"，通过课题和论文的形式，逐一挖掘教育的宝藏，研究教育问题。倘若读者能结合自己的教育教学实践进行深入研读，将会有所收获。

张 乾

2020年5月于深圳

目 录
CONTENTS

上 篇 师者情怀

1

中 篇　专业领航

下 篇　科研点津

师者情怀

上篇

第一章 生本仁心——教育主张自白

自我生长

培养能自我成长的人，这是我的教育主张。

纵观人类教育的历程，教育的目标是为了培养人、发展人，塑造能适应未来社会的人。学生具有认知能力、合作能力、创新能力、职业能力和良好的品行品德，这是社会对学生的要求。作为教育工作者，应该帮助学生学会经营未来，学会主动学习，具有内在发展力。

那么促进学生内在发展力的因素是什么呢？那就是自我成长力。何为自我成长力？我觉得就是：学生为了获得更好的个人发展所具有的那种绽放生命的勇气和信心，那种走向卓越的孜孜追求和不懈拼搏，那种仰望星空而又脚踏实地的梦想和激情，那种敢于担当、勇于探索、善于学习的精神。

培养自我成长的人，就是促使学生在追求基础知识和基本技能的过程中，形成并发展一系列关键能力，如认知能力、合作能力和创新能力。认知能力，即学生具备独立思考、逻辑推理、信息加工、语言表达和文字写作的能力，具有学会学习、终身学习的意识。合作能力，即学生学会自我管理，学会与他人合作，学会过集体生活，学会处理个人与社会的关系，遵守、履行道德准则和行为规范。创新能力，是指学生具有好奇心、想象力和创新思维，具有勇于探索、大胆尝试、创新创造的精神。

要培养自我成长的人，必须追求科学的教育观。而科学的教育观必须坚持以生为本的教育思想。以学生为本，即以学生的自由发展为最高目标，以进一步提高学生的科学素养为宗旨，立足学习方式的改变，大力倡导自主、合作、探究的学习方式，注重学生原有的生活经验和学习经验，关注学生的个体差异，强调学生的主体性、主动性和参与性。

对教师而言，要培养自我成长的人，课堂是主战场。我所采用的"相融共生"的对话课堂学习模式，这种模式是一种培养学生自主学习、自我发展的有效学习方式。我以生本对话和师本对话为教学基础，以师生对话和生生对话为教学主体，将六种对话形式相融共生，形成以生本对话、生生对话和师生对话为主，其他对话形式为辅的课堂对话模式，真正实现了以生为本的课堂教学状态。

一盏明灯照未来

2018年11月10日是一个值得永久记忆的日子。这一天，我有幸参加了"哈扎拉尔的微笑"朗诵会。作为志愿者，我参与了整个活动。朗诵会上，嘉宾对话、作者自白，触动我的心灵，使我对教育、生活、人的存在，有了思辨，开始叩问生命，呼唤未来。

哈扎拉尔说，人一生最大的努力是不停地寻找一盏灯，这不仅是为了获得一种依赖，而且，这样的寻找本身也是一种最大的快乐。

文质（张文质）先生和春华校长都是这样的人，像一盏灯，一盏明灯，照亮自己，照亮我们，浑身散发着光与热，召唤灵魂，激发梦想，给予我们梦想和勇气，以及逐梦的力量。

每次见文质先生都非常非常亲切。

今天我正要上前拥抱文质先生，先生说，他不和男士拥抱，除非我出版我的第一本书（这是文质先生见到任何一位他认为有可能出书的人常说的一句话。我想这是在给我希望，更是在给我目标。我内心对此也是充满期待的）。于是，我快速走向前，和文质先生握了握手。那手宽大厚实，让我感受到力量。我要争取早日出版我的第一本书，有属于自己的作品，以便见到文质先生时更自信。

同样，春华校长是文质先生的学生，也是一位常鼓励我、给予我勇气和力量的校长。春华校长的行动力和执行力让我敬佩。她即使工作再忙，也坚持笔耕不辍,最近的两篇文章,彻底使我折服。这两篇文章是《我的恩师张文质》和《贴着地面飞行》,字里行间,让我深刻体会到一位校长对学生、对教师、对教育的情怀,身边能有这样的师长,吾辈幸福。前段时间,春华校长创建了"半亩花田写作群",我有幸加入。在春华校长的引领下,在"花田"各位教师的关怀下,我不断学习、进步,有了大家的鼓励与指导,作为一个理科男的我也能写出"真"的文章了。

文质先生和春华校长都是我的老师,是我笔耕路上的一盏明灯,照耀我前进。哈扎拉尔说,人人都需要有一个老师。我想我是幸运的,一下子遇到了两位老师。教育路、修行路,我会以一颗虔诚之心,思考生命意义,探寻教育之路。

带着笔前行

2018年10月,在美丽的滨海小学,我有幸参加了张文质教育写作优培班。听张老师讲写作知识,使我受益匪浅。有哪位大作家能放下烦琐杂事,亲临一所学校讲课?唯有张文质。张老师的态度是真诚的,对我们的勉励与期待更是真诚的。一次次催我们交"作业",这事更让我感受到张老师对我们的期待与厚爱。与张老师多次相遇,也多次聆听张老师讲座,这次确实触动了我的心灵,让我下决心走进教育叙事王国,与教育同人对话,与自我灵魂对话,并叩问心灵:我的教育人生该何去何从?必须坚持写下去,才能找到教育的真谛。我笔写我心,走进大师所带的团队,砥砺前行才能寻到教育的真我,走上卓越的教育人生。

现在细细品味张老师给我们讲课的内容,越品越香,就如品茶、品酒一样,那味道醇厚,那香味扑鼻。我想这些内容会时刻促使我去尝试写作,尝试把我与孩子们的学习生活记录下来。没有精句,没有华丽的词语,记录的都是生活琐事、学习琐事,但这就是最真实的教育生活。

一、破除写作恐惧

"恐惧"是人们在面临某种危险情境，企图摆脱而又无能为力时所产生的一种强烈的、担惊受怕的、压抑的情绪体验。恐惧心理就是平常所说的"害怕"。按照英国数学家凯利的观点，恐惧类似威胁，但程度上较轻。在学习中，写作恐惧无外乎以下两种情况：

（1）没有东西可写，都是生活琐事，都是教育常规。

（2）怕写出来没人看。刚开始写作的人的水平一般都不高，害怕给别人看，又害怕别人不看。害怕给别人看，是因为写得不好，怕别人看不起或笑话自己，我想这是问题的一个重要方面。害怕别人不看，是因为怕别人都读经典、名著，不会读自己的文章——没什么名气，又没什么价值——最终因别人不看，导致自己动力不足。

而之所以会产生写作恐惧我认为也有两点：

（1）懒惰。平时工作太忙，回家又要照顾孩子，很多时候又要加班做学校的事情，很难抽出时间来写点东西。其实说来说去这都是借口，时间还是能挤出来的。最难的就是坚持。人是有惰性的，抽出时间坚持记录下去、写下去，确实是一件非常痛苦的事情。问君怎样才能坚持？只有认准了才有动力，意志力是关键因素。

（2）缺乏发现美的眼睛。平时教育生活中，我们有时候很难抓住闪亮的瞬间，很多教育故事就让它们消失了。我们必须冲破固有思维的限制，跨越现象看本质，抓住一切值得记住的瞬间，尽量用精准或有思想的文字把它们描述出来。

二、找到写作起点

"不识庐山真面目，只缘身在此山中。"其实写作何尝不是如此？我们天天处在教育场中，与学生、与家长时常交流，其中很多问题值得我们去思考、去研究。备课的问题值得我们去查阅资料、深度思考、勇敢尝试；上课时学生的学习情况与学习状态，教师调控课堂的技巧，等等，都可以记下来，并深度思考；课后与学生的交流、作业的辅导、特殊学生的转化，也都可以用文字记录下来，将教育故事真实再现，让生命课堂焕发光彩。我们不缺素材，我们缺的是发现素材的眼睛。我们应该庆幸，与许多孩子一起成长，是多么幸运。我们应该去赞美，去歌唱。

其实，在我们的教育人生中，若能经常记录孩子在课堂上的表现，记录孩子一次次失败或成功的经历，记录孩子因为某事的不安，并回顾、思考，我们就能走上寻找教育真谛的康庄大道。

三、以阅读提升写作水平

因是理科生，我读的文学书并不多，写文章时很快就词穷了。

唯有读书，才能厚积薄发。其实在这之前我也有意识地去阅读，去思考。不知道从哪里读，我就读经典，读源头，读我们古人的智慧。最近一直在读《论语》，读得很慢，主要是怕理解不深，并要与教育教学联系起来。

"有教无类，因材施教""三人行，必有我师焉""其善者而从之，择其不善者而改之""君子和而不同，小人同而不和"。每每读罢，心生敬佩，如痴如醉，感叹我们的先人竟有如此高的境界。

四、以写作促进教学反思

思考是学习的第一生产力，我们平时在教育教学中，重点就是要培养学生的思考力。有思考、会思考的孩子都善于学习，学习成绩也会非常优秀。我们教师写作的过程也是一个思考的过程，同时也是一个输入与输出的过程，可以更深层次地促进我们进行教学反思。一个教师优不优秀，其中最重要的一条是他有没有静下心来去琢磨，去思考，去研究教育教学。

五、主体化思考与写作

写作可以随便写，也可以有意识地去写。生活是丰富多彩的，我们的教育生涯中，有太多的故事可以记录，有太多的生命值得歌颂。多年以后，再读这些文字，那该是一件多么美好的事情。关于思考与写作，张老师建议我们进行主体化的思考、主体化的写作，我想这就是广挖井和深挖井的道理所在。深挖井，即集中在某一个点、某件事、某个人上，对其进行持续性观察、思考、研究，坚持记录。几年过去，在这方面你一定会成为专家，并且是权威专家。主体化、系列化是一个记录生命成长的教师应该有的坚持与执着。

六、确立写作风格与类型

我们的文章吸不吸引人其实非常重要。我们常说扬长避短，应寻找个人优点，放大再放大，在写作中逐步形成自己的写作风格。不同的人记录事情的风格是不一样的，要尊重个性，发挥自己的优势，将生命成长中的故事以自己的风格记录下来。写作的类型多种多样，首先要是自己喜欢的、擅长的，倘若自己都不喜欢，怎能让别人喜欢。我们平时的教育教学文章，大多数是论文、教学设计等，故事性和可读性欠妥。我们在写作的时候，可以以故事性的内容为入手点，写教育故事，这样入手易，可读性强。

七、做有成果意识的教师

当回首往事的时候，我们不会因虚度年华而懊悔，也不会因碌碌无为而羞愧。这样，我们才能够说，我们的整个生命和全部精力都已经献给教育事业。当我们步入老年，再来品读我们年轻时的文字，有许多成果在那里，我想这是最美的画面。让脑袋动起来，让笔动起来，写写写，所有的写都是最美的风景线。

记得黄爱华老师曾说："我要多写些书，等我退休了，我的孙子带他同学来家玩，他会很自豪地向大家介绍，这个书架上的所有书都是我爷爷写的。那时我坐在旁边的椅子上，会倍感欣慰。我想我的孙子也会很自豪，更会以爷爷为榜样，青出于蓝而胜于蓝。"黄老师的梦想不就是我的梦想吗？

感谢上天给我一个这么好的机会，参加张老师的写作班培训。张老师要求我们每天写500字，回顾这两个星期我写了几篇，原因是大部分时间都去准备南山区改革创新文稿了。春华校长鼓励我说，其实那也是写作。对，那也是写作。我给自己定的目标是每天写500字，21天养成好习惯，我想我可以做到，我也一定能做到。我要带着笔前行，用脑思考，用写作记录生命，用生命润泽人生。学生成长，教师成长；教师成长，学生更好地成长。我坚信教师平凡的每一天，会成就学生非凡的某一天。

做一名幸福的研究者

苏联著名教育家苏霍姆林斯基有句名言："如果你想让教师的劳动给教师带来乐趣，使天天上课不至于变成单调乏味的义务，那你就应当引导每一位教师走到研究这条幸福的道路上来。"

就在昨天，由我主持的深圳市教科院两项课题开题了，分别是"大数据背景下因材施练提高小学生口算能力的深化研究"和"基于核心素养课程体系下的教师专业发展路径研究"。从开始准备到开题汇报，可谓呕心沥血。当时面临的各种困难现在想想都觉得后怕。还好为了当初的梦想，总算能坚持下来了。

应邀参加此次会议的评审专家、领导有华南师范大学化学教学与资源研究所的教授、博导林天伦处长，华南师范大学教务处教授、博导钱扬义副处长，深圳大学数学与统计学院的张文俊教授，深圳市教科院科研管理中心的黄积才主任，南山区教育局的龚振主任以及深圳市蛇口育才教育集团育才一小的王邦杰校长、潘淑平副校长和全体课题组教师。有这样的专家团队，开题会可想而知是多么的"高大上"。五位专家悉心指导，并对课题的多个方面进行了全方位论证，如课题题目的每一个关键词、关键字，课题的流程与规范，课题的研究目标与内容。

这两个课题都是我非常感兴趣的内容。第一个课题研究智能化出题，每个人、每套试题都不一样，都依据前几次的学习轨迹和大数据分析共性问题组建内容，数据挖掘、智能算法和数据推送是此课题的关键研究因素。在2014年，此课题被立项为南山区科技局重大招标课题，有3万元课题经费。我们就此进行了大量的研究，寻找人工智能专家、信息技术工程师，取得了一定成效。

2018年初，我们再次进行了设计，就此课题进行了深化研究，申请了深圳市教科院课题。课题得到评审专家一致认可，并成功立项，获得了2万元的课题经费。信息技术与教育教学深度融合已得到大家普遍认可，用技术分析学习，帮助学生学习，提高训练效果是近年研究的热点问题，我们紧追热点问题，走在时代前列。

第二个课题是有关教师专业发展的问题，这个课题主要研究基于核心素养课程体系下的教师专业发展路径。这个课题既是区级课题，又是市级课题；既是初级研究，又是深化研究，我们很好地处理了这两种级别的关系。我们在学校课程建设过程中打造课程工作室，促进教师专业发展，探究了教师成长过程中应该具备哪些素养，有哪些途径可培养这些素养，以及教师专业发展层级式和项目式二维发展模式等，以培养适合学生发展的教师。

为了准备这两个课题的开题，前期我做了大量的工作。首先，申请市级课题。从前期的设计到申请表的填写，一遍遍修改，一次次研讨，终于获得了市级立项证书，那一刻觉得所有的付出都是值得的。其次，组建队伍。团队的组建非常关键，课堂研究要找到志同道合的人，于是我采用自主报名的方式，希望能找到对这两个课堂研究感兴趣并且乐意研究的合伙人，将学习研究进行下去，走上幸福的探究之路。两个课题共招募成员近30名，达到了预期的效果。后来课题研究团队根据研究需要，又主动邀请了几位相关的领导及课题专家。这里有两方面考虑：一是这些领导平时都参与这些项目，也会做这些事，有一定的资源和领导力；二是邀请的一位博士和一位硕士都是课题专家，对课题研究的流程和规范有极高的熟悉度，可以随时指导课题的过程性研究。最后，准备开题。开题前要做大量的工作，如撰写开题报告、做PPT汇报和开题汇报。开题报告我进行了三四次修改，并同课题组核心成员进行了一次深度讨论，最后才将开题报告定稿。PPT制作我也花了很多时间和精力，选择模板，设计背景，考虑如何通过精心的设计，以精练的语言准确表达课题的思想。设计感的体现和关键句、关键词的提炼是PPT设计的灵魂。然后就是汇报。汇报的目的何在？讲自己课题设计的故事，演绎逻辑思维的故事，希望能得到评委的指导，把故事演绎得更加精彩，从而达到甚至超越原有目标，建构更好的课题设计。

为了准备开题汇报，每天晚上我都是凌晨一两点才休息。这么大的两个项目确实不容易搞定。开题汇报时，大问题没有，只是PPT有一点小问题。时间太紧，没能在汇报前进行一次模拟汇报，值得反思。

接下来要进行实质性课题研究，我将和课题研究团队——近30位教师，一起研究我们教育教学中的问题，提升我们的教育教学水平和教学研究能力；我们会一起撰写教育教学论文并推荐发表，让我们的教师更有成就感、成功感，真正在研究问题的过程中寻找到研究的幸福，体验生命的价值。

人生有很多美好的事情，读书，不一定会延长生命的长度，但一定会拓展生命的宽度；研究，不一定会挖掘生命的深度，但一定会提升生命的幸福度。

教学是一种美妙的情感交流

教学是一种情感的交流、对话。

教学是一种生命之间的对话、灵魂之间的互动。

教育是一种行走，教学是一门慢的艺术。

如何在教学中注入情感，调动学生激情？

如何在课堂上感动自己，感染学生？

如何在教育生活中捕捉灵动的生命，让其尽情释放？

教师要学会享受教育，静待花开。

首先，教师要有热情，有对生命的热情。要热爱生命，热爱生活，把每天都过得有滋有味；要有一颗童心，一颗动情之心，看花开花落，看潮起潮落；要感悟生命，体验生命，珍惜身边的美好；要永远拥有善良之心，感恩之心，把自己的生活过得如诗一般，把自己的人生过得绚丽多彩一些；要用美好的心灵带动身边人，幸福满满，正能量满满。

其次，教师要爱学生，多看学生美好的一面。学生的发展有无限可能，我们不要急于一时，更不能急功近利，要看到学生发展的无限可能，追求一种适合孩子的教育。

最后，教师要爱课堂，要用爱融合知识与能力，并将情感注入课堂的各个环节。课堂上，教师和学生一起学习、一起成长那是最美的状态。教师只有以情动情，将爱注入学生的学习中，才能以情生情，情情与共，情情共鸣，使学生热爱课堂、热爱学习。注情，说起来易，做起来难，一节课、两节课还可以，可时间长了，我们的情感从哪里来？当教学已经成为我们的习惯，当学生已经成为我们的常客，我们又该怎样动情？又该怎样注入感情？

无数次地追问，无数次地思考，我总得不到答案，可能没有答案的问题才是最好的问题。

课堂是美好的童话，课堂是生命绽放的舞台，站在学生身旁，走进学生心里，用情感驱动，用灵魂感化，用真爱融化，这样的课堂才是最美丽的课堂。

吾爱吾师，吾更爱吾生。

教育就是播种爱

"好未来"创始人张邦鑫说："老师跟学生交流和沟通，根本不是教了多少知识、用了什么手段和方法，而是传递了多少热情，多少能量和爱，以及多大程度开拓了学生的视野、提升了学生的信心，帮助学生从中得到成就感。"在他看来，所有这些东西，都是科技、数据和人工智能改变不了的。

教书十几年，我慢慢悟出了许多道理，觉得有些事情真要坚持。一个教师教学水平的高低并不是最重要的，重要的是有没有如火般的热情，有没有对教育、对孩子的热情，有没有以爱的名义做爱的事情。

韩愈《师说》曰：师者，所以传道授业解惑也。这里只是对教师作为知识传播者的定位，而没有从人性，从生命来界定。作为新时代的教师，我们又该如何定位自己呢？我想应该是传递正能量，传递对生命的热情，播撒爱的种子。

很多事情说起来易，做起来难，要让学生明白我们的良苦用心，更是难上加难，那需要理解与信任，成全与期许。上一届的许森楠同学在申请国外学校时这样描述老师：

"张老师教了我五年，他宽容大度，讲数学把逻辑题讲得很细，这让我从小养成了追根求源的习惯，这也是我后来对真理有那样执着追求的原因。不知道为什么，但我能感觉到张老师对我有一种特别的保护。也许是因为他发现我的思维很有潜力，在数学上好好培养会有一定成就吧。不过无论如何，这种保护使数学在我心中最初的印象很亲切。这种印象使我具备终身学习的能力。三年级以后，随着我的思维水平的飞速发展，我觉得数学对我来说太简单了，上数学课也没有以前认真了。有一次我卧在桌子上睡觉，其实我没有睡着，我听到别的同学在起哄，但张老师却跟他们说别打扰我。我实实在在地被震撼到了，感受到一种海纳百川的力量。道德感告诉我，我不能再这样下去。从那以后虽然数学课我还是不专注，但我再也不影响课堂了，并且成绩优异。张老师使我学会宽容，宽容会震撼人的心灵。"

当初的我是那样想，也是那样做的，从她后来的行为及对课堂的态度看，她读懂了我，读懂了老师那份特别的理解与关爱。现在我每每回忆起这段学习往事，都是幸福的。教育难道不就是这样吗？理解、尊重、信任、宽容与爱。我们不仅要说，还要应该躬耕于行。作为老师，敬畏生命，理解生命，聆听生命拔节的声音，那才是我们最幸福的事情。

人生有梦想，脚下有力量，做事有热情，心中充满爱，吾辈在践行。

教育如何成就更好的自己

当教育遇到儿童，

当儿童不太适合当下教育，

当教育与儿童发展发生矛盾，

当二者产生矛盾导致家长焦虑，

我们该何去何从？

一次集团运动会上，碰到了一位家长。这位家长是小天的妈妈，她主动走到我身旁，和我兴致勃勃地聊起了她的儿子。开学近一个学期，我第一次和小天妈妈聊关于孩子的话题，像永远聊不完。

这里先交代一下小天及其家庭背景。小天同学今年上四年级，中等个子，是一位很质朴的小男生，母亲是高中数学教师，父亲在公司做业务员。据他母亲说，他父亲经常出差。我对小天同学有深刻的印象。就在上个周五，我让小天回答问题，他站起来支支吾吾，半天没回答上来。他当时正在和前面的同学讲话，我这也是在变相提醒他上课注意听讲。

对于数学学习，小天还是比较认真的，也算比较努力。但有些地方还是做得不够理想，对于一些题目，他常做过一遍后，第二遍还是错，语文和英语也是如此。他常颠倒顺序来读文字。他妈妈对这些也很是无语。

和小天妈妈聊天，得知小天很多故事。小天喜欢寻根问底，比如他拿到橡皮泥不是去玩，而是思考和研究橡皮泥是怎么造出来的。他曾利用家里的洗衣粉、洗衣液制作所谓的"香水"，给家里造成一定的麻烦。

在和小天妈妈聊天的过程中，我能感觉到她作为母亲的焦虑。在孩子的兴趣和成绩面前该如何取舍，如何引导孩子朝正确的方向生长，这是我们都应该思考的问题。小天父亲常出差，家里还有一个"老二"刚满一岁需要照顾。这样的家庭，妈妈更易焦虑，很多时候很难顾及所有方面，特别是陪伴小天学习，妈妈觉得没时间。

和小天妈妈聊天，我能感到她对孩子成绩有很高的要求，这个我能理解。作为高中数学老师，常面对学生高考，分分都是学生的命根，孩子去什么性质的大学读书，完全由成绩决定。小天妈妈把孩子的成绩看得极其重要，这点通过与其聊天，我深有感触。

孩子应该成为什么样子？教育应该培养什么样的人？我一直在思考。

小天的心理年龄比实际年龄小，这个需要家长和老师耐心等待，等待其成长，静待花开。小天身上最大的优点是他乐于刨根问底，他常制作一些特别的物品，并沉浸在其中。一些伟大的科学家，小时候都是这个样子的。我们要依据孩子的天性，抓住其兴趣点，慢慢培养他。

家长应该给予小天更多支持，如寻求科学或化学老师的帮助。

家长要用发展的眼光看孩子，不要拘泥于一两次考试成绩，要努力找到孩子的生长点，找到孩子向上生长的营养，精心培育，用心坚持，坚守初心，努力让孩子向幸福的方向生长。

心有多大，舞台就有多大；梦想有多远，孩子就能走多远。要相信种子的力量。

每个人都应该找到那个"自己"

一天，偶遇兄长马哥，他给我推荐了一本书——《盔甲骑士：为自己出征》。他讲得眉飞色舞，我听得津津有味。回到家，我第一件事就是买此书的电子版。

《盔甲骑士：为自己出征》中，勇敢的骑士杀死了巨龙，拯救了落难的公主。他娶了公主，并被封为"第一骑士"。他身披黄金盔甲，依旧时刻准备为正义出征。渐渐地，身边的人都感到他爱那副盔甲胜过爱他的妻子。直到有一天，他发现盔甲再也脱不掉，他的生活也因此陷入困境。这一次，骑士决定为自己出征，一路上，他历尽艰险，征服了"沉默之堡""知识之堡""意志与勇气之堡"……在法师墨林的指点下，终于攀上"真理之巅"，悟出了爱的真谛和生命的意义……

骑士习惯了成功，习惯了英雄本色，从没意识到自己身上的盔甲已开始生锈，更忘记盔甲虽然标志着成功，但是真正成功的，是盔甲中的自己。我们生活中所拥有的一切，其实都乃身外之物，真正重要的应该是我们自己，是我们通过不断修炼、不断学习取得进步的我们自己这个真身。我们既要有"居庙堂之高而忧其君，处江湖之远而忧其民"的情怀，更要有"不以物喜，不以己悲"的坦荡胸怀。是男儿，就要能拿得起放得下；是男儿，就要能潇洒走四方。

……

有一天，蓦然惊觉生锈的盔甲已成为身体的累赘，骑士知道自己出了严重的问题。他四处求教，寻找新知识、新方法，鼓起勇气克服疑虑，终于成功地摆脱了束缚他的盔甲，重新寻回了自我……

骑士很有勇气，敢于面对新的挑战，敢于直面自己的问题，敢于为自己出征。

现实生活中的我们，很容易把自己分裂开来，这势必会让我们有一副厚厚的、难以穿破的铠甲。面对这样的困境，是勇敢走出来，还是困于自己的铠甲中？我想这是每个人都要面对并必须思考的问题。

无论何时，我们都要学会接受现实，顺其自然，而不是指望现实符合自己的期望。我们要时刻思考和重新定位自己的人生，跳出固有模式，拥有成长型思维模式。

记得作家卡罗尔·德韦克在其新书《终身成长：重新定义成功的思维模式》里谈道，我们获得的成功并不是由能力和天赋决定的，而是受我们在追求目标过程中展现的思维模式的影响。固定型和成长型思维模式体现了应对成功与失败、成绩与挑战时的两种基本心态。才智和心态哪个更重要？通过自己的努力，能力能否有所改变？这取决于我们是满足既有成果，还是积极探索。只有以正确的思维模式看问题，才能走向卓越的幸福人生。

我们要像故事中的骑士一样，有智慧，有毅力，以积极的心态去战胜种种困难，克服重重障碍，勤于反思，追求新知，身体力行，与学生一起共创一个和谐、健康的学习环境，以积极的心态去学习与生活。

青春就是用来奋斗的

重要的事情坚持做，坚持的事情重复做，慢慢地，你就超越了自我。

2018年11月7日下午，我开设的南山区教师继续教育课"小学数学教师模拟讲课的理论与实践研究"开讲了。我以三个关键词："坚持、用心和幸运"为主线，讲了三个年轻教师参加入编考试的真实故事，希望大家会有所触动，听别人的故事，反思自己的工作与生活。懒惰的人都一样，而勤奋的人各有各的努力，各有各的坚持，各有各的精彩。

一、坚持

世界上不乏天才，但普通人更多。据一项资料显示，一级天才儿童占全部人口的0.1%；二级天才儿童占10%，而大多数儿童都是普通孩子。普通孩子必须努力，必须坚持学习，才能做更好的自己。

小马老师就是这样一个坚持的人。前年，我作为精英教师去珠光小学交流，学校教科室主任和我说有一位年轻老师要拜我为师。当时我很纳闷，这个学校我人生地不熟，怎么会有人积极主动拜我为师？第一次见面是在教导处，我约她来聊聊如何构建师徒关系，如何帮助她快速成长。一个瘦弱的带有灵气的年轻女孩出现在我面前，有些腼腆，但是更多地流露出自信、坚毅。我们聊了一个多小时，明确了接下来我们应该做什么和要做什么。其一，小马每周要听我一节课；其二，每周我要听小马一节课；其三，每次课后进行深度交流并撰写教学反思。

后面的日子我们就是在听课、交流、反思，再听课、再交流、再反思中度过的。随着时间的推移，我了解了更多小马的情况：一直未入编，非数学专业的毕业生，但是一位非常努力勤奋的女孩子。

有一次，小马和其他两位老师悄悄找到我，希望我能利用中午午餐后或学生下午放学后的时间指导他们模拟讲课。由于我身兼两个学校的工作，比较忙，于是就定了每天利用中午的时间让他们三个人定时到一间教室，轮流模拟讲课，一起研讨，然后我指出其优点和特色，针对问题我们再想办法改进与练习。中午没有午休，的确非常辛苦，就这样我们坚持了半年。招考考试，小马以0.2分之差败北。但她已经非常努力了，坚持复习笔试，坚持模拟讲课，从不敢放松。

本以为小马会一蹶不振，没想到第二天她又找到我，希望继续模拟讲课，我没有拒绝。我看到了她身上不言放弃，勇往直前的正能量。以后的岁月，我们每天都在坚持，每天都在努力。就这样又过了半年，又一次入编考试，幸运之神终于降临，小马以比第二名高0.7分的成绩成功入围。所有的坚守都是值得的，所有的付出都有了希望与收获。

事后小马说，要不是有我，她根本入不了编。她是学英语专业的，并非数学系出身，对数学很多本质的东西她不能很好地把握。但她一直坚持看书复习，坚持模拟讲课，一讲就是一年，终于换来了成功。

小马其实不是具有较高数学素养的人，更不是那种学霸型的人物，事后得知她为了复习笔试，将周末与假期高效利用起来。所有的付出，都有了回报；所有的坚持和努力，都是幸福的养料。

二、用 心

把事情做到极致。生活中，这样的人往往很容易成功。用心是一种态度，是一种生活方式，更是一种高贵的生活品格。

"小牧同学"就是这样的人。刚接触"小牧同学"时，觉得她人挺漂亮，个子很高，模拟讲课一开口就给我留下很深的印象。为什么叫她"小牧同学"，因为她刚毕业半年，没啥经验，活脱脱一个大学生。不过她的素质还是很高的。第一次听她试讲，我几乎崩溃了，这样的素质和模拟讲课完全不对等。时间太紧，她需要改进和提升的地方太多。我私下对她一一交代，她一听就会，一点就明。更厉害的是她非常用心，时不时问我这个怎么改那个怎么办，事后还一一模拟。

印象最深的一次是我带着她去珠光小学模拟讲课，随行的有五六个年轻老师。在别人模拟讲课的时候，她用心听，积极记笔记，并主动要求上台试讲，还讲了两遍。据她妈妈讲，每天晚上回到家她都强拉她妈妈当评委，听她模拟讲课。就这样她拿到了97分的好成绩。"纸上得来终觉浅，绝知此事要躬行。"

三、幸 运

我们的生命需要阳光雨露，我们的成长需要吸收万物之精华，所有的幸运都是你付出的积累，所有的付出都会成全你。

小美老师已经代课四年，说长不长，说短不短。经历过好几次考试，都未能如愿。有一天她很沮丧地找到我，把她考编之路的点滴一五一十地和我分享。努力了，也坚持了，成效不大，每次都以失败告终。

其实我是很了解小美老师的，她确实努力了，也奋斗了，可是努力的程度如何？坚持的效果怎样？还是值得研究的。我说："小美，你信我吗？信我就按照我说的办。"她拼命地点头，并表示严格执行我的方案。她真坚持了，真努力了，幸运之神终于降临到她的头上，一年以后，她顺利入编。

等了好久终于等到今天，梦了好久终于把梦实现，所有美好的、幸运的结果终于来了。事后小美特别感激我，说要不是因为我这次为她量身制定方案，估计她仍旧没有任何希望。

那我是如何给予她力量的呢？事情还要回到一年前，在她困惑迷茫之时，我给她指出了她的不足。我说："你要首先感动自己，感动自己才能感动别人、感动上天，青春就是拿来奋斗的。"听了我这一番话，她不再迷茫，不再彷徨，努力挤出时间准备笔试，追随所有能帮助她的人。我模拟讲课，她坚持参与了十多次，并且每次都第一个上台，别人模拟讲课她都积极表达自己的想法。钢铁就是这样炼成的，她请教办公室所有的人。人生路，奋斗路，所有的努力都是值得的，幸运之神就此降临。

当我写完这些文字，我内心又开始激情澎湃。三年里，模拟讲课一共组织了四次，每次都使得许多教师走入正式编制的教师队伍。一个小小的创举，改变和帮助了一群人；一颗爱心，成就了你、我、他。在蛇口，在西丽，在中心区，在后海，都有我们一起努力的身影。一个人要用爱心去温暖世界，去影响更多的人。"革命尚未成功，同志仍须努力。"愿我们一起坚持，用青春之躯为明天奋斗。

我笔记我心

教育叙事十多年前就曾听过，也看过类似的书籍、文章。具体是什么？通过查阅资料和自己的理解，我认为它应该是一个以叙事或讲述故事的方式对教育事件进行描述、分析、论证和反思的思考研究过程。其目的是从发生在叙事者身边的、有研究意义和研究价值的教育事件中发掘隐藏其中的教育思想、教育理论和教育信念，用以揭示教育的本质和规律。其最大的特点就是具有故事性，可读性强。每一位教师在日常教育教学中都可以发现和记录，从中提炼出教育规律及教育本质。教师在平时的学习生活中要多观察学生学习生活的点点滴滴，抓住师生之间交往瞬间，将其放大并记录下来。

作为教师，我们的教育生活，日日如此，年年如此，不断重复，不断循环，可谓岁岁年年花相似。年年岁岁人不同，而我们所教的孩子却在这里拔节。那是些生命成长的故事，那是生命自然而然的流淌。真正的教育是教师利用教育规律，结合学生个性特点，采用科学的教学手段与方法，因材施教，让学生经历最适合他的教育，这才是最美好的教育。教无痕迹，生命更是感觉不到其成长。

身为父亲，我平时也没有好好思考如何更好地引导与教育自己的孩子。也许自己太忙，也许时光太少，一晃，孩子都会关爱我这个不太合格的父亲了。教育中也有很多疑难杂症，但很多时候我都没静下来好好思考，找到最适合孩子的教育，时光就这样匆匆而过了。

赫尔巴特说，要使教育过程成为一种艺术的事业。张文质先生说，教育是慢的艺术。我想要用文字记录这种艺术那再好不过啦。惜缘才是我们应该努力去做的，用文字记录这份缘分，那应该是最美好的方式。和孩子之间的交往也可以记录。多年以后，再翻开当初我们的故事，我想那是幸福的。就当下而言，记录（这里我还不敢用写作）可以促进教师思考，改变师生之间的交往。

为期一天半的文质先生写作提升班就这样过去了，我还没学好，更没学够。通过此次学习，我感受到那深深的责任，于是赶快拿起笔，记录孩子们的成长故事，用文字呈现这些故事，用爱春风化雨，用大脑思考、行动、诠释与改变，我想精彩的教育人生将别有一番风景。我有了强大的动力，这种动力就是坚持。每天我都要用文字记录我与孩子们的故事。其实在这之前，我多次都想养成这种书写人生的习惯，可每次都坚持不了，也不是不想坚持，也许是事情太多，也许是有些懒惰。这其实都是借口，我想唯一的理由就是自己没有开始，也没有坚持下去，不能养成习惯。我想把这种书写生命的行为刻入骨髓，植入我的基因。其实我最害怕的不是不会写，也不是写不好，而是坚持不下去。我怕我会放弃，我怕我会当个逃兵。文质先生曾说过的一句话：一个老师要有作品意识。我很想有自己的作品，有自己的思考，我要以这个为目标，让自己坚持下去。不，是一定要坚持下去，言必行，行必果，真正践行孔子之教诲。我要变得强大起来，勇敢面对自己的懒惰，我要向惰性的我发起挑战。坚持吧，21天好习惯，也许我可以做得更好。

我要做个坚强的人，做个不轻言放弃的人，也许这就能改变我的一生。那就从教育故事开始吧！千里之行始于足下。努力吧，为梦想奔跑！

走进文质先生的写作优培班

期待已久的文质先生写作优质班终于开课了，带着一些期许，怀着一颗上进的心，我再次见到了文质先生。上次见先生是去年在福建，在文质先生的老家。那是个青山绿水，人杰地灵的地方。

作为超有名气的诗人兼作家，文质先生始终走在传播生命教育真理的教育大道上。"教育是慢的艺术"，这是多么富有哲理性的教育智慧。

学习会由文芳主持。听文芳说，为了组织这次培训，他和文质先生精心准备，生怕有一点闪失。

文质先生谈了如何让教师富有创作热情，破除心中的写作恐惧，寻找生命的自觉，将写作与读书坚持到底。他结合现场学员的例子，娓娓道来，给予我们希望，给予我们温暖的光，这光能穿透所有恐惧，让我们拥有力量。

钟杰老师结合自身成长经历，给我们分享了她的成长故事，情真意切。一本一本著作的出版，是对自己最大的激励。

学习会上巧遇杨主任、陈校长和邓校长，还有慕名而来的陈校长和邓校长。陈校长是文质先生的高徒，据说十年前就认识了，陈校长向先生汇报说有两本书即将出版，一旁的我们听到都非常开心。十年磨一剑，才守得云开见月明。邓校长也是文质先生的"粉丝"。据邓校长说她跟随文质先生参加教育行走活动已四年有余，这次来更是紧随先生之脚步，走在教育写作之康庄大道上。

其实写作不是件非常难的事情，难的是思考与记录，坚持与守望。十年后，我期待能至少出一本著作，那个时候，再见到文质先生、杨主任、陈校长及邓校长，我可以很自豪地感谢我的恩师。"路漫漫其修远兮，吾将上下而求索。"

"梦想还是要有的，万一实现了呢？"这句话怎么这么熟悉？

选择善良，无问西东

善良是人类最美的品质，善良无疑也是爱最好的表达，我们来到这个世界，如何对待这个世界，一直是人类思考的话题。

电影《无问西东》对善良做了最好的诠释。电影讲述了几个不同主人公的故事。人生活在这个世界上，不如意之事十之八九，更会遇到许多困难与挑战。我们该如何面对？又该如何成就更好的自己？电影给了我们许多启示，让我们明白生活有不易，人世间有冷暖，但不管怎样，我们都要勇敢面对生活，自信、从容、善良、美丽，用良知度过这一生，用爱去温暖这世界，只要人人献出一份爱，世界将变成美好的人间。

回想起自己在成长过程中，得到太多人的关爱与指导。首先是父母的精心养护，把我从一个农民的儿子培养成为一名大学生。每每忆起往事，我想这其中一定有太多不易。父亲终日在田里耕作，恨不得24小时都不停歇，希望能有更好的收成，能挣更多的钱供孩子们读书。读高中时，母亲每周一到两次骑单车到城里给我送钱、送物品。春夏秋冬，严寒酷暑，母亲从未间断给我送吃的、用的，送身体营养的补给，送精神上的依靠。我现在能拥有这些，都是母亲给予的，这使我不管遇到什么困难都能克服。

生活的幸福是因有了父母的肩膀，学习的进步是因遇到了许许多多好老师、好同学。一路走来，我遇到的每一位老师，至今我都能回忆起他们的音容笑貌。我在知识的海洋里畅游，他们就是灯塔，引领我前行，给予我勇气和信心，驱赶我的愚昧，消除我的胆怯，促使我学习知识，提高能力，成就更好的自己。

小学时，张建安老师每次批改我的作文，都用红色的、漂亮的钢笔字在我的作文本上写一些暖心鼓励的话促使我去思考与写作；初中物理老师李新贵，常俯下身子给我讲物理题目，耐心而详尽；高中语文老师谢佩齐，带领我走进文学，感悟体验大师们的世界；大学老师陈之兵，常和我探讨数学之奥秘，分析数学之精髓，使我感悟微积分的博大精深……有太多太多老师值得我感谢、感恩。我想，我能做一名教师，应该与他们的言传身教有莫大关系。

如今我也加入教师行列，我有自己的学生，有自己的学员。对学生我温柔善良以待，引导他们在知识的海洋里畅游，在做人做事方面正直、善良。我带着爱前行，行在人世间，将爱洒满世界。对待学员，我尽我微薄之力，示范与引领，希望他们走上专业发展的道路，尽快入编。在区里，我做继续教育工作，带领他们模拟讲课。在学校，我组织公益活动，和南山很多优秀教师一起参加活动。每次招考前，我们都会组织五六次模拟考试，一对一指导这些南山未来的教师，给他们做人和做事方面的指导。我相信未来的他们一定会感受到善良背后的东西，感受到南山教育爱的力量。

善良以待，无问西东。

第二章 心路从容——教育成长叙事

爱是教育最好的表达

雄壮的颁奖音乐响起，高高的领奖台上那个第一名的孩子是我们班的小徐，他是200米短跑冠军。望着这位表情坚毅、内心不安的孩子，我的内心五味杂陈。当初我力排众议选择他参加200米比赛。虽说他跑得最快，但班上同学对他更多的是怀疑、不屑甚至鄙夷，谁也不相信这个"捣蛋鬼"能为班级争得荣誉。他们怕他不留神听发令枪声，比别人起步慢；他们怕他抢道犯规，成绩被作废。我坚持让他参加比赛，我相信爱的力量。赛场上，我的心也提到了嗓子眼，怕孩子们的话变为现实。还好他顺利起跑，一路领先，顺利到达终点，成为冠军。我感慨良多，他从人人讨厌的"捣蛋鬼"到冠军，路走得如此艰辛和漫长。

2013年8月末，班上迎来50名新同学。看着他们用清澈得像湖水一样的眼睛，惊恐而又好奇地观察着周围陌生的环境，我突然想到中国台湾作家张晓风在《我交给你们一个孩子》中写的："当我把我的孩子交出来，当他向这世界求知若渴，世界啊，你给他的会是什么呢？"我感觉自己肩上责任重大。

当可爱的孩子们正在我的指导下有条不紊地熟悉新环境，学习学校礼仪的时候，一个小男孩大声叫道："老师，前面的同学挤我！"声音非常急切。我一看，这个小男孩的前面坐着一个瘦弱的男孩，他双腿跷到桌子上，整个身子靠在椅子上，正用力地往后挤。我走过去，他吃惊地转过头，侧着脑袋望着我。这是一个很瘦弱的小家伙，小鼻子小脸，他正用小眼睛无所畏惧地盯着我。"你叫什么名字？"我问。他也不回答我。我想去扶他的身子坐正，谁知他突然本能地缩了下身子，眼神变得凶狠起来，像只凶恶的狼。这是一种同龄孩子不具备的行为，我的心也随之紧缩了一下。他放下腿，侧过身子扭过脸看着窗外，再也没看过我。最后通过查看点名册，我才知道他叫小徐。

下午放学时，他爷爷来接他。他爷爷问我："老师，这孩子今天表现怎么样？如果不好，我就狠狠地揍他。"听他这么一说，我到嘴边的话又咽了回去，只是说了句"很好，小孩子适应新环境需要一个过程"。

接下来的一周，小徐表现出太多和别的孩子不一样之处。每次上课，不管你讲什么，他从不抬头看老师，也不看黑板。叫他起来回答问题，他像没听见一样。如果你再叫他，他就直接钻到课桌底下，任你怎么哄他，拉他，他都不会起来。趁你不注意的时候，他就自己坐起来，又开始挤后面的同学，碰旁边的同学。别的孩子写字的时候，他就抠人家的橡皮擦；如果老师让他写字，他只会说一句话——"烦死了"。这是我听到他说的唯一的一句话。

下课的时候，别的小朋友一窝蜂地涌出教室，而他只是静静地坐在位子上抠橡皮擦。如果有小朋友想靠近他，他要么钻到桌子底下，要么凶狠地瞪着对方。有一次，一个小朋友看他的橡皮擦比较漂亮，想拿过来看看，他直接将文具盒砸了过去，幸好没伤着人。每当上课播放视频的时候，他就捂着耳朵，遇到声音大、镜头比较惊险时，他就重复一贯的动作——钻到课桌底下。上体育课时，总会看到他一个人趴在草丛里一动不动……一周下来，所有的任课教师都来投诉他——不听讲，不合群，难以沟通。听到这些投诉，我既烦恼，又无奈。"稳定感和安全感对孩子来说非常重要，如果孩子能够从一个稳定的家庭中体验到一种安全感，那么这将有助于他们应对来自校园内外的种种挑战。"这个孩子所有的行为问题，肯定有其深层的原因，尤其是他经常爱钻桌子底下，在他的心中一定认为桌子底下是最安全的地方——这是一个典型的缺乏安全感的孩子。我决定从家访入手。

开学第二周周一的上午，我打电话给他的父母，均没人听电话。打到他家里，是他爷爷接的电话。我说明目的，老人说："他爸妈都是高科技公司的技术人员，上班时不能带电话进办公室。他爸爸非常忙，晚上回家时孩子已经睡了。他妈妈要管他弟弟，根本没时间管他，只有我管他。老师，我会让他妈妈给你回电话的。"挂了电话，一阵无奈再次涌上心头，但从内心深处，我还是期待着能与他妈妈通上电话。可是，一周过去了，希望变成了失望，他妈妈并没有来电话。

班上成立了图书角，那里成了孩子们的乐园。全班最喜欢图书角的是小徐。他每天早上进教室，连书包都不放就直奔图书角拿出一本书，津津有味地读起来。上课铃响了，他不再抠橡皮擦了，而是埋头看书。可以说，在学校除了上厕所、吃饭和午睡时间外，他都会抱着书看，到了如痴如醉的地步。我决定从看书入手改变他。

这是一节班会课，我在黑板上写下"我最喜欢的书"，并问孩子们："你们知道班上谁最喜欢看书吗？""小徐。"全班孩子异口同声。"是啊，孩子们，书籍是人类进步的阶梯，书籍是人类的好朋友，书籍能点亮我们的生活，让我们知道很多从前不了解的东西。小徐同学是我们班最喜欢看书的同学，他一定知道很多我们不知道的知识，让他来给我们讲讲他最近看的书，好吗？"全班响起了热烈的掌声。小徐正在看书的头终于抬起来了，他不安地看着我。我微笑着走到他身边，伸手拉起他，他虽然有所戒备，可还是被我推到了讲台上。孩子们的掌声再次响起。他给大家讲《十万个为什么》。原来他懂不少科学知识，地球公转和自转、太阳黑子、雷电的形成、智能机器人的发展，甚至纳米技术他都知道，并且讲得非常好。这是开学以来，他说话最多的一次。我立刻给了他一个拥抱，第一次看到他眼中露出了属于孩子的眼神。

鼓励的作用是神奇的。第二天的数学课，他居然破天荒地做起了练习。他有一道应用题怎么也不会做，我准备和他一起分析题目，他还是像上次一样，本能地把手缩了一下。"孩子，我不是要伤害你，而是想和你一起分析题目，不用怕。"他这才把手伸了出来。我说："我们可以画线段图来分析这道题，你应该先画图来分析，然后找出它们之间的关系，试试看吧。"过了一会，我又走到他身边，令我吃惊的是他竟然完整地做出来了，画得还不错，过程很完整。于是我抓住这个机会，让他当小老师，请他到讲台给大家讲讲他是如何解决这道题的。他成就感十足，慢慢找到了自信的感觉。从那以后，他还多次争当小老师，给全班讲题目。我把他的变化告诉了其他学科教师，让他们多关注他，激励他。但他不和同学们交往、遇事就钻课桌下的行为始终没有改变，这也是我的一块心病。

有一天中午，小徐在学校尿裤子了，我打电话通知家长送裤子。幸运的是他妈妈那天在家休假，我终于见到了这位大忙人。她抱着一个小男孩，这肯定是小徐的弟弟，他们兄弟俩长得完全不一样。他弟弟虎头虎脑，白白净净，是个惹人爱的胖小子。他的妈妈说话慢条斯理，一看就是知识分子。通过了解我才知道，小徐妈妈的教育观念是顺应孩子的天性成长，遇事让孩子自己拿主意，可是自从弟弟出生以后，她根本没时间管他，这样就等于放任自流了。而小徐的爷爷和爸爸脾气暴躁，孩子不听话时就直接用武力解决，这与他爸爸和爷爷都是退伍军人有关。要么不管，要么就暴打一顿，孩子被打急了就钻到餐桌底下不出来，尿裤子的毛病也是这样落下的。我终于明白这孩子为什么遇到"危险"就钻课桌底下，原来在他的潜意识里认为那里是安全地带啊。这是一个在家没有感受到爱的孩子，所以没有安全感，对一切充满了敌意。一个新的计划在我脑海中形成。

又到了班会时间，我定下了主题——他的优点。我让每个孩子都说说自己眼中别人的优点。说到小徐时，有的孩子说他喜欢看书，有的孩子说他数学特别好、思维敏捷……他们七嘴八舌地说着。"那你们愿意和他做朋友吗？"我追问了一句。"愿意！"全班孩子答道。我喜欢带低年级，就是因为我喜欢孩子们的单纯和善良。这时，我偷偷地观察小徐，发现他的眼神变得温和了，嘴角上挂着一丝微笑。我当场决定让他做我的作业辅导员，每天请他联系和辅导那些作业做得不够好，需要帮助的同学，以增加他和同学接触和沟通的机会。一个学期下来，班上已有几个男生和他成为朋友，并且互相参加生日会。与此同时，每天早上见到他我都会给他一个拥抱，并不时地夸夸他：你今天真帅！你今天的衣服真干净！你今天笑得真灿烂，老师一看到你心情就变好了！感谢你帮小张和小李同学，他们数学进步可大了！他由最开始的不习惯变得慢慢愿意亲近我了。生日那天他还送了我一块他最喜欢的巧克力。"亲其师，信其道。"以后的日子里，很多老师的课他也乐意听了，并且还常常当小老师，为大家讲课……

陪伴是最好的告白。转眼之间，他已是一个三年级的学生了，虽说他有时也不写作业，有时会凶狠地骂同学，上课还捣蛋，身上还存在各种各样的缺点，但三年来，他在一天天地进步，甚至时不时会给我一个意外的惊喜——这次运动会他获得200米短跑冠军就是给我的一个大大的惊喜！有爱陪伴的日子，阳光洒满脸庞，照亮心房。他不再孤独，不再害怕，也不再与人为敌，和同学们一起嬉笑玩耍。你若安好，便是晴天！

n 就是 "变形金刚"

——"用字母表示数" 教学片段与反思

"老师，老师，n就像变形金刚，你想叫它变成几，它就变成几。"

啊？变形金刚？用字母表示数和变形金刚都能扯上关系？

故事是这样的。

上课伊始，我以一首儿歌 "一只青蛙一张嘴，两只青蛙两张嘴，三只青蛙三张嘴……" 引入，让学生体验这首儿歌怎么说也说不完，启发学生思考如何用更简单的方式来表示这首儿歌。学生的回答非常精彩：多少只青蛙多少张嘴，几只青蛙几张嘴……根据学生的回答，我启发学生思考选用 "n只青蛙n张嘴" 这句话代替那首长长的儿歌。

学生七嘴八舌地讨论起来。有的说可以，但说不出理由。有的说当$n=1$的时候，这句话就可以说成一只青蛙一张嘴；当$n=2$的时候，这句话就可以说成两只青蛙两张嘴……就在这时，一个学生站起来，勇敢而果断地说："老师，老师，n就像变形金刚，你想叫它变成几，它就变成几。" 作为刚上讲台不久的新教师，我没有认真思考他的回答，只是感觉他说得虽没错，但跟我心中的 "正确答案" 相差甚远，于是我便草草地表扬了他举手发言的积极，接着又请了另一个学生来回答。

课后，对于这一课堂中的小 "插曲"，我进行了反思。变形金刚是孩子平时最爱玩、最普遍见到的玩具之一，学生竟能将其与数学上用字母表示数联系起来。仔细揣摩一下，n只青蛙n张嘴中的n不就是变形金刚吗？儿歌中说到哪个数字，n都可以 "变形" 成那个数字。这是怎样的创举！孩子用自己最朴素、最直接的语言来表达自己的数学思维，这个形象的类比突破了学生对 "用字母表示数" 这个抽象知识的理解。若教师能把握这个点，深挖这个点，不就顺着学生的思维找到突破教学难点的捷径了吗？

教师在提问时，是应关注、倾听学生的回答，还是应心里只装着自己的教案，只顾着自己的教学流程？我想，应该更关注学生的回答、关注课堂的生成。

在一堂课中，最能体现教学效果的莫过于课堂中那些闪光的回答。如果说，对课堂教学过程的精心预设是精彩课堂必备的奠基石的话，那么，教师对课堂回答的正确处理无疑就是精彩课堂的画龙点睛之笔。教师对于学生每一个回答的处理，都是教师教学观念的一种流露，是教师教学风格的一种表达，是教师教学能力的一种体现。教育的艺术在很大程度上体现在教师是否能敏锐地捕捉教育问题、科学地处理教育细节。如果我们的课堂教学有更多的细节被教师关注，有更多的回答被赞赏，那么我们的教育就一定会变得更精彩，更迷人。

课堂上要是能多一点这类亮点，多一点孩子的发挥，那课堂将会是一道多么亮丽的风景啊！其实我们在课堂上不是缺乏这类亮点，而是缺乏发现亮点的眼睛，缺乏给孩子多点空间和时间让他们去发挥，去理解他们自己的数学。教育家第斯多惠曾说："教学的艺术不仅仅在于传授本领，而在于激励、呼唤和鼓励。"儿童的天性是好奇和求异，凡事喜欢发表自己的见解和另辟蹊径。对此，教师绝不能压抑他们，而是应引导和鼓励他们。

水到渠成。多点伯乐的眼光，神奇的变形金刚会更加奇妙。

唱反调PK解方程

"老师，老师，解方程的过程就是唱反调。"

故事是这样的：

一节课上，我讲解方程，和学生一起讨论了两种解法，一种是用等式两边同时加上、减去、乘以或除以（除数不为零）相同的数，等式仍然成立来解方程；另一种是利用加数与和的关系、乘数与积的关系来解方程。就在大家探讨用这两种方法如何解方程时，突然一个学生迫不及待地大声喊了出来："老师，老师，解方程的过程就是唱反调。"

啊？唱反调？？？

课前我根本没有想过这个问题——解方程的过程和唱反调有什么关系。

反思：

事后我反复思考了这个学生的想法。要是这事出现在你的课堂上，你会选择以下哪种处理方式呢？

方式一：

教师说："你这个学生就会插嘴，不是和你说过嘛！上课小手先说话，等老师允许之后再发言……"数落了孩子一番，大讲纪律，讲孩子的不好，但没有处理孩子所讲的内容。这样不但没有正确评价孩子，反而挫伤了孩子的积极性和创造性，让孩子在全班同学面前丢尽脸面，同时也把孩子对数学的学习兴趣给抹杀了，将来也许他或全班其它学生再有这种想法也不敢说了，或不敢再提了。精彩往往在那一瞬间，灵感往往也在那一刹那，如何抓住精彩，抓住课堂上的亮点，是我们做教师应该反思的地方。

方式二：

教师简单地评价说不错，有创造性，或粗略评价甚至不予评价，接着就进入下一个环节了……

看上去教师处理问题非常自然，而且过渡得也不错。仔细琢磨，其实教师也没有正面给这个学生评价。比如好，好在哪里？有创造性，怎么个有创造法？其实，这里需要挖掘的问题有很多，值得探讨的问题也有很多，教师要给予孩子恰到好处的评价。教师要能激发学生的学习动力、学习兴趣。这点值得深思！

方式三：

教师先不急于评价，而是让全班学生讨论他这个问题行不行，可不可以，让同学给他一个评价，然后让他自己来分析为什么可以，并说说自己的想法，与别人分享。最后教师再给予恰如其分的评价，鼓励学生多多提出自己的想法。若学生的方法好，这种方法完全可以以学生的名字来命名。

这样处理课堂突发事件，才能抓住课堂上的闪光点，让精彩迸发得更加炫丽，才能体现出一个教师的智慧。学生自己学习数学，用自己的语言表述自己的感受，用形象的语言描述抽象的知识，这是非常棒的举措。只要学生敢说、敢讲，就让他说，哪怕错，只要他说，他就无过。当然，教师在设置问题的时候必须建立在学生的认知发展水平和已有知识经验的基础之上。教师应激发学生的学习积极性，向学生提供充分从事数学活动的机会，帮助他们在自主探索和合作交流的过程中真正理解和掌握基本的数学知识与技能、数学思想和方法，获得广泛的数学活动经验，从而使学生真正成为课堂的主人，而教师则是学习的组织者、引导者与合作者。

关注每个学生，每个细节，细微之处方能见精彩。不管是唱什么调，只要唱出心中的调，和谐的调，就能构建精彩的课堂。

等待那是一种真爱

看了一个小故事，竟常萦绕心间。这则小故事讲的是一只蝴蝶在茧中苦苦挣扎，一个人好意找来剪子将蝴蝶放了出来。可是，蝴蝶身躯臃肿、翅膀干瘪，根本飞不起来……

这个人虽出于一番好意剪开了茧子，但他却毁了那只本该美丽，本该快乐，本该拥有美好未来的蝴蝶的一生。

现实生活中，一些人出于爱，也有这样那样的好意。下面是我的好意，但我学会了等待，学会了用心去爱，换来的是另一种结果。

我去年接了一个班，班内一个孩子叫启明，是个习惯很不好的孩子，学习缺乏主动性和积极性，上课懒懒散散，一副无精打采的样子，作业也经常是"三天打鱼，两天晒网"，就是交了，做得也不怎么好。我多次和他家长交流，想取得家长的支持与帮助，电话打了无数次，谈话谈了很多次，但没有任何效果。家长的观念是：教育孩子是老师的事情，我把孩子放在学校，老师就要全权负责，无论是学习还是其他，老师都要问到底，管到底。

可孩子在家的时间也很多啊，父母是孩子的第一任老师，家庭教育是相当重要的。福禄贝尔说过："国家的命运与其说是掌握在当权者的手中，倒不如说是掌握在母亲的手中。"这句话很有哲理，它深刻地说明了家长在教育子女中所起的作用。家长首先要明确教育孩子是自己的责任与义务，无论什么时候自己都要尽到责任。

经过一年多的电话联系，一年多的沟通与交流，一年多的等待，今天，他的家长终于主动给我打电话，问我如何教育孩子。看来这一年的等待没有白费，我获得了家长的理解，获得了家长的信任与支持，这给予我很大的信心。我相信付出终有回报，不付出一定没有回报。有些事情一定不能着急，要用慢火去烤，要用心去做，要用心去等待。

我们周围的教师，时常会做"帮助小蝴蝶"的傻事，并且觉得这样做有一个正当的理由——出于爱。都是因为爱，我们才责骂孩子；都是因为爱，我们才催促孩子思考，催促孩子交流，催促孩子做作业；都是因为爱，有些家长认为老师爱过头了；都是因为爱，老师总要校长提醒。我们要学会等待，等孩子思考出个所以然，等孩子有交流的勇气，等孩子有做作业的能力，等待家长苏醒的那一天……

爱，可以被解读成那么多截然相反的行为。爱，也是一把双刃剑——它既是助人成长的力量，也是毁人于无形的利器。

所以我们做教师的更应记住蝴蝶的故事，记住那苦苦挣扎是蝴蝶本该经历的生命历程，记住爱玩是小学生的天性，记住不要过高地要求他们。

有时候，等待也是另一种爱。

多给点阳光让学生灿烂

把一切成功的机会尽可能留给学生，这就是我的教育理念。在平时的教学中，我时刻贯彻这一核心思想，时时刻刻想着把成功的机会留给每一个学生，不管他是最优秀的还是最差的，不管他是最胆大的还是最胆小的，我让他们都能体验成功的机会。我深深明白，作为教师，就是要找准时机，促使他们成功。

每个人都需要成功的鼓励，没有成功作为学生学习的催化剂，学生就没有继续努力的动力。时不时给他们一些成功的机会，给他们一些成功的体验，能促使其向更艰难的未来挑战。鉴于以上的教育观，在课堂教学中，我始终坚持做到以下几点。

一、营造和谐民主的课堂

一个国家需要和谐民主，一个社会需要和谐民主，同样，一个班级也需要和谐民主。只有在民主的班级内，学生才不会受压抑，才能更加轻松愉快地学习、创造，才能表现得更加出色。只有在民主的课堂上，学生才能主动思考，敢于表达自己的意见，才能有争辩的意识，有表达自己想法和做法的欲望。

二、营造畅所欲言的课堂

一个学生第一次做某件事情，如果缺乏应有的生活经验，其做对的机会是很小的，即使学生学过某些知识，但学生理解、掌握的程度也可能不同，我们怎么能要求每一个学生在学习过程中都不犯错呢？

因此，作为老师应该本着一颗理解学生的心，站在学生的角度想问题，只有这样才能读懂学生，才能读懂课堂。我常常对我的学生说，只要你做，你就无过，哪怕你错，从而激发了他们课堂上发言的热情，使学生在课堂上得到更多成功的体验。

三、创造尽可能多的交流讨论的机会

数学课堂是一个不断解决问题的课堂，每一个环节学生都要在教师的引导下围绕某个问题进行讨论、交流、学习、展示、汇报、提升。在课堂上，我始终关注学生的独立思考情况，特别重视学生之间的讨论，于是在我的课堂上经常会出现学生辩的面红耳赤的情况。在这样的师生交流、生生交流中，学生把自己的思维过程暴露出来，把真知辩得明明白白。

俗话说，三个臭皮匠，顶个诸葛亮。全班四十多人，不知道有多少个诸葛亮！作为教师要充分相信学生，要充分利用集体的力量，让学生在集体智慧的长河中构建自己的知识。这就要求教师在课堂上要多让学生自主探究、合作学习、交流讨论。这些就像是温暖的阳光，只有让这样的阳光照到每个学生身上，才能让每个学生在课堂上表现得更加灿烂。

四、时刻有颗宽容等待的心

在课堂中，教师要充分显示对学生的尊重，给学生充足的空间发表他们自己的意见。当学生说得很精彩时，教师要给予大声地喝彩；当学生在发言中遇到困难时，教师要给予及时的鼓励。一句话，教师要想方设法构建一个平等交流的平台，让学生畅所欲言。这就要求教师不能太强势，要带着一颗宽容的心走近学生，以一个合作者的身份参与学生的交流。

总之，我的课堂要让学生做主，而学生做主的具体表现则要看教师的课堂观，教师的教学设计，教师在课堂上对学生的态度，等等。我时刻把自己放得很低很低，把学生抬得很高很高。其实同学才是学生的老师，教师则是学生成功的指引者。

让更多的阳光照到学生身上吧！让学生的笑容更加灿烂吧！

就要这样的舞台

人都想掩饰自己的不足，显示自己的优点，在别人心目中树立一种好的形象，让别人欣赏自己，钦佩自己，这是人之常情。

可作为学生，这样做不但不好，反而会影响学习，影响自己对知识的理解与把握。在课堂上，学生充分暴露知识的不足，暴露认知的误区，才能得到教师的正确引导。

那课堂上如何让学生充分暴露自己的不足呢？可以从以下几点入手。

一、构建和谐的课堂

"和谐"二字说起来简单，要做到却是非常难的。在课堂上，如何和谐？怎样算是和谐？值得我们深思。

和谐的课堂是最理想的课堂，生生的和谐，师生的和谐，整个课堂像是一首交响乐，这样的课堂才是最精彩、最让人感动的课堂。在这样的课堂中，孩子会陶醉其中，把自己的不足、自己的缺点统统都暴露出来，只要有想法就说，只要有思想就表达。说得不好，有其他同学补充；说得好，大家鼓掌赞扬。大家你启发着我，我鼓励着你，一起演奏一部和谐乐章。

和谐课堂，值得我们去创造。

二、创造容宽的课堂

只要你做，你就无过，哪怕你错。

其实人在成长的过程中会经历很多挫折，要战胜很多困难，如此才能健康成长。学习也一样，我们学习的过程，就是失败、失败、再失败，而后成功的过程。成功是战胜一个又一个失败而取得的，所以学生课堂上发言，有时候说得不好、不完整，甚至说错，都没有关系，关键是要敢说、敢讲、敢于发表自己的看法。也许错误的看法是正确的方法的导火线，也许将不正确的看法修改一下就是一句真理。

如何让学生在课堂上克服怕说错、怕出丑的心态，值得我们教师深思。我想关键是建立一个宽容的课堂。学生说错了没有关系，可以让另一个学生来说说为什么他说错了，大家都要给他投去勉励的目光。学生说得不完整，可以让其他学生来补充补充。学生说得很准确，可以让大家向这个同学表示鼓励。

一句话，宽容是敢说敢讲的阶梯！

三、营造辩论的课堂

在辩论赛中，我们会用自己的智慧、语言，通过多角度、多层次剖析，攻克对方的要害，战胜对方，从而取得胜利。

辩论赛在课堂上开展有何不可呢？教师可以拿出一个有争议的问题让全班来辩论。她说对，为什么对？他说错，为什么错？那个同学说得不全，该怎么补充……

让辩论进课堂，学生不是在吵，在闹，而是在辩论。学生会忘记自己的身份和不足，全身心投入，发表自己的看法。真理越辩越明，知识越辩，领悟得越透彻。

四、体验成功的课堂

有成功才有动力，有动力学习才有劲。课堂上，虽然很多情况下，学生表达得都不会很准确、很到位，只要他理解得差不多，或基本到位就可以了，这说明他已领悟了知识。这个时候，教师或其他同学一定要表扬他，赞扬他，肯定他，给他成功的感觉，让他体验成功的乐趣，特别是对后进步者（后进生），这一点至关重要。有了这种感觉，学生学习才有劲头，才有兴趣。

总之，课堂上让孩子充分暴露认知的不足是非常必要的，教师不仅可以从中了解孩子的认知过程，更重要的是可以据此推测孩子对知识的把握情况，更好地为下一步教学打下基础，或充分利用暴露的不足，及时准确地将其作为教学素材。关键是如何让学生充分暴露自己？教师可以让孩子们谈谈自己的想法，在交流中体现认识的全过程。

信任与等待中的精彩

一、教学过程回放

一节普通的数学课，两个学生的创举，令我耳目一新。

数学课如往常一样在进行中，我们在探究这么一道题：

有一个由四根木条组成的长方形，把它压扁变成一个平行四边形，问长方形的高和面积怎么变化？

问题提出后，学生积极思考、热烈讨论，经过小组讨论后，决定作出平行四边形的高，如图1所示。

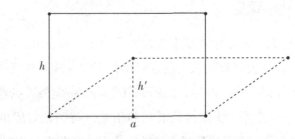

图1 压扁前后四边形的高

此时几乎所有的学生都认为应利用公式分别计算出长方形和平行四边形的面积，然后再进行比较。平行四边形的面积公式为 $S=ah$，底不变，高由 h 变成 h'，高变小了，则面积也变小了。

探究完之后，我一如既往地选择沉默一会儿，等待一会儿，让学生多多回味，让学生多多思考，等待着学生的发现……

一会儿工夫，有个学生高高地举起手。经过我的允许，他站起来说："老师我有一个想法，不知道对不对……"我的教育理念是，只要你做，你就无过，哪怕你错，要多一点信任，多一点耐心。只有相信学生，学生才可能给你意想不到的惊喜。于是我让全班学生静下来，用心去听这位同学的发言。

他虽然说得不怎么完美，可是他的方法实在是妙，并且非常深奥。下面我来谈谈他的方法。

极限思想：如图2所示，若把这个长方形拉倾斜并且一直拉，这个时候四根木条将在一条直线上，它的面积就是零。其实也就是当 h' 趋近零的时候，S 也趋近零（极限思想）。所以，高和面积都变小了。这真是太神奇了，只需用简单的假设（假设将四根木条移到一条直线上）就轻而易举地解决了此问题。

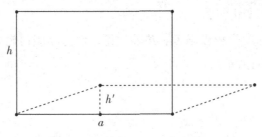

图2 极端压扁前后四边形对比

　　我和学生们都在回味着这个学生的创举，这时，我看见一个学生低头在练习本上画着什么。这位学生平时最爱思考，我想再等等，再问问学生还有没有其他方法。

　　一个不太自信的学生举起手说有想法想与大家分享一下。

　　我乘机说，只要你有想法，哪怕是不成熟的想法都是很了不起的，老师相信你。

　　该学生用草图画出了他的想法，即切补的方法。

　　如图3所示，若把三角形CDE拆了，补到三角形BAF上，那么平行四边形ABCD的面积就变成了长方形FBCE的面积了，平行四边形ABCD和长方形FBCE二者高相等，底相等，面积也相等。显然平行四边形面积比原来的长方形面积缩小了。

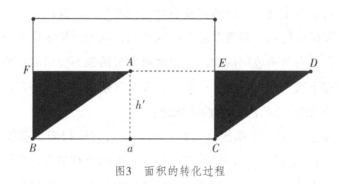

图3　面积的转化过程

　　拆拼可以把问题展示得这么清楚明白，可见这个学生真是用心去思考了。

二、教学经验反思

　　事后我反思了自己的教学，每天都是平凡的课，如何在平凡中创造奇迹，如何让精彩更多地迸发出来？我想需要从以下几个方面来做工作。

其一：耐心等待

　　教育，是一种慢的艺术。慢，需要平静与平和；慢，需要细致与细腻；慢，需要耐心与耐性。在对待学生的态度上要慢下来。很多时候，更需要等待，等待就是一种爱。

　　在一个蹒跚学步的孩子旁边，我停下了脚步。只见年轻的妈妈放开学步的孩子，在几步之外蹲下来，拍着双手，面带微笑望着颤巍巍的孩子说："宝贝，过来！宝贝，过来！妈妈在这里。"孩子面露惧色，双腿发颤，双手张开，试着迈步，却又难以挪动。年轻的妈妈没有急忙去搀扶，依然在原处微笑着、等待着、鼓励着孩子勇敢尝试。孩子努力几次之后，终于大胆地挪动脚步，扑向妈妈的怀抱。

从孩子学走路的过程中，我学会了等待、鼓励、耐心等，我们的教育又何尝不需要这些呢？

其二：相信学生行

"信任"二字说起来容易，做起来非常难。学生是相信教师的知识和能力的，更是非常尊敬教师的。学生如此信任教师，那教师呢？教师同样应该多相信学生。

学生需要教师对自己的信任，信任是激励学生前进的动力，它能产生无穷的力量。在每位学生身上，教师都要看到他们的长处，找出他们行为中的闪光点，哪怕是细微的优点，都要及时准确地捕捉，放大。学生作业做错了，课堂上说错了，甚至有些不成熟的想法，教师可先表扬他不怕错的精神，鼓励他说"老师相信你下次的错一定会少一些"，并及时指出其问题所在。教师要为学生创造成功的条件，相信学生定会有所进步。

教师要相信每个学生都能学得好，只要学习方法得当，都能有所收获。教师的成功不在于所教学生的优秀率有多少，平均分有多少，合格率有多少；教师的成功在于信任学生，鼓励学生，使学生消除对学习的恐慌，树立对学习的信心，在原有的基础上进步，哪怕一点点。教师不必要求每个学生都达到优秀，只要学生在原有的基础上有进步，超越曾经的自己就行。

学生能否持之以恒地学习，能否喜爱你所教的那门功课，与教师的信任程度有密切的关系。当学生站起来不能流利回答问题的时候，教师投去一个期待的目光，说一句信任的话语，帮助他成功一次，那么，他在课堂上发言的水平会越来越高，学习能力会越来越强。

教师应常把"信任"二字留给学生，在学生的心中激起惊涛骇浪。这不经意的一举，会影响学生的一生。教师的信任能让学生感到自豪，教师的信任能让每个学生走向成功……

其三：注重引导

课标强调教师是引导者，学生是学习的主体。教师是教学的组织者，这是教师的重要角色。那么课堂上怎么注重引导呢？

首先，要有遇见性，尽可能地遇见学生所有可能的"思"。教学实情与教案设计很难一样，几十个学生有几十种想法，有时候可能出现很多"意外"。作为教师，有课堂智慧是非常重要的。导入问题时怎么提出，提出问题时怎样引导学生回答，学生回答偏离主题很远时怎样拉回正题，等等，这些都是值得教师深思的问题。

其次，要灵活引导，让学生合理地"思"，开拓其思维。特级教师黄爱华在一次数学教学讲座中说道："在课堂上，教师要有开放活跃的思维，要像谈话类电视节目主持人一样。"也就是说，教师在课堂教学引导中要灵活，要及时抓住课堂中有利于教学的信息作为引导的"话题"，灵活组织教学，不能只按预先设计的教案一成不变地教学。

教师要有足够的耐心并用心倾听学生的发言，要有灵活敏锐的嗅觉，善于捕捉很多有价值的教学细节，教师要及时有效地利用课堂资源，真正体现学生的数学学习活动"是一个生动活泼的、主动的和富有个性的过程"。

最后，要善于深层挖掘，发现学生力所能及之"思"，深刻引导。

根据学生的情况，结合知识的难易，教师要突破教材的表面现象，引导学生思考、分析、理解和领悟，进而解决深层的数学问题并发现数学规律，建立数学模型。教师应该及时恰当地进行深层引导，拓展学生探索数学的空间，引导学生发现数学问题，解决数学问题，提高探索数学的能力。

其四：创造氛围

一个好的环境对人的影响是不言而喻的，人在一个轻松、开心、活泼的氛围中生活或学习，那该是件多么令人向往的事情啊。学生只有在这样的氛围中学习，师生之间才能形成互动、交流、对话的平台。我在课题"小学生学习积极情绪、数学课堂行为与数学学业水平的关系研究"中发现，学生学习的积极情绪对数学课堂行为和数学学业成绩影响极其显著。董俊则认为，积极情绪对注意的范围和注意力的持续有极其显著的影响，所以营造积极的课堂氛围十分重要。

在课堂上，好的氛围一定是民主平等的，如此才能体现人性关怀，学生才会轻松愉快、活泼热情、发挥想象力。这样的课堂，学生才敢于发表自己的观点，表达自己的思想，学自己的数学。

同时，课堂还应该是个宽容容错的课堂。没有错哪有对，对和错往往都是相对的。我们人类的文明都是从不断犯错的过程中积累的，学习也是一个在对错间转化的过程。学生只有正视自己的错误，在错误中反思，找到自己的不足，才能不断"对"起来，进步起来。课堂中教师要允许学生出错，当一个学生出错了，大家不是在嘲笑讽刺他，而是一起鼓励他，支持他，帮助他想正确的答案。

只有这样的课堂，才能创造出引人入胜、妙趣横生的情境，以及宽松、和谐、民主的课堂氛围，使数学课堂充满生机与活力，使学生真正找到成长的密钥。

其五：让学生找到成功的感觉

学生在学习的过程中会遇到很多困难，怎样才能让学生战胜一个又一个困难，树立自信心，勇敢地去生活和学习？这就要求教师在让学生做事情的时候，要能让学生找到成功的感觉，哪怕是一点点的成功，这会对学生战胜困难起到促进作用，同时也会增强学生的自信，而自信则会让学生更加成功。

课堂上，教师要注意分配机会，容易的问题让学习能力弱的学生回答，难的问题让学习能力强的学生回答，要抓住每个学生的特点，及时给予阳光雨露。作为教师要多一份鼓励与表扬，多一份发现与倾听，多给学生一个机会思考与表达……成功其实就那么简单。

三、后 记

做教师其实真的很难，要知道学生的方方面面，观察细致入微，引导恰如其分……其实也很容易，就是多点耐心，多点等待，学生也许收获得更多。

亲爱的教师们，收拾行囊，轻装上阵！把行囊里装上耐心、信心、爱心出发吧！

有了翅膀就能飞翔

金秋十月，是收获的季节，同时也是梦想放飞的时节。

把乒乓球叠起来，再钉上几个螺母，这不是天方夜谭。近日，在科技节"头脑奥林匹克（OM）大赛"活动中，南山区各小学的小选手们用他们的实际行动证明了这一点。

事情的经过是这样的。2007年10月26日我校"OM"俱乐部全体队员参加了南山区第九届科技节"OM"比赛。这天早上，学生们早早来到学校，兴高采烈地坐车去了南山实验麒麟小学比赛现场。

到了比赛现场，我们一起留影纪念，然后通过抽签决定比赛顺序。我们抽的签比较靠后，队员们利用这个时间一起讨论题目，分工合作等。

这次的比赛是即兴题，只让队员进去比赛，辅导教师只能在外面等。比赛有两道题：

一是语言类即兴题，如"'握手'和'骄傲'这两组词语，说出其中的关系"。队员有1分钟思考时间，有两分钟回答时间；要轮流作答，不能轮到不答，也不能连续回答。如果一名队员答不出，整个比赛结束。

二是操作类即兴题。有螺母和乒乓球各8个，要求把乒乓球叠起来，根据乒乓球叠起来的个数来计算分数。

我校小选手们发挥他们的聪明才智，在队长梁勇荣的带领下，队员陈岚钦、纪玮琛、俞哲文、王尧和陈柏宇团结协作，一起出主意、想办法、讨论、反思、尝试，最终出色地完成了比赛。

比赛带来的不仅是知识与智慧的考验，还给所有的参赛者和前来观看的学生带来了欢乐，带来了对科学的不懈追求。

几个星期的培训虽然是辛苦的，但过程却是开心的、幸福的，大家在学习的过程中，找到了快乐，发散了思维，创造了一个又一个的不可能。

比赛在紧张而快乐的气氛中结束，无论是成功或者失败都已经不重要了，重要的是大家都参与了，都发挥了自己的聪明才智。

十月，给孩子们插上了智慧的双翼。

专业领航

中篇

第三章 智言慧语——教学经验演讲

创新是课堂生命的源泉

各位老师，大家下午好，今天我将结合我的参赛课"认识角"来谈一谈我个人的思考。我所讲的主题为，创新是课堂生命的源泉。

我将从以下四个方面来展开：

（1）对"认识角"这堂课架构的理解。

（2）"认识角"备课数据分析。

（3）备课的科学化流程。

（4）"认识角"这堂课设计的创新之处与不足。

首先，我来谈谈对"认识角"这堂课架构的理解。我曾读过特级教师俞正强老师的《种子课》，他在书中有几个主张：

（1）对小学生而言，许多数学知识蕴含在生活经验中（放微视频）。

（2）教学设计是十分重要的（打开教案）。

（3）我们的学生本身是一颗来自天地间的种子，不论是否愿意，都会生长。

基于这几点，我建构了"认识角"这节课：①生活中的角—数学中的角；②微课学角的特征—小组探究角的大小；③小组探讨角的本质—研究角的大小。这里我把俞老师的理论主张和我的教学实践结合得天衣无缝。

其次，谈谈我在备课时的数据分析。我真的是静下心来去设计和研磨这节课的。从文献的研究到教材的研究，从微课的录制到发明创造活动角，从一遍遍试课到讨论反思，我充分利用了资源。加工资源，教师才能走上专业化的道路，才能最终走在创新的前沿。

再次，我备课有个基本的流程，我称之为科学化流程（还需要深入研究）。

（1）收集文献（杂志或书籍）和教材及教参（不同版本）。

（2）对文献和不同教材进行阅读、分析、思考。

（3）设计几套适合自己学生的教学设计。

（4）（私下）试教几次（对比分析不同设计）。

（5）寻求有经验或曾上过这节课的人讨论。

（6）讲给身边的人听，多次讨论（或录像后分析）、修改、试教。

（7）对课程进行反思、改造、创新。

这个流程还需要一个长期的摸索、探究验证的过程，这同时也是一个科学创新的过程。

最后，我来谈谈我设计"认识角"这堂课的创新之处。

（1）翻转课堂。

（2）微课自学单。

（3）发明创造新教具——活动角。是利用圆规和电视天线制作的活动角。

（4）课的精彩设计——螺旋式上升，逐层推进，深挖重难点。

（5）学习方式——自主学习、合作学习、全班群学等落到实处。

我此次的分享主要有以下两个方面：一是如何备课。二是如何创新。

本课虽然相对精彩，但是也存在不足。微课的录制以及课堂上让学生探究角的大小与什么有关的处理方式不够理想，给本节课留下了遗憾，这都是我再次执教本课需要改进的地方。

感谢一直给予我帮助、支持、鼓励，和我一起备课的人——陈清容老师、罗校长、于校长、杨主任、王老师等同事。我不是一个人在备课，而是和一群人在备课。

最后再给大家分享一句话。

世界上最难的事情不是我们做不到，而是我们想不到，最关键的是我们没有恒心去做。勇敢去尝试，坚持去学习，深入去思考，耐心去守候，收获的季节也许就在明天。

给学生舞台，学生会给你精彩

尊敬的各位老师，大家下午好，今天我非常荣幸地在这里跟大家分享课堂中的一些教学故事。首先我跟大家分享的教学故事是"大楼的0层在哪里？"

记得当我在讲"正负数"这节课时，有一个小环节：

我让学生在生活中寻找正负数，一个学生举手说："老师，老师，我见过最多的正负数就是我家电梯。我每天上下楼都要坐电梯，当上楼时，所有的楼层都是正数，当下到地下室时，所有的楼层都是负数。这就是正负数在我们生活中的应用，是很多同学都熟悉的，可我弄不明白，为何没有0层？"

活动到这里有几种处理方式：一是直接告诉学生这是以后学习的内容，或直接告诉学生答案；二是让学生通过画图表示楼层，同桌交流，研究出答案；三是在与同桌交流得出答案后，让学生进一步研究不同国家楼层标识异同点，并以此写一篇数学日记或小论文。

课堂上我抓住了这个闪光点，让学生充分交流和研究正负数表示的意义、0层处在哪里等问题，然后放手让学生研究不同国家楼层标识的异同，写一篇不同国家楼层对比研究的小论文。

我认真回顾了这个环节，通过分析得到了以下两点启发。

1. 要挖掘学生理解知识的重难点，以适合学生的方式突破这些重难点

楼层标识，是学生平时最常用、最普遍见到的生活实物，这不就是数学在生活中的具体应用吗？仔细揣摩一下，以地面为参考面，地面以上就是正的楼层，地面以下就是负的楼层，用正负数表示非常贴切。

而0层，在我们国内的楼梯上并没有。为什么？假如加上去，应该放在哪个位置呢？其他国家是不是都有这样的习惯呢？这样一深入研究，很多问题都迎刃而解，学生对正负数意义的理解更加深刻了。

2. 课堂上要认真倾听学生的提问，关注并引导学生思维的各种可能

教育的艺术很大程度上体现在教师是否能敏锐地捕捉到教育问题，科学地处理教育细节。作为教师，课堂上要认真倾听学生的回答，关注学生思维，不能只顾自己的教学流程、教学内容，不能为了提问而提问，而要关注学生的回答。在一堂课中，最能体现教学效果的莫过于课堂中那些闪光的回答。因此，作为一名教师，除了预设理想的教学情境外，更应该关注课堂中的真实情况。有了这次的经验，在以后的课堂教学中我非常关注学生的发言，尽量不忽视任何精彩的瞬间。

接下来，我给大家分享另一个教学故事"多边形面积推导转化的过程"。

"老师，老师，我发现了多边形面积推导转化的过程。"一个学生迫不及待的大声喊了出来。

这是我讲多边形面积推导公式时学生的一个精彩发言。

我当时并不急于评价，而先让这个学生说说自己的想法，让全班学生讨论交流他这句话表示什么意义，能否成立。然后我给予他恰如其分的点评，鼓励其他学生多多提出自己的想法，并以这个学生的名字命名这一发现。

这样处理课堂突发事件才能抓住课堂上的闪光点，才能体现一个教师的智慧，让精彩迸发得更加炫丽。让学生自己学习数学，用自己的语言表述自己的感受，用形象的语言描述抽象的知识，只要孩子敢说，敢讲，就让他说，哪怕是错的，只要他说，他就无过。

关注每个学生，每个细节，细微之处方能见真精彩，不管学生发言的质量如何，只要他能勇敢表达内心的想法，就让他去尝试探究属于自己的数学，这样才能构建美丽的课堂。

课堂上，教师应如何让学生暴露对知识理解的情况，特别是精彩和不足呢？作为教师应该创建一个什么样的课堂呢？通过对以上两个教学故事的思考，我有了以下的想法：

树立和谐的课堂，

创建宽容的课堂；

营造辩论的课堂，

让学生体验成功。

以上就是我的一些不成熟的想法，希望能得到各位同行的批评指正，谢谢。

"认识角"磨课小记

俗话说，磨刀不误砍柴工，一个多月的备课，不算长也不算短，对于了解一节课其实已经足矣，但是要备好一节课还远远不够。在这一个多月里，我既选课又准备资料，既阅读文献又思考文献，既设计课程又修改课程，既设想教具又制作教具，既设计课件又修改课件，既构建微课又制作微课，一遍遍试教，一遍遍修改，一遍遍讨论……

首先从以下几组数据来梳理一下我的备课足迹，见表1。

表1 备课记录表

文献	精选文献	收集教材	修改	制作活动角
77篇	16篇	3种教材版本	无数次	请教门卫张师傅、后勤张师傅、文具店老板、家长等

微课录制	课件制作	试教次数	参赛次数	当面讨论课人数
录制4次	无数次	4次	1次	8人

也许我不是课程设计及执教最好的那一个，但我却是最用心，最深入文本、深入生活、深入课堂、深入学生、深入挖掘资源的那一个。

接下来我从以下几个方面来谈谈我个人对这节课的几点思考。

其一：课前对生活中的角深挖

生活中的角或者说学生心中的角都有哪些呢？我们常见的角有桌角（尖尖的）、墙角（某个角落）、羊角、牛角。但是这些不是我们要研究的角，我们要研究的角将从下面的物品中来，比如红领巾的三个角，钟表时针与分针所形成的角，剪刀张开口所形成的角。从这些生活中的角抽象出数学中的角，具有直观、生动的特点。从学生身边的事物中来，到数学的王国中去。总之，我从角的各个方面剖析了角的生活含义，让学生认识物体的本质。

其二：微课的自学功能彰显信息技术的魅力

我录制了一个五分钟的微视频介绍生活中的角，从生活中的角抽象出数学中的角，并用数学化的语言介绍了数学中角的各部分名称及角的符号。这些都是陈述性知识，是学生一看就会，一看就可以动手做的内容，学生完全可以通过自学而习得。

然后我让学生找一个有角的物体画出一个角并像微课里那样用数学化的语言概述。

最好让学生在动手玩活动角的过程中思考两个问题：

（1）你认为角有大小吗？

（2）要是有大小，怎样比较角的大小？

整个微课短小而精湛，我的讲解精益求精。我结合课件动画效果制作了数学教学的大片，学生还是很乐意看的。

学生可以多次看视频，针对某些不明白的地方可以停下来思考或和父母讨论，培养了学生自学的习惯，做学习的主人。

其三：翻转课堂的"翻转"彰显新的教学模式优势

我制作了微课，让学生提前一天在家学习并完成自学单。

"认识角"微课自学单

1. 请找出一个有角的物体，然后在下面的方框内，像数学书P62和老师那样画一个角，标出你画的角的各部分名称并填空。

画角

记作：＿＿＿＿＿＿＿＿＿

读作：＿＿＿＿＿＿＿＿＿

2.在下面的图中各找出三个角，标一标。

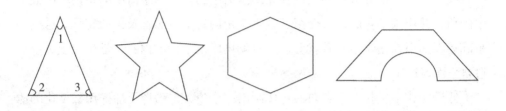

3.我们认识了数学中的角，请用教具中的两根小棒做一个活动角，并思考以下两个问题。

（1）你认为角有大小吗？

（2）要是有大小，怎样比较角的大小？

让学生通过自学，用所学的知识去解决问题，这种方式大大提高了学生的学习效率，提高了学生思考问题的深度与广度。

学生通过对微课的把控，完全可以按照自己的习惯来安排学习进度，学生学习的自我管理意识大大增强。同时，课堂上将节约的时间拿出来进行交流互动，同伴之间互相帮助与提醒，最终提高学习效率。

教师要充分了解学生的学习情况，把控学生的学习进度；教师要以"学"定教，以疑难问题、关键问题、核心问题引领课堂，发挥学生的主体地位和作用；教师要让学生用自己的脑去思考，用自己的嘴去说，用自己的行动去证明；教师要相信学生，发展学生，成就学生。

其四：活动角教具的发明创造为解决本节课重难点锦上添花

在研究角的大小是否与角的张口与边的长短有关时，必须设计一种活动角，使角的张口可以随意变换，角的两条边长可以随意变化。

现实中的学具只能让角的张口变化，而不能让其边变化，这就很难突破角的大小与边长无关这个难点。我大胆设想，若能设计一种角的张口和边都能随意变化的角，那么对于学生理解"角的大小与角的张口有关，而与角的边长无关"将十分受益。

于是我将圆规两角之间的任意变化性、天线的可伸缩性等不同类物体的不同属性结合在一起制作了张口和边长可任意变化的活动角，创新发明了学具（见图1），彰显了对重点知识的深入挖掘，让学生在操作中、在相互比较中突破"角的大小与角的边长无关"这一难点问题。

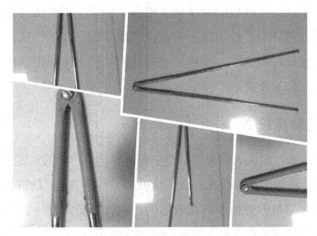

图1　用圆规制成的活动角

其五：向身边的人请教，站在巨人肩膀上前行

从收集资料到课堂设计，再到教具、课件的制作，我时刻都在和身边的人讨论。我和杨凌会主任多次对课的知识点、教材的设计意图、教学设计的合理性进行探讨；我和十几位有丰富经验的教师进行深度讨论，研究某个知识点、某个设计点；我向门卫师傅、后勤师傅请教如何实现活动角的张口和边的变化；我和我的女儿以及学生探究在玩角的过程中发现了什么，何时角大，何时角小；等等。我不是一个人在战斗，是和大家一起在战斗。

放飞爱与梦想，做更好的自己

一、自我介绍（微视频）

大家好，我叫张乾，2005年毕业于深圳大学师范学院，之后到育才一小工作，2010年至2013年，我取得了华南师范大学教育硕士学位，进一步提升了个人的教学科研能力。在育才一小我先后担任过数学教师、备课组长、教科研助理、党小组长、教工团支部书记。2015年9月，我通过竞聘担任学校教科研主任兼信息中心主任。工作中的我认真、踏实、勤奋，不断探索创新，以做更好的自己为目标，坚守自己的岗位，成就孩子的梦想。我还特别喜欢研究航模，形成了自己的航模项目课程，组建了航模社团，我常带学生制作飞机和放飞飞机，和孩子们一起逐梦蓝天。

二、我的教育故事

王国维说，古今之成大事者，必经三种境界，从治学的角度来看，即立志高远，执着追求，豁然悟道。在我看来，这更是一种深切宽广的情怀，正如路遥所说，必须有如初恋般的热情和对宗教般的虔诚，才能成就一番事业。而这样的境界与情怀一直是我所追求的。现在，我与大家分享一下我的三种境界。

1. 追求，遇见更好的自己

教育就是用爱播种爱，我深爱着我的学生，而"张乾老师"也是学生对我最亲切的称呼。日常教育教学中，学生喜欢和我在一起，一起探究，一起畅想未来。我的课堂由学生做主，由他们当小老师，他们经常进行小组探究性学习，在课堂上他们往往可能因一个问题争论的面红耳赤，但问题也在讨论中迎刃而解。教学中，我常常深度思考，课前预设，课上生成，课后反思，坚持不懈，磨炼自己。我不满足教材所提供的素材，重组教材并不断发明创新。例如，为了突破数学学习中的难点，我发明了两个最具代表性的教具——魔术立方块和活动角（两项发明都荣获深圳市自制教具三等奖）。为了解决"角的大小与边的长短无关"的问题，我制作了一种教具，其角的张口和角的两边可任意调整。我曾去拜访门卫大哥、后勤师傅。通过研究，我把量角器和天线有机结合起来，发明了活动角，寓教于乐。而学生拿到这个学具之后，在玩中学，在玩中悟，学习数学的兴趣更加浓厚。

2. 创新，不断突破自己

对于每册书的"种子课"（或称关键课），我常采用多级备课方式，独立思考，博采众长，再次设计，上课体验，最后反思，形成独具个人特色的课堂设计（这就是我研究的课的一般流程）。

在互联网+教育的个性化学习时代下，我申请了区科技局重大课题——基于大数据背景下因材施练口算App设计。我对数据进行了整理与加工，利用数据库对学生口算进行智能化出题。每次试卷都是基于前面错误部分或错误率比较高的知识点进行出题，每个人、每次试卷都不相同。我针对大数据进行分析，真正实现因材施教下的口算训练。

3. 执着，做更好的自己

自从进入中级管理层，我结合学校情况，在工作中秉持精益求精的工匠精神，在以下几个方面打造精品：

（1）打造基于信息技术支持下的问题探究性学习。学生的研究从提出问题、我的猜想、收集资料、实验验证、实验结论和实验拓展这六个部分展开。这种学习项目是在寒暑假开展，当时教师和学生都在不同地方，我们要打破时空界限，采用互联网支撑下的交流、互动与分享方式，实现了无边界研究。最后全班进行论文答辩。

（2）让青年教师采用问题探究方式进行学习研究，使问题从一线教师中来，再到课堂中去，在实践、思考与总结中解决一个又一个问题，提升青年教师研究问题的能力。

（3）打造精品小课题研究。每个备课组每个学年都研究一个小课题，要求问题从实践中来，小而精。以小课题引领备课组，做接地气又实用的小课题，促进组内教研的深度和广度。

（4）打造教师学习共同体，提升"青蓝工程"升级版学习团队。组建高效的学习型组织，发挥团队力量，以促进教师专业发展，形成合力，支撑学校多个项目的开展。

（5）组建学校创客空间，重述创新课程理念。采用"1+N"课程模式，"1"即是创新课程，我们将开发一套适合学生的创新课程；"N"即是多个校本课程，比如"科学ACTION""3D打印""航模制作""绘本创作""创造发明"等等，创新在行动，我们把创新的种子播种在每个学生的心田。

孜孜不倦，上下求索，执着前行，我始终坚持要做更好的自己。

三、教学业绩展示

思考与创新是我生命的灵魂，十年磨一剑的守望，使我取得了一些成绩：两次执教深圳市展示课，两次考核优秀；两次被评为南山区优秀教师，两次被评为优秀共产党员，成为南山区骨干教师和学科技术名师培养对象，共荣获综合荣誉达20项。

论文曾在《高等数学研究》《小学数学教育》《南山教育》等杂志发表，在第五届全国教育改革与发展论坛上展示课，曾主持《生生对话》《合作学习》《因材施练》等区科技局重大课题并在学校推广，提高了学生学习的质效。

我的科研与信息技术能力比较强，综合多面手是我对自己的评价。因此，今天，我勇敢地站在竞聘精英教师的这个舞台上。我希望自己能够飞得更高，与不同的教师对话，提升对教育的理解，分享对教育的情怀。我愿意发挥自己的光和热去引领更多的人。我心中充满正能量，追求南山教育质量永不放弃。

怀揣激情与梦想，从容智慧地走过

尊敬的各位领导及同学们，大家好，我是来自育才一小的张乾，很荣幸能借此机会发言。我将从以下三个方面来分享：

首先，来讲讲我的故事。两年前，我怀揣着梦想走进了南山区骨干教师培养对象研修班。回顾这段岁月，激情澎湃。我和导师、同学们一起参加了由班主任陈老师带领的各项学习和由区教师发展中心组织的高效研修班学习、信息技术培训和真爱梦想团队训练，等等。在日常学习的同时，我也不忘注重团队的建设，我加入了深圳市陈清容名师工作室、育才一小科技与创新课程工作室。在一小我组建了"梦的飞翔"学习共同体，在珠光小学组建了"精英团队"学习共同体，创造条件、搭建平台和大家一起共同学习。

这个学习的过程，不但使我的专业能力更为精进，从一名骨干教师培养对象成长为区精英教师，赴珠光小学交流；在管理水平上，我也从一名普通的数学教师成长为育才一小教科室主任兼信息中心主任。

在个人成长的同时，我也不忘为南山教育奉献力量。我担任主讲教师开设了继续教育课程"小学数学模拟讲课的理论与实践研究"，提升了年轻教师的业务水平。在继续教育班里，育才一小、珠光小学都捷报频频。成就别人的快乐，你懂得。

其次，我来谈谈我的教学研究。课堂教学中我善于思考，目前已逐步形成了独具特色的课堂教学模式，那就是"相融共生"课堂对话模式。我以生本对话和师本对话为教学基础，以师生对话和生生对话为教学主体，以教师与学生的自我对话为教学的升华与深化，让六种对话形式相融共生，逐步形成了以生本对话、生生对话和师生对话为主要形式，其他为辅的课堂对话模式，真正实现了以生为本的课堂教学风格。课例荣获深圳市优秀课例、全国二等奖，在参加全国教学研讨和现场答辩中荣获一等奖。这些荣誉都是对这种教学模式最好的实证。

基于此，我积极参加课题研究，参与区级以上课题三项，主持区科技局课题两项。其中我主持的课题"因材施练"已经进入口算App的测试阶段。这是我们团队基于学习分析学的智能化教研成果。

平时我注重对课堂教学问题的研究，这两年有4篇论文发表，有6篇论文获奖。同时，我也注重书籍的编写，曾参与编写过两本书。最近已经完成我的第一本个人专著——《从容智慧地行走—— 一位小学数学教师的行与思》的组稿工作，期待择机出版。

我来谈谈我取得的荣誉。在两年多的时间里，我共获奖41项，较之前的获奖量多了很多，我想那是我加入这个团队——南山区骨干教师培养对象班的结果。

以上所有的荣誉，不是我最大的收获。要问我最大的收获是什么，那就是与在座的各位领导与同学相识相知。回顾我们一起交流与研讨、一起做简报到深夜的情形，一幕幕呈现在我面前。回顾每天的简报，其关键词都令人激动不已、生长与呼唤、创新与展望、尊重与引领、情怀与开放、明德与悟道，每天我们都能与教育大师对话，与同伴对话，与自己的灵魂对话，恰同学少年。

最后，感谢区教育局、教师发展中心对我的培养。我将怀揣着感恩的心继续前行，让爱洒向南山大地。愿我们共同努力，让南山的教育因你我而熠熠生辉，从而不辜负南山骨干教师这一称号。谢谢大家！

附:

南山区骨干教师学习汇报

对照手册上的培养目标，让人着实不安，梦想是美好的，目标是明确的，两年的时间，我们能完成吗？带着这样的疑惑，我走进了骨干班，与班主任及各位导师亲密接触，结识了很多同学，大家一起走过了一段激情的学习历程。

具体来说，我从以下四个方面进行了学习。

一、在陈清容教师工作室的研修活动

我和工作室的教师一起研究，一起磨课，一起听课，一起评课，现在回忆起来，历历在目，这让我在课堂研究及课堂教学方面有了深入的思考和卓越的提升。班主任陈清容老师敬业务实的精神时常打动着我们；高雅、高众、付雪春三位导师亲力亲为，为我们诊课、评课，指导教学设计，提高了我们的课程设计、实施能力，帮助我们形成了自己的教学特色。我们设计了"什么是面积"和"认识周长"等有代表性的课。

二、参加浙江大学高级研修班学习

高校理论学习及学校考察使我们每个人都印象深刻。我们上了一周脱产且全封闭的课。我们再次走进了大学校门，放下日常事务，静下心来与大学教授面对面地交流。我们白天一起上课，课间一起研讨，晚上一起做简报到深夜。回顾每天的简报，其关键词都令人激动不已。生长与呼唤、创新与展望、尊重与引领、情怀与开放、明德与悟到，每天我们都能与教育大师（有李更生教授、汪培新校长、盛力群教授、石其乐教授、张军林校长、缪华良校长、赵群筠副局长等）对话，与同伴对话，与自己的灵魂对话。

三、参加阅读问道和阅读领航班学习

2016年南山区教育局教师发展中心举办的"阅读问道""阅读领航者"活动，我都积极参加，加上平时积极阅读，我学会了读书与交流，收获颇多，获得了南山区优秀阅读领航者称号。育才一小的"享读"读书会活动我每期必参加，已经成为读书会的核心成员和积极推动者。教师发展中心接下来将以课题的形式大力推进阅读活动，我也会积极参与，将"教师阅读"进行到底。

四、组建团队引领青年人研修

一人行快，众人行远。教育界倡导薪火相传，我在育才一小和珠光小学组建了学习共同体，引领青年教师一起学习。在育才一小，我组建了"梦的飞翔"学习共同体，从各个方面提升青年教师的专业成长。我在青年团员阵营中狠抓教师基本功，比如粉笔字、信息技术等。我在珠光小学组建了"精英学习"共同体，打造学习型组织团队。

目前，区教育局给我们搭建了很多平台，供不同学校的教师互相学习、交流与分享，特别是在骨干教师层级上，拓展了对话时空，增加了对话角色。信息流的多向交融，提升了我们各个方面的素养。团队的力量是无穷的，这就是"筷子原理"。

读书与交流是人学习的两大重要途径，在这个团队中，我们一起读书了，一起交流了，一起对话了，我们也成长了。

假如再有这样的学习机会，我希望我还能再来一次。

就这样精彩地走过
——南山区骨干教师总结报告

时光荏苒，回顾这两年，我们骨干班同学共参加了十几次研讨，几十次报告，在实践中努力践行南山骨干教师的使命，以师德素养、理论素养和专业技能作为努力目标，坚守梦想、努力实践，走出了一条学习之路、探究之路和创新之路。以下我将从三大方面来总结自我。

一、严于律己，立德做人

学习期间，我从班主任陈清容及其他三位导师的身上不仅仅学到了专业知识，更重要的是学到了为人师表的许多高贵品质。他们那份对教师职业的坚守，那种敬业精神和对教育的情怀都深深打动着我。学高为范，德高为师。所有专家讲座中的名师，他们的德行修养，特别是对教育的情怀，至今回想起来都让我不能忘怀。能成为这些人的学生，能聆听这些专家的讲座，受益匪浅。

三人行，必有我师焉。和骨干班的同学在一起，身边的同学那种对学生的热爱，对教育真理的追求，时刻感动着我，鞭策着我。作为一名南山骨干教师，我们必须拥有理想，脚踏实地，以更高的目标要求自己，以更高的师德标准鞭策自己，努力做一名有情怀、有素养的南山骨干教师。

二、参与学习，理论提升

在骨干班最快乐的事情莫过于与名师交流，与同班同学交流。读书与交流是人进步的两大法宝，与优秀的人在一起，你就是优秀的人。班主任陈老师和三位导师带领我们做课题、打磨课，各地专家、教授或校长提升了我们的理论高度，让我们站得更高、更远来看待教育，看待我们的学习。

苏格拉底说过，"教育不是灌输，而是点燃火焰"，这点我们从三位特级教师身上看到了实例。诗意优雅的赵群筑副局长给我们分享了一条校训、一首诗、一张电报、一段音频和视频、一群可爱的老师、自己爬过的三座"山"、五封信、五段人生经历、十个站台、近五十张照片。赵局长浪漫的故事告诉我们情怀、智慧、从容、远方、自主、脚踏实地和对生活的热爱，对生命的敬畏是特级教师的底色，也是每个教育者应有的底色。讲座完毕，全体同学和赵局长共同演唱了当年她教给学生的那首台湾民谣《兰花草》。每每忆起此事，那是何等的幸福与感动。

读书是教师最好的修行，也是教师最有效的备课。这两年，我还参加了南山区"阅读问道"和"阅读引领者"活动，读了许多书，比如重读了《给教师的建议》《教育是慢的艺术》《人类简史》《未来简史》等，认识了许多爱读书的读书人，大家因书结缘，因书而相识相知，提升了我的人生境界。

三、打造专业，提升技能

人生最幸福的事情是与智者同行。在学习期间，我时刻向各位导师看齐，主动向他们请教。在个人业务上，我努力探索，不断进取，取得了一些小小的成绩（见表1）。

表1 张乾老师获奖一览表（2014.9—2017.5）

	校级	集团	区级	市级	省级	全国	总计
综合性奖励及荣誉称号	5	2	4				11
发表论文情况			3			1	4
论文获奖情况	5				1		6
参与编写书籍情况						2	2
主持或参与课题情况			2	1	1		4
课题成果获奖情况	1		2			1	4
各类赛课、竞赛获奖情况	3		3	1		3	10
总计	14	2	14	2	2	7	41

为了对我获得的荣誉及奖项进行深入剖析，我做了如下两个统计图，从图中可以很清晰地看出我所获得各类奖项（见图1、图2）。

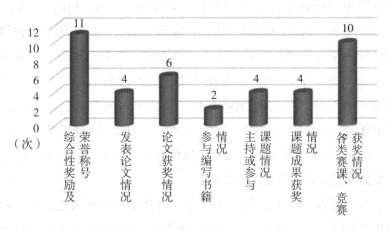

图1 张乾获奖统计图（2014.9—2017.5）（1）

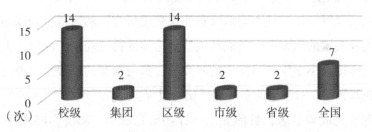

图2 张乾获奖统计图（2014.9—2017.5）（2）

1. 我的荣誉

走进骨干教师培养团队是我一生的荣幸。和这群骨干教师在一起，我不断自我修炼，从骨干教师走向精英教师。作为精英教师，到珠光小学交流期间，我学到很多很多。我先后获得南山区精英教师、南山区优秀教师和南山教师阅读领航者等综合性奖励及荣誉称号。学习期间，我积极参加陈清容名师工作室，积极参与工作室各类活动，对教育教学有了更深的认识。我还是育才一小科技与创新课程工作室行政负责人，我和工作室主持人一起打造了育才一小科技与创新特色课程文化与课程体系。

2. 我的课堂教学研究

一位优秀的教师首先要把课上好，把课研究透，只有有能力且幸福的教师才能让学生幸福，只有优秀的教师才能培养出优秀的学生。为此，我在课堂研究中狠下功夫，将每节课都打造成精品课。这两年多的时间里，有些课可谓是我独具匠心打造的，比如"什么是面积""认识角"和"周长"等。

我在第十一届教学设计与课堂展示活动的教学研讨和现场答辩活动中荣获全国一等奖；执教的课例"什么是面积"荣获全国二等奖；在第五届全国基础教育改革与发展论坛研讨会上，执教了小学数学课例"摸球游戏"；参与深圳市同课异构"什么是面积"荣获优秀课例奖；"神奇的变形金刚与字母表示数"和"唱反调PK解方程"荣获南山区教学金点子奖；2015年和2014年分别荣获"育才教学质效奖"；课例"什么是面积"和"认识角"荣获育才一小青赛课一等奖；校本课程"航模"荣获育才一小一等奖。

3. 我的课题研究情况及论文成果

在平时的教育教学中，我注重研究，将教学问题深入化、系统化、课题化。两年多的时间里，我参与了三项课题研究，分别是广东省中小学教学研究"十二五"规划课题"小学生数学阅读能力培养的研究（J11–043）"、深圳市教科院立项课题"基于核心素养课程体系建设研究"和区科技局课题"小学数学好课内容要素的研究"。我成功主持了一项区科技局重大课题"大数据背景下因材施练提高小学生口算能力的研究"。参与课题的过程是我理论提升的过程，是我对教学、对学生的学习理论化的过程。

课题研究成果显著，具体如下。课题研究成果"唱反调PK解方程"（课题编号：XSJKT14B002）荣获教育部北京师范大学基础教育课程研究中心二等奖；项目"深圳市小学生八大素养评价体系构建与实施的实践研究——以育才一小为例"荣获南山区教育局教育改革创新奖三等奖；教学工具"活动角"荣获南山区首届教具比赛二等奖；课题"大数据背景下因材施练提高小学生口算能力的研究"荣获育才一小优秀奖；因材施教口算App已经完成设计与制作并在测试中。

4. 书籍的出版及论文的撰写情况

记得当初李臣教授给出了具体的指导意见，即要"遇关键人、做关键事、读关键书"，特别是在课程领导力、专业化阅读、表达和研究三个方面建议我们下足功夫去努力提升，而这一切的行动需要我静下心来并坚持下去。

为此，我把平时的教育教学反思结集成册，参与编写书籍《名师说课》和《新课标教案——课堂教学设计与案例》。今年我已完成组稿并准备出版自己的个人著作《从容智慧地行走——一位小学数学教师的行与思》。

平时我也注重对课堂教学的及时反思，思考课堂教学的各个方面，并及时梳理撰写论文。在这两年多的时间里，我的论文《"搭一搭"教学实录与评析》发表在《小学数学教育》（ISSN：1008-8989）上，《小学数学课堂组内合作学习有效策略探究》《例谈小学数学课堂举例需要把握的准则》和《小学数学课堂生生对话现状分析及培养策略》发表在《南山教育》上。当然平时我也积极参加论文比赛，获奖论文如下。《让幽默成为数学课堂教学的催化剂》荣获广东省小学教育论文比赛一等奖，《让幽默成为数学课堂教学的催化剂》《巧用生活之原型理解解方程》《教师学习共同体：构建内容、要素和策略》《未来课堂之数学学习》《让幽默成为课堂教学的催化剂》《小学数学课堂生生对话现状分析及培养策略》荣获育才一小教学论文比赛一等奖。

两年多的学习，是辛劳，更是收获。累累硕果也体现了过程的重要性。今后，我还要在实践中不断磨砺，使自己成为勇担责任、富有理想、能力一流、积极创新的南山骨干教师！

让学生在"动"中走向卓越

——以数学学科为例谈育才一小"生动课堂文化"构建

尊敬的各位领导、专家、老师们，大家上午好，我是育才一小数学学科备课组组长张乾，今天我将以数学学科为例，向大家介绍我校深入推进卓越课堂文化建设，构建"问题·生动（PCP）"课堂学习模式的实践与探索。

我将从三个方面来介绍。

一、"问题·生动（PCP）"课堂学习模式

在南山区以学为本的"六学"课堂指引下，我校罗任重校长创造性地提出了构建"生动课堂文化"的思路，经历了提出、建模、提升三个阶段，最终形成了"问题·生动（PCP）"课堂学习模式。

这是一种以问题（Problem）为导向，以实践智慧建构（Construction），以期实现个性（Personality）腾飞的学本课堂学习模式，体现育才一小"个性生动、小学大成"的办学理念。

这就是"问题·生动（PCP）"课堂学习模式的基本结构。

二、数学学科变式

学校数学学科以学校的基本模式为纲，构建了数组学科变式，即生动预习指导、生动交流展示、生动灵活检测、生动拓展延伸。这四个环节呈递进态势，以自学为前提、以展示为核心、以检测为消化、以拓展为提升，以实现学生自主、自由、快乐、生动发展的目标。

1. 课前学生根据问题导学指引单的要求进行预习

学生独立思考，尝试解决导学指引中的问题，提出自己认为较好的解决问题的想法，做好交流分享的准备；提出不理解或不明白的问题，记录在"导学

指引单"或课本上。

2. 教师组织学生首先在小组内进行交流和讨论，然后上台展示

学生展示形式可多样，对在展示过程中暴露的问题或学生自学中的疑惑，教师可组织学生讨论，并在恰当的时候进行精讲点拨。最后师生共同归纳、小结、提升，指导运用。

3. 教师根据所学内容精选难度适中的有针对性的练习题，让学生进行当堂练习

检测后教师应及时了解学生解答情况，以便从错误中发现问题并及时予以强化，起到查漏补缺的作用。在反馈的过程中，允许有不同意见和观点的学生发言，进行讨论，教师做适当点拨和总结。

4. 课后拓展延伸

课后让学生对所学内容进行复习，遇到不懂的问题利用媒介进行查疑解惑，并进行反馈。教师对学生的疑问进行解答，使学生可以不受时间限制，随时随地进行学习。

上述是数学学科的基本模式，但是我们并不要求千篇一律、千人一面，教师可根据教学内容、班级实际与教师个性适当调整。

三、我们的关注点

1. 导学案向导学指引转变

在生动课堂研究的初期，我们研究开发了导学案。但是在使用的过程中我们发现导学案内容过多，学生完成负担重，而且过于详细的导学案甚至替代了学生的主动思维，变课堂中教师牵着鼻子走为导学案牵着学生走。于是我们调整思路，改导学案为导学指引。

我们结合所学内容提出2~3个问题，这些问题直指学习内容的核心，涵盖教学重难点，是具有高度概括性、富有启发性的大问题。学生可在问题的引领下，凭借已有的知识经验，借助网络等学习媒介对将要学习的知识展开思考、尝试解决、提出疑问，为课堂学习做好充分的准备。

导学指引单分为问题导学指引、问题探究指引、能力拓研指引，分别适合课前、课中、课后依据学习的需要选择使用。指引的目的在于突出以问题为导向的学本课堂，让学生在问题的引领下主动学习。

2. 交流展学

根据美国国家训练室研究的成果得出的金字塔理论，实践应用（讲给别人听）这种学习方式的保持率是最高的。因此我们在课堂教学中非常重视交流展示环节，让学生将自学、合学的学习成果进行展讲。在这个过程中，学生的思维能力、语言表达能力、团队合作能力及成就感、自信心都得到了有效提高。这个环节我们突出强调以下四个方面：

（1）注重小组成员的全员参与。既然是展示小组合学的成果，就要鼓励小组的每个学生都有展示交流的机会，这就要求小组在展示前进行恰当的分工。

（2）注重学生展讲语言的训练。学生的展讲如何做到有序而有效，我们在展讲引导语方面做了卓有成效的设计和训练，如"我们小组汇报的问题是……""我们的观点是……""我们的方法是……""我们小组汇报完毕，请问还有什么疑问和建议吗"等。

（3）注重展讲中生生的质疑问难。为了变教师讲解为学生讲解我们特别强调在展讲过程中质疑问难，以引发学生针对学习内容的争辩。这不仅培养了学生提出问题的能力，而且引导学生深化对问题的思考和理解。

（4）注重展讲中教师的精讲点拨。学生展讲和质疑问难的过程虽然突出了学生的作用，但也不能忽视教师的主导作用。教师需要认真聆听学生的发言，当学生思维出现困顿时，当学生的回答偏离主题时，当学生对难点问题出现疑惑时，要恰如其分地介入进行点拨或者精讲。这里特别要强调的是教师既不能不闻不问，也不能过于急躁或过多地介入。

3. 课题与实践

在深入研究课堂教学模式的过程中，我们抓住推进的关键点，以小课题研究的方式展开课堂微环节的研究。许多小课题的研究成果都被广泛运用在课堂中，不仅解决了课堂转型过程中面临的种种问题，而且对模式的优化和再提炼起到了推波助澜的作用。

最后我想描绘的是育才一小在生动课堂文化建设中的共同追求和愿景。我们要培养的学生是一个真正的学习者，他们在课堂内外应是这样学习的：

（1）安静地自学。

（2）有序地合学。

（3）自信地展示。

（4）激烈地争辩。

我们希望我们的学生成为具有基础学习能力，拥有良好习惯、健康体魄，能尽情绽放个性的幸福人。让我们共同承担卓越课堂文化建设的重任，怀揣美好的愿景，一起创造南山教育美好的明天吧！

谢谢大家！

真诚为大家服务

尊敬的领导、亲爱的同事，大家好，很幸运参加这次竞聘。下面我来分享一下我的两点想法。

一、努力追求卓越

学习方面：我2005年毕业于深圳大学，2012年华南师范大学教育硕士毕业，中国共产党党员、小学高级教师。十年磨一剑的守望使我取得了几个"两次"的成绩：两次执教深圳市展示课，两次考核优秀，两次被评为南山区优秀教师，两次被评为优秀共产党员。我还是南山区骨干教师和学科技术名师培养对象，共获得综合荣誉20项。

教学方面：我努力追求创新。我发明了"魔术块""活动角"等教具，制作微课；我基于兴趣教学，努力打造受学生欢迎的课堂。我所带班级的学生成绩优异，曾三次获集团教学成绩优胜奖，四次青赛课一等奖，参加各类公开课、赛课、微课制作活动等获奖次数多达22次。这背后有自己的努力，也有同事们的帮助。

科研方面：课题研究从实用出发。我深挖解决问题策略，先后主持过合作学习、生生对话等课题，主持或参与课题共8项，其中我主持的课题"大数据背景下因材施练提高小学生口算能力的研究"获得区科技局重大课题主项及科研经费。论文获奖达19次，文章曾在《高等数学研究》《小学数学教育》《南山教育》等杂志发表，思考与创新是我是生命中永恒的主旋律。

组织能力方面：担任教科研助理以来，我协助教导处开展多项工作，如办教育教学沙龙、评比论文、举办"求成之路"、师徒结对、青赛课活动等。我的备课组组长工作做得也是有声有色。我组织教师做好教科研工作。比如青赛课，充分发挥团队力量和集体智慧，精心打造每一节课，多次研讨，多次试讲……参赛的四位教师中有三位教师分别获得一、二、三等奖的好成绩。我曾在数学组内组织并主持多次读书沙龙，取得了较好的效果。在任校教工团支部书记期间，我和青年教师同学习，共进步，学校团支部先后被评为深圳市青年文明号、区优秀团支部。

过去我一直追求卓越，这次参加竞聘同样是因为我要寻求学习、交流、提升的机会。

二、真诚地为大家服务

作为一名教师，我执着于优秀；作为一名中层干部，我会让更多的教师走向优秀。我以"管理就是服务"为理念，为提升学校教育教学质效服务，为教师创造良好的工作和发展平台服务。我常深入师生中，倾听师生的声音，尽我所能，倾我全力，让每一位教师在工作中更加幸福。

育才梦，我们的梦。面向未来，追逐理想，永不放弃。我觉得这事我可以，我能行。

未来，需要我们一起创造，美好让我们一起期待，谢谢！

第四章

凝思聚意——教学设计构思

"什么是面积"教学实录与评析

【教学内容】

北师大版《义务教育课程标准实验教科书·数学》三年级下册第49~50页。

【教学目标】

（1）结合具体实例，认识面积的含义。

（2）经历比较图形大小的过程，探索比较图形大小的方法（割补法、摆方块法等），积累比较图形面积的直接经验。

（3）在比较图形面积大小的过程中养成独立思考、勇于探索的习惯。

【教学重难点】

（1）重点：结合实例理解与体会面积的意义。

（2）难点：探索比较图形大小的方法。

【教学准备】

剪刀、小正方形、透明格子纸、尺子、多媒体课件。

【教学过程】

（一）感知面积：听故事——《阿凡提买地》

1. 播放视频

阿凡提：巴依老爷，我想从您这买一块地可以吗？

巴依老爷：当然可以，条件有三条。

（1）你一天之内用这条绳子围成的土地就是你的。

（2）太阳一出来，你就开始围，太阳落山前要立刻停止。

（3）给你三次（三天）机会，哪次围的土地最大，哪次的土地就归你。

2. 问题：哪一天围的土地大

师：第一天，阿凡提只围成一个"C"形，第二天围成一个长方形，第三天围成正方形，绳子都刚好用完（教师用绳子在黑板上围出"C"形、长方形和正方形）。教师请三位学生上台分别为阿凡提三天围成的土地形状（见图1）。

图1　三种图形

（生涂完汇报。）

师：××同学，你怎么不涂啊？

生：这个图形不封口，不知道土地有多大。

生：我也是这样认为的，因为不封闭，所以不能确定其土地大小。

师：对，那长方形和正方形为什么能涂出来呢？

生：因为长方形和正方形是封闭的，没有开口。

师：像"C"这样的图形是不封闭图形。像长方形和正方形这样的图形，我们叫封闭图形（板书：封闭图形）。

师：那刚才同学们涂的是长方形和正方形的什么呢？

生：涂的是它们的面积，第一个不是封闭图形，没有面积，只有封闭的图形才有面积。

师：那到底什么是面积呢？今天就让我们一起来研究。（板书：什么是面积）

评析：教师通过创设阿凡提买地的情境，用长度相等的绳子围出3个图形，帮助学生直观理解了什么是封闭图形，让学生在涂图形（土地面积）的过程中直观感受面积是图形内部的大小，为下一个环节比较长方形和正方形的面积大小提供情境素材，激起学生探索比较面积大小方法的欲望，可谓一箭三雕。

（二）揭秘面积：生活实例来帮忙

师：同学们，阿凡提买地研究的问题是面积的大小，那么你知道什么是面积吗？请举例说说我们身边的面积。

生：数学书有面积。

师：对，数学书封面的大小就是数学书封面的面积。（板书：大小）

生：黑板面的大小是黑板的面积。

生：课桌面的大小是课桌的面积。

生：三角形的大小是三角形的面积。

生：圆的大小是圆的面积。

师：大家说得很好，那就在小组内跟同伴举例说说什么是面积吧。

（同桌互说）

师：好，你们找了那么多面积，其实老师这里也找了一组面积，请欣赏视频——身边的面积（见图2~图6）。

图2　手掌

6寸　　　8寸　　　　10寸

图3　蛋糕（1寸=3.33厘米）

图4　1.5米宽的床和1.2米宽的床

9.7英寸　　　　7.85英寸

图5　苹果iPad和iPad mini（1英寸=2.54厘米）

图6　教室钟面和手表面

师：刚才同学们找的有的是封闭图形的面积，有的是物体表面的面积。封闭图形的面积有大有小，物体表面的面积也有大有小，物体的表面或封闭图形的大小就是它们的面积。

评析：教师在学生初步感知面积的基础上，让学生通过找一找生活中的面积、欣赏视频里的面积实例，感知面积是有大有小的，帮助学生利用生活经验在感性认识的基础上建立面积的表象——物体表面或封闭图形的大小就是它们的面积。

（三）比较面积：探索方法多样化

1.长方形土地VS正方形土地

师：阿凡提会选哪块土地呢？谁来猜一猜？

生：长方形土地，因为长方形土地的面积比较大。

生：我觉得正方形土地面积比较大，阿凡提会选正方形土地。

师：既然大家有争议，下面就请同学小组合作，利用学具动手操作，比一比哪个图形的面积大（见图7）。

图7　长方形土地和正方形土地

活动要求：

（1）议一议：比较方法。

（2）做一做：选择工具，比一比。

（3）说一说：比较过程。

材料：剪刀、小正方形、透明格子纸、尺子。

流程：①小组研究；②全班汇报分享；③总结概述。

汇报：

方法一：摆方块

生：长方形每行摆3个方块，摆5行，长方形的面积是15个方块的面积；正方形每行摆4个方块，摆4行，正方形的面积是16个方块的面积，所以正方形土地比长方形土地的面积大。

师：真不错，大家动手操作并利用乘法解决了问题。

方法二：数格子

生：把透明格子纸分别放在长方形和正方形上。长方形每行放3个方格，放5行，长方形的面积是$3 \times 5=15$；正方形每行放4个方格，放4行，正方形的面积是$4 \times 4=16$。所以正方形的面积大。

师：很好，大家利用透明格子图比较了面积。

方法三：剪拼法

生：把长方形和正方形重合，剪下长方形多余的部分，然后把它和正方形多余的部分进行比较，发现长方形的面积比正方形的面积小一个方格，由此得出长方形的面积小于正方形的面积。

师：利用重合法也能比较出面积的大小。

方法四：测量计算法

生：分别测量长方形的长为5厘米，宽为3厘米，5×3得出长方形面积为15平方厘米。正方形的边长是4厘米，用边长乘以边长，4×4得出正方形的面积为16平方厘米。所以长方形的面积比正方形的面积小。

师：这名同学的方法大家不一定理解，其实和我们刚才摆格子和数方格的方法是一样的。这种方法我原想以后再深入探究，你们已经研究出来了，真的很棒，超赞。

师：还有同学是这样算的。长方形，$（5+3）\times 2=16$（平方厘米）。正方形，边长乘以4，$4 \times 4=16$（平方厘米）。你们觉得对吗？小组讨论一下。

生：不对，这里计算的是长方形和正方形的周长，不是面积。

师：那谁来说说周长和面积的区别。

生：周长里面的大小是面积。

生：周长是外面边线的长度，面积是里面的大小（见图8、图9）。

（课件演示周长与面积的区别）

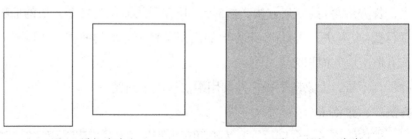

图8 周长边边线   图9 面积一片片

生：周长一样的两个图形，面积也有可能不一样。例如，这个长方形和正方形的周长一样，但是它们的面积却不一样。

师：这也说明周长和面积表示的意义不一样。

2. 练习：请用周长或面积知识来解释以下问题

（1）早上，小明跟着爸爸去锻炼，他沿着跑道跑了一圈。（周长）

（2）放学后，小明和同学把教室地面打扫得非常干净。（面积）

（3）回家后，小明给相框周围加了一个铝合金框。（周长）

（4）晚饭后，小明主动收拾饭桌并擦得干干净净。（面积）

评析：通过独立思考、小组合作、全班交流、分享质疑，总结出比较面积大小的四种方法——摆方块、数格子、剪拼法、测量计算法。学生在动手操作中探究出比较面积大小的多种策略，同时加深了对面积意义的理解。对于教学难点——周长与面积的区别，教师充分利用多媒体课件和生活实例帮助学生总结区分，有效突破了教学难点。

（四）设计面积：我是小小设计师

师：我们已经知道了什么是面积，并且知道了怎样比较面积的大小。接下来请同学们当小小设计师，在方格中画出图形，使它们的面积都等于7个方格的面积。

（1）学生自主设计。

（2）展示代表性作品（见图10）。

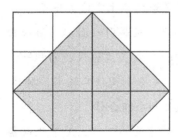

图10　图形不同，面积相同

（3）展示后再次独立设计更有创意的作品。

（4）引导学生发现：面积相同，形状可以不同。

师：通过自己动手设计和欣赏大家的作品，你们发现了什么？

生：我发现作品的形状不一样，但是面积都是7个方格。

评析：这是一个开放式练习，可以让学生展开想象的翅膀。教师在设计过程中既要兼顾设计之美，又要考虑面积是7个方格，并让学生在汇报分享中体验面积相同，形状可以不同。

（五）再探面积：谁能超过阿凡提

师：第一天圈地，阿凡提比较贪心，结果围出一个不封闭图形，失败而归；第二天他吸取教训，圈出了封闭的长方形土地；第三天，爱思考的阿凡提经过深思熟虑后圈出了面积更大的正方形土地。假如你是阿凡提，再给你一次机会圈地，你会用这根绳子围成一个什么样的图形，使土地的面积比正方形还大呢？课后用线围一围，用格子纸数一数，看谁能超过阿凡提。

评析：一节课的最高境界就是让学生带着问题离开课堂，让学生享受思考的快乐、探究的美丽。课的最后"谁能超过阿凡提"的问题极大地激发了学生的探究欲望，将学生学习数学、探究数学的热情向课后无限延伸。

📝 教学反思

这节课设计新颖，学生学得轻松，悟得明白。具体有以下几个亮点。

1. 创设了有趣的"阿凡提买地"情境，贯穿全课

一开课的3次圈地帮学生理解了封闭图形才有面积；阿凡提对正方形和长方形土地的选择又为探究面积大小的方法提供了素材；最后的"再探面积"也为学生留下了巨大的思考空间。一个小小的故事，可谓一石激起千层浪。

2.多次利用多媒体资源帮助学生突破重难点

微视频——阿凡提买地，激趣引入面积；微视频——身边的面积，帮助学生利用生活经验感知面积；"周长边边线，面积一片片"的动态演示让学生认清周长与面积的本质区别。充分利用信息技术，提升了课堂质效。

3.注重学生的动手操作和小组合作

在探究比较面积大小的方法的环节，给学生准备充分的素材，让学生小组内通过摆一摆、比一比、数一数、剪一剪、拼一拼等多种操作体验理解面积的意义，得出多种比较面积大小的方法。学生通过亲身经历才能理解得透彻，才能将知识真正纳入自己的知识体系中。

"认识角"教学设计与思考

【教学内容】

北师大版《义务教育课程标准实验教科书·数学》二年级上册第62～64页。

【教学目标】

（1）结合生活实际，经历从实际物体中抽象出角的过程，直观认识平面图形中的角，初步发展空间观念。

（2）结合直观操作活动，了解比较角的大小的方法。

关键点思考：

（1）抽象：生活中的角和数学中的角，二者什么一样？什么不一样？这里要深入思考，抽象出的是什么？发展的又是什么？

（2）比较角大小的方法：这里的重点在于方法，只有重视这个点，深入挖掘这个点，学生才能理解角的大小与张口有关，与边的长短无关。

【教学重难点】

（1）重点：让学生形成角的正确表象，知道角的各部分名称。

（2）难点：探索比较角的大小的方法，体会角的大小与张口有关，与边的长短无关。

解决关键问题：

（1）什么是角？

（2）怎样比较角的大小？

关键点思考：

（1）认识角和角的组成：让学生区别生活中的角与数学上的角，特别是张口、弧形。教师用手势引导学生认识角。

（2）比较角的大小：角的大小与什么有关？

【教学过程】

（一）提炼生活中的角

（1）同学们，在生活中，我们经常看到各种角，请看大屏幕。我们将用这些生活中的角来画出我们将要学习的数学中的角，看仔细了。（角：从一个点引出两条射线所形成的图形。）

（2）请找出一个有角的物体，然后按在白纸上，像屏幕中的这些小朋友那样画一画。和同伴交流一下你是怎样画的。

关键点思考：

（1）情境引入。引导学生观察教材中的情境图。可以引导学生用手比画，用红笔描出角，观察抽象的角，并介绍这就是角。让学生体会如何从实际抽象出角，直观认识角。

（2）画角。从画角到欣赏数学中的角再到说一说数学中的角，最后到抽象出角的特征，体验把生活中的角印在平面上的过程。

（二）认识数学中的角

（1）认识数学中的角。学生自学，找一两名学生讲一讲。（名称：顶点，边，读作，写作。）

（2）找一找，在下面的图中各找出三个角。（书P62，用符号标出角。）

关键点思考：

（1）要感知"角"，我们可以让学生的手弯成弧形。教师不应该过分强调角的尖顶（顶点），因为这会让非有意注意的事物成了强刺激物，反而给学生留下了深刻的印象，而需要注意的问题反而成了"配角"。这些常常出乎的意料之外，同时给教师的教学带来困惑。

（2）这里务必让学生标出角，再次体验角是指张口这边，让学生的注意点、思维点集中到角的张口。

（3）识别数学中的角，两边是直直的边。

（三）探究角的大小

（1）刚才我们认识了数学中的角，接下来我们来玩一玩。这里有一个活动的角，想玩吗？

关键点思考：

教师用手画出弧形，让学生感知角的所在。

引导学生在玩的过程中探究发现角是有大小的。比较角的大小，可以直观观察，也可以利用重叠法比较。

光会玩不行，会玩的同时会思考、会研究就更厉害了。请同学们看活动要求：

①讨论：你认为角有大小吗？

②思考：要是有大小，怎样比较角的大小？

关键点思考：

①学生直观感觉，像这样（张口大）的角就大，像这样（张口小）的角就小，直观感知角是有大小的。

②比较角的大小有两种方法：

方法一：直观观察。当两个角张口差别比较明显时，直观判断，即张口大的角就大，张口小的角就小。

方法二：重叠法。当两个角张口差别不明显时，将顶点对顶点，一边对一边，比较另一边。

汇报：角有大小吗？怎样比较角的大小？请两位同学愿意上台汇报你们比较角的大小的方法。

总结：通过大家的汇报，我们得出比较角的大小的方法——重叠法。

（2）老师这里有个神奇的宝贝——活动角。看，可以这样玩（变动张口），还可以这样玩（拉长边）。好玩吧，想玩吗？

边玩边研究，有的同学提出边越长角越大，是不是这样呢？有以下几种方式可以验证：

①拉长角的两边。你觉得角怎样变化？（角的张口没变。）

②小组研讨：先做两个相同的角，拉长其中一个角的边，然后小组内利用

比较角的大小的方法比较一下，角的大小与边有没有关系。（另一边重合说明角的张口没变。）

同意吗？我们将顶点对顶点，一边对一边，发现另一边重合，说明张口一样。我们研究角的大小就是研究张口的大小，张口一样，两个角的大小就相等。由此我们得出角的大小和边的长短无关。

③ 回顾重叠法。我们在利用重叠法比较角的大小时，比的是什么？（张口）有没有比较边的长短？（没有）那说明什么？（角的大小与张口有关，与边长无关。）

关键点思考：

（1）直观观察比较：伸缩角的两边使其边变长或变短，让学生发现角的"张口没变"或叉开程度不变，只是角的边变长或变短，因而角的大小未变化。

（2）验证比较：制造两个张口一样的角，让其中一个角的两边变长，另一个角的边不变。然后再利用比较角的大小的方法进行重叠比较，从操作、思考、验证中，得出角的大小与角的两个边长无关，仅与角的张口大小有关。

（3）重叠法推理：利用重叠法比较角的大小时，其核心是比较角的张口，而非边长。

（四）我的实践园

（1）教师制作一个角，学生动手制作一个比老师的角大的角。

（2）教师拿出盒子里的两个用卡纸做的三角板，分别比一比对应角，问：你发现了什么？

（3）智力大挑战：做一做，填一填。一张正方形纸有4个角，如果用剪刀剪去一个角，还剩几个角？（见图1）

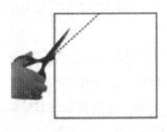

图1　还剩（　　　）个角

关键点思考：

（1）充分利用活动角资源进行探究。

（2）找一个边比较短但张口比较大的角跟老师的这个角比一比，说一说理由。

（3）再次利用重叠法，并说明比较角的大小只比张口。

（4）教师追问：在你制作比老师的这个角更大的角时，你只要改变角的什么就行了？（张口）再次说明只比张口，不比边的长短，再次验证角的大小与边长无关。

（5）体验大小三角板的特性，发展学生空间观念。

"搭一搭"教学实录与评析

【教学内容】

北师大版《义务教育课程标准实验教科书·数学》六年级上册第78～79页。

【知识分析】

学生已经在四年级下册学习了由几个正方体搭立体图形［正方体的个数在4块（含4块）以内］，并在小场景下感受了观察的范围随着观察点的变化而变化，了解了物体之间的相互关系。本课将正方体个数增加到5块。学生已经具有观察、想象、分析和推理等能力，并且具有一定的空间观念，画图分析、问题解决和推理能力也已具备，为本节课的学习做了较好的铺垫。

【教学目标】

（1）能正确辨认从不同方向（正面、左面、上面）观察到的立体图形（5个小正方体组合而成）的形状，并画出草图。

（2）能根据从正面、左面、上面观察到的平面图形还原立体图形（5个小正方体组合而成），进一步体会从三个方向确定立体图形的形状；能根据给定的两个方向观察到的平面图形的形状，确定搭成这个立体图形所需的正方体的数量范围。

（3）培养学生的空间想象、推理、分析和探究问题的能力。通过动手操作，观察想象，不断发展学生的空间观念。

【教学重难点】

（1）重点：能根据给出的平面图形还原立体图形，并能根据给定的两个方向观察到的平面图形的形状，确定搭成这个立体图形所需的正方体的数量范围。

（2）难点：能根据给定的平面图形，准确地还原立体图形或确定所搭立体图形的正方体的数量范围，梳理还原的步骤和策略。

【教学准备】

每组5个彩色（红、紫、黄、蓝、绿）小正方体、一块KT板，小正方体和KT板上都粘有子母贴，以利于学生操作和交流汇报。

【教学过程】

（一）课前小游戏：观察"模特"

师：今天老师把女儿的发箍带来了。大家说说这个发箍是什么样子的？

生：发箍是"U"形的。

师：嗯，你注意到了它的形状。

生：发箍是粉红色的。

师：颜色。

生：发箍上面有一个小女孩。

师：这么小的细节你都看到了。像他这样仔细地看，叫什么？

生：观察。

师：如果把这么漂亮的发箍戴在张老师头上，会是什么效果？（全班学生大笑。）

生：不太般配，有点奇怪。

生：很可笑。

师：描述得这么逼真，你们看过我戴发箍的样子吗？

生：没有！

师：那么你们是怎么知道的？

生：想象。

师：现在知道观察和想象有什么区别了吗？

生：看得到的事物用眼观察，看不到的用头脑想象。

师：总结得真好！生活中离不开观察和想象。（展示PPT：观察与想象，如图1所示。）

$$观察$$
$$猜想 \longrightarrow 验证$$
$$想象$$

图1　观察与想象

师：那老师戴发箍试试，大家看看是不是和你们想象的一样。（学生笑。）

师：其实同学们想象（又称猜想）的戴发箍的这个过程就是我们数学上解决问题常用的一种方式，猜想与验证。今天就让我们带着观察和想象，沿着猜想与验证的路线，去寻找神秘的立体图形。

评析： 教师以幽默风趣的游戏导入新课，既充分调动学生的学习热情，又恰当地帮助学生理解本节课将要用到的解决问题的基本方法与思路，一箭双雕。

（二）我会画

这是一个由5个小正方体组成的立体图形，请分别画出从上面、正面和左面看到的形状，画在书上P106页。画完后请在小组内搭出这个立体图形并验证你的画法。

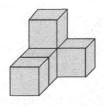

（1）学生独立完成。

（2）全班汇报。

错例分析：从左面看到的形状是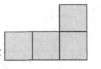

生：这是从右面看到的形状，从左边看到的形状应该是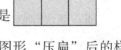

师：我们在画从上面看到的形状时可以想象把立体图形"压扁"后的样子，画从正面看到的形状时我们可以"蹲"下来观察……

评析： 该知识点学生在三年级的时候就接触过，唯一的区别就是从4个正方体上升到5个正方体。教师采取学生先自主完成再个别纠错的教学方式，灵活高效。

（三）寻找神秘的立体图形1

根据从三个方向看到的平面图形还原立体图形。

根据从上面、正面和左面看到的平面图形还原立体图形（见图2）。

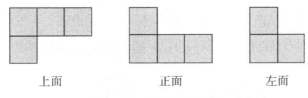

| 上面 | 正面 | 左面 |

图2　三个方向的平面图形

合作要求：

（1）独立思考，先小组内说说这个立体图形是什么样子的。

（2）小组内动手操作验证。

（3）全班汇报交流。

生1：我们是这样摆的，先根据从上面看到的形状摆好4个正方体，然后再根据正面和左面看到的形状来确定第5个正方体的位置。

生2：我们先根据从正面看到的形状摆了4个正方体，然后再根据从上面和左面看到的形状确定第5个正方体的位置（此方法为学生个人想法，不通用）。

生3：我们先根据从左面看到的形状摆3个正方体，然后再根据从上面和正面看到的形状来确定另外2个正方体的位置（此方法为学生个人想法，不通用）。

师：同学们汇报了这么多种方法，殊途同归，最后都把神秘的立体图形找出来了。老师有几个问题想问问大家。如果只给从一个方向看到的平面图形能确定立体图形的形状吗？给两个呢？

生：不能，如果只给出从一个方向看到的形状，搭法不唯一。

师：你能举例说明吗？

生：如果只给出从上面看到的形状，我们可以有四种摆法（学生现场演示，如图3所示），无法确定立体图形的形状。

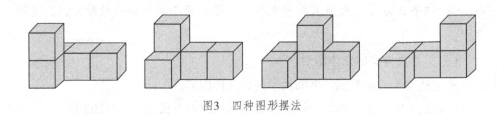

图3　四种图形摆法

生：如果给出从两个方向看到的形状，也不能确定立体图形。例如，只给出从上面和正面看到的形状，我们可以有两种搭法（见图4）。

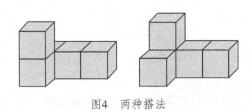

图4　两种搭法

师：那也就是说，给出从三个方向看到的平面图形才能确定立体图形。那如果给出从三个方向看到的平面图形，从哪个方向入手搭比较合适呢？小组讨论。

生：根据从上面看到的平面图形搭比较好，因为我们可以从上面看到的形状知道哪些位置有正方体，哪些位置没有正方体，可以把"地基"搭好。

师：说得真形象，也就是说，根据从上面看到的平面图形我们可以得知第一层的搭法，这在数学上叫确定这个图形的"占地面积"。

评析：教师引导学生先通过想象来猜测这个立体图形的形状，然后再动手操作验证自己的想法，既关注学生的想象能力和分析能力的培养，又通过实物的操作给想象力较弱的学生提供一些直接的活动经验，引出小组内乃至全班对于观察策略、想象策略的交流，培养了学生的想象能力、分析推理能力、探究能力，真正让"目标与活动对接"。最后两个问题的点拨引导学生在动手操作的基础上总结出解决问题的最优方法。

（四）寻找神秘的立体图形2

根据从上面和另一个面看到的形状，确定搭立体图形所需正方体的数量范围。

一个立体图形，从上面和正面看到的形状如图5、图6，猜一猜搭这个立体图形，需要几个正方体？

图5　上面　　　　　图6　正面

生：我猜需要5个。因为根据从上面看到的形状我们可以知道第一层应该摆放4个正方体，像田字格那样摆。而根据从正面看到的形状我们可以知道第二层的左边可以摆一个，摆在前面和后面都行。

生：老师，我觉得还可以是6个。因为第二层左边的两个位置都可以摆上。

师：是这样的吗？小组内摆一摆，验证一下你们的想法。

小结：要搭这个立体图形最少需要5个正方体，最多需要6个正方体。

评析：学生在上一环节的基础上已经懂得选用"最优策略"来解决问题，这证明教师在上一环节的重难点突破方面下足了功夫，取得了很好的效果。

（五）寻找神秘的立体图形3

根据从正面和左面看到的形状搭立体图形。

由5个小立方体搭成的立体图形从正面看到的形状是 ，从左面看到的形状是 ，你知道这个立体图形是什么样的吗？搭一搭。

（1）小组交流，动手操作。

（2）全班汇报，得到以下8种搭法（见图7）。再次验证：根据从两个方向看到的形状，不能确定立体图形。

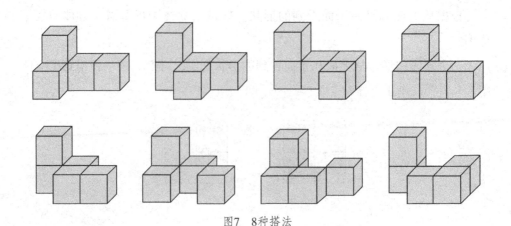

图7 8种搭法

（3）以"不动"应"动"。

师：不知道同学们有没有发现，在同学们汇报的各种搭法中，有些位置的正方体是不能移动的。

生：那两个叠在一起的正方体不能动。

师：对，除了这两个"不动"的正方体，还剩下3个正方体，所以我们可以通过移动这3个正方体来摆各种可能的搭法。试试看。

（4）逆向思维："拆房子"。

师：如果没规定只有5个正方体，那么满足从正面和左面看到这种形状的立体图形，最多可以由几个正方体组成？

生：7个。

师：那么现在只有5个正方体，也就是说需要从这7个正方体里拿走2个。请同学们在组内试试看，可以拿走哪两个？有几种拿法？

评析：这一题没有给出从上面看到的形状，学生根据从正面和左面看到的形状来搭立体图形时想法虽多但不系统。教师在学生充分尝试的基础上可引导学生思考"以'不动'应'动'"和"拆房子"的方法，重视思考和解决问题方法的多样化与有序性。

（六）说说你的收获

生：我知道了可以根据从上面、正面、左面看到的形状确定立体图形的形状。如果只给出两个方向看到的形状，立体图形不唯一。

生：如果给出从上面、正面、左面看到的形状，我们会先根据上面看到的形状来搭好第一层，然后再根据正面和左面看到的形状来摆其他层。

评析：课的最后让学生回顾这节课的收获，及时帮助学生进行知识内化。

教学反思

（1）情境引入有趣巧妙，利用生动形象的例子既巧妙地把"观察"与"想象"这两个核心词语给解释了，又准确地把解决问题的思路"猜想—验证"引出来，还把学生的学习积极性充分地调动起来。

（2）精心制作的学具为有效突破本课重难点的学习搭建了桥梁，让学生在迷茫时能及时验证自己的想法，在生生、师生交流时有具体的"抓手"。

（3）教学设计深入浅出、层层递进，给学生梯度化、深入化的学习材料，让学生插上想象的翅膀，在思考的云中穿梭，在具体操作中验证。注重学生空间想象、推理、说理能力的培养，借助具体学具的"摆一摆"活动引出学生时观察策略、想象策略的交流，培养了学生的想象能力、分析推理能力、探究能力，真正将目标与活动对接。

"代数初步"教学设计与反思

【知识分析】

本课主要内容是回顾和整理小学阶段的代数初步知识，并对代数初步的内容进行巩固与应用。本节课将代数初步的内容划分为用字母表示数、方程、正反比例和探索规律四个部分。从算术到代数是数学发展也是数学学习的重要转变，这其中一个重要的标志就是用字母表示数。这样一来，人们的思考方式有了很大的空间，可以畅游在具体到抽象、特殊到一般、静止到变化之间。这一段是一个新的起点，也是中学代数学习的重要基础。

【我的思考】

本节课主要是引导学生整理与复习字母表示数、解方程及列方程解决问题、正反比例及探索规律知识，内容非常多，但是由于学生以前学过和理解了此类问题，学习起来相对简单。但是还有部分学生不够了解。复习的重点可以侧重为两块部分：一是让没有理解的学生查漏补缺，加深对此部分内容的理解与应用；二是让已经理解的学生加强知识内在的联系，注重整理与应用的结合，注重解决问题的策略训练。总之，对知识的梳理和应用是本节课最重要的目标。

【教学目标】

（1）回顾和整理小学阶段有关代数的初步知识：字母表示数、方程、正反比例、看图找关系、探索规律。

（2）经历整理、分析和探索规律的过程，特别是代数的应用过程，能运用字母表示数表达某些规律，体验用字母表示数能表达一般规律，增强应用规律解决问题的能力和意识。

（3）在运用方程解决问题的过程中，再次体会列方程解决问题在某些情况下的优越性，巩固解简单方程的方法，体会方程的应用价值。

（4）回顾正比例和反比例的意义，在正比例、反比例、看图找关系的回顾与反思中，体会函数的思想。

【教学重难点】

（1）重点：①学生思维方式的转变。从具体到抽象，从特殊到一般，从静止到变化。②方程的应用。在解决问题的过程中，提高学生方程意识和列方程解应用题的能力。③函数思想的培养。学生理解正比例和反比例如何体现两个变量的相互依存的关系，即自变量和因变量的相互关系。

（2）难点：应用已学过的知识分析问题和解决问题。

【教学过程】

（一）导学导研

（1）用知识结构图的形式整理代数初步的知识和内容（可以从字母表示数、方程、正反比例和探索规律四个部分来整理）。

（2）有关代数初步的知识和内容，你觉得哪些地方还不够熟练？请写下来。

（3）关于代数的知识你了解哪些？请简要列举。

请同学们课前完成以上导学部分，要求认真、仔细。

（二）合作交流

1. 小组合作

请各个小组在小组长的带领下，在小组内一一介绍自己的知识结构图，分享、总结、补充、提升，形成小组内共同的成果。

2. 全班汇报

请每个小组派至少两名代表在汇报你们小组最完美的知识结构图，其他小组注意补充、提问与反思，最终形成全班的知识结构图（见图1）。

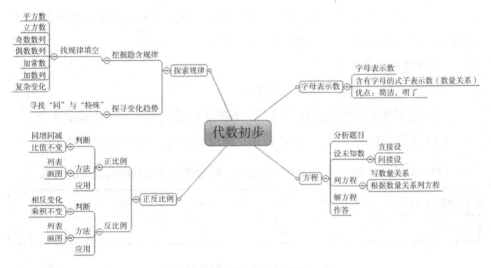

图1　代数初步知识结构

（三）总结与反思

1. 小组互助

请拿出你的导学导研单，向小组内同学求助解决你的问题。由小组长或同伴与你沟通交流，探究你的问题所在，帮助你解决问题。倘若小组解决不了，请写下来，全班交流。

2. 全班探究

请每个小组拿出你们解决不了的问题或需要提醒大家注意的问题，与大家分享，最终全班解决比较难的问题。

（四）组内分享

请把你的导学导研上的第三个问题——你的心得，在小组内与大家分享。

（五）自主探究

1. 自主练习

（1）比x少23的数是（　　　）。

（2）n的4倍与m的差是（　　　）。

（3）一个足球a元，一个篮球的价格比它的2倍少6元，篮球的价格是（　　　）元。

（4）原价d元的餐券打八折后的价钱是（　　　）元。

（5）小汽车每小时行x千米，小轿车每小时行y千米，两车分别从A、B两地同时出发，相向而行，经过5小时相遇。问：

① 两地相距多少千米？

② 当x=45，y=60时，求两地的距离。

（6）生活中有哪些成正比例的量？有哪些成反比例的量？请列举几个。

（7）下面表格中的两个量是否成正比例或反比例？为什么？（见表1～表3）

表1　输液时一小瓶葡萄糖均匀滴落时，每分钟的滴数与所需时间的关系

每分滴数/滴	60	50	40	30	…
时间/分钟	20	24	30	40	…

表2　小明的身高与体重的关系

身高/厘米	100	110	120	130	…
体重/千克	40	42	43	45	…

表3　体积一定，圆柱体的底面积和高的关系

底面积/平方米	300	200	150	120	100	…
高/分米	2	3	4	5	6	…

（8）找规律填空。

① 4，6，8，10，（　　　），14，（　　　）；

② 9，16，25，36，（　　　），64，81；

③ 2，3，5，8，12，（　　　）。

（9）解下面的方程，并说一说你是怎样解的。

① $3x-3.6=4.5$ ② $0.6x+1.4x=2.6$

（10）第10届动物车展中，第二天的成交量比第一天增加了 $\frac{1}{5}$，第二天成交了66辆，第一天的成交量是多少？（用方程解）

2. 全班汇报交流

注意学生出现的问题，同时让学生多反思、多总结。

（六）分析提升

请对本节课所学的内容进行反思、总结，形成自己的知识结构图，并完成书上的练习。

教学反思

在本节课的教学中，教师重视学生自主探究学习能力的培养和合作交流能力的培养，充分体现了自主与合作的协调应用。

首先，教师通过导学导研单的导学指引形式，给学生一个探索框架，充分挖掘了教材。学生在这个框架下，对代数初步的内容利用知识结构图进行有效的整理与加工，形成系统的知识，并对自己的知识漏洞进行查找、分析，然后结合以前学过的知识，分享对已知但未学知识的理解。

其次，通过小组合作和全班交流对知识结构图进行精细加工和补充，形成一个系统的知识体系，对有知识漏洞的学生进行帮助，从而达到让学生复习的目的。

最后，通过一定量的练习，增强学生对知识的应用意识。练习的设计既注重基本知识和基本技能的掌握，又注意知识的综合应用，引导学生综合应用学过的和刚整理过的数学知识和方法解释生活现象，解决简单的实际问题，从而增强学生解决问题的能力和反思意识，使学生形成良好的数学学习习惯。

"估计费用"教学设计与反思

【教学目标】

（1）让学生在解决实际问题的过程中，体会估算的基本过程和方法，提高解决生活中估算问题的能力。

（2）让学生学会去尾法、进一法、四舍五入到整十估计、凑整十估计等估算方法，并能结合具体情境，合理选择估算策略。

【教学方法】

学生自主学习，尝试解决问题。教师引导学习。

【教学策略】

激发学生激情，让学生自主合作，选择合理的估算方法。

【掌握知识】

（1）去尾法。

（2）进一法。

（3）四舍五入到整十估计。

（4）凑整十估计。

……

【教学过程】

（一）创设情境

淘气在家经常帮父母做些力所能及的事情，看今天他又帮妈妈做什么了？哦！原来是在路边小店帮妈妈买水果。每千克6.9元的苹果他买了2千克，每千克9.8元的荔枝他买了1千克，店主收了他26.3元。可回到家后妈妈说店主算错了。淘气认真算了一下，果真算错了。原来是店主把23.6元错说成了26.3元。淘气吃惊地问妈妈："你怎么这么快就知道店主算错了呢？"妈妈笑笑说："我的武器是估算呀！"

（展示PPT，体现估算的重要性和必要性。）

师：同学们，你们能猜到淘气的妈妈是怎样估算的吗？

生：……

（二）小组研究淘气家周末的活动费用估算

师：看来估算确实比较重要，你是怎么理解估算的？说说你的看法。（在实际生活中，有时不需要计算出精确结果，只需要一个和实际结果比较接近的结果就可以解决问题了，这时候就需要用到估算了。）

生：……

师：今天就让我们一起来学习"估计费用"。下面是淘气一家周末的安排表、午餐的账单和去超市购物的购物单。你能根据具体情况估算一下吗？说说你的方法。组内交流讨论，设计最优估计方案（见表1、图1）。

淘气他们早上9：00出发，16：00可以到家吗？

表1　周末的安排表

项目	所需时间/小时
步行和坐车	2.05
午餐	1.10
运动	1.15
看电影	2.03
购物	1.03

去尾法：
2
1
1
2
1
=7
把它们的尾巴去掉，估小了

四舍五入法：
2.1
1.1
1.2
2.0
1.0
=7.4
有的估大了，有的估小了，最终估的结果有可能大，有可能小

淘气一家人去超市购物，下面是这次购物的账单。

××超市	
果　汁	16.00
火腿肠	13.00
蔬　菜	8.00
洗发水	23.00
洗衣粉	6.00
牙　膏	3.00

你能估算出共花了多少钱吗？说说你的方法。

图1　购物单

91

> 其实，估算的方法有很多，但对于具体情境，我们应该根据实际情况合理选择估算方法，或综合运用多种估算方法。

（三）交流汇报

师：小组选派代表上台讲讲你们小组是怎样估算的，估算方法及答案是什么。

生：（上台汇报）……

（教师重点引导学生思考估算的方法、技巧，并让学生总结方法。）

师：其实估算的方法还有很多，在实际情况中我们应该灵活选择最优方法进行估算。

（四）估算擂台赛

师：看来大家都成了估算高手了，下面就让我们来个估算擂台赛。

要求：小组内一起解决问题，解决问题之后，组内交流。每个学生一定都要学会此方法，报一个答案给老师，答案最接近的小组加一分（见图2、图3）。

请听题目：

（1）如图2所示，店主算得对吗？

（2）如图3所示，爸爸带了50元，够吗？

图2   图3

（3）李阿姨在超市买了2袋米（每袋35.40元）、14.80元的牛肉、6.70元的蔬菜和12.80元的鱼。李阿姨带了100元，够吗？

（4）周末老师去购物，下面是购物小票（见表2），请帮老师估算一下收银员有没有算错。

表2　购物小票

人人乐		
多谢惠顾，请保留小票		
物品名	代码	价钱（元）
果粒橙	56441	5.40
被单	49541	19.60
苹果	36542	24.50
西瓜	36524	19.63
蛋糕	95641	21.23
洗发水	86592	34.50
毛巾	56829	6.20
实际		131.06
总额		131.06

（五）总结收获

本节课的学习，你最深印象的是什么？你得到了什么启发，什么收获？
（板书设计，如图4所示）

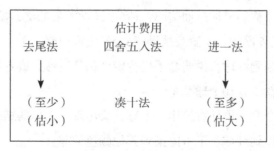

图4　板书设计

"摸球游戏"教学实录与评析
（北师大版三年级上册）

【教学内容】

北师大版《义务教育课程标准实验教科书·数学》三年级上册第108～110页。

【教学目标】

（1）通过"猜测—实验—分析数据"，让学生经历探索事件发生的可能性大小的过程，初步感受事件发生的可能性是有大有小的，同时感受动手实验是获得科学结论的一种有效方法。

（2）学生能对一些简单事件的可能性进行描述，并与同伴交换想法。

【教学重难点】

（1）重点：让学生体会某些事情发生的可能性是有大有小的。

（2）难点：学生能对一些事件的可能性进行准确描述，能用可能性大小的知识解释生活中的不确定事件。

【教学过程】

（一）抽奖游戏，引出课题

师：同学们，你们参加过抽奖吗？请6个同学上来抽奖，摸到红球为中奖。请6个学生代表摸球。（游戏结果：6个学生都中奖。）

生：他们都摸到红球，说明盒子里肯定全都是红球，或者红球很多。

（教师打开盒子，10个球都是红球。）

师：那从这个盒子里任意摸出一个球，会出现什么样的结果呢？

生：一定能摸到红球，不可能摸到其他颜色的球。

师：如果我把盒子里的2个红球换成绿球，从这个盒子里摸一个球，又会出现什么样的结果呢？（实物演示。）

生：可能是红球，也可能是绿球。

师："可能"这个词用得特别好。有没有不一样的想法？

生：摸到红球的可能性大，摸到绿球的可能性小。

师：真了不起，不仅知道可能性这个词，还知道可能性是有大有小的。今天我们就一起来学习"可能性的大小"。

（板书课题："可能性的大小"）

师：谁来说说为什么摸出红球的可能性大，摸出绿球的可能性小？

生：红球的数量多，摸出红球的可能性就大；绿球的数量少，摸出绿球的可能性就小。

师：有理有据，真不简单！让老师先把你们这个了不起的猜测记录下来。

评析：教师通过抽奖活动导入新课，极大地调动了学生的学习热情，让学生体验了有些事情的发生是确定的，并复习旧知——可能，不可能。接着巧妙地把2个红球换成2个绿球，让学生再说一说，引导他们做出了可能性的大小跟球的数量有关这个大胆的猜测，引出新知。

（二）小组实验，验证猜测

1. 分组活动要求

师：老师在你们每个小组的盒子里也装了8个红球和2个绿球，你们待会就从盒子里摸。

（1）6人一小组，按编号顺序轮流摸球。

（2）每次摸出一个球，待记录员把颜色记录好、把球放回盒子后，摇一摇接着摸。

（3）每人摸5次，每个小组共摸30次。

第___组

实验过程中，摸出什么颜色的球，就在对应的颜色上打"√"。

第几次	1	2	3	4	5	6	7	8	9	10	11	12	13	14	15	16	17	18	……
红球																			
绿球																			

我们小组摸到红球（　　　）次，摸到绿球（　　　）次。

2. 小组汇报交流

师：请每一个小组的记录员站起来汇报实验结果。

师：请同学们观察这个表格，你发现了什么？（出示表格）

生1：每个小组都是摸到红球的次数多，摸到绿球的次数少。

生2：从最后的汇总来看，也是摸到红球的次数多，摸到绿球的次数少。

师：这个实验结果说明了什么？

生：说明从这个盒子里摸球，摸出红球的可能性大，摸出绿球的可能性小。

师：也就是说同学们这个大胆的猜测是正确的。真了不起。谁还能用"因为……所以……"这个句式来说说这个实验结果。

生：从这个盒子里摸球，因为红球的数量多，绿球的数量少，所以摸出红球的可能性大，摸出绿球的可能性小。

师：说得真清楚，让大家一听就明白。请大家把这个精彩的结论跟你的同桌说一说。

师：从一开课的抽奖活动和刚才的小组实验我们知道了以下的结论。（见图1）

图1　装小球的盒子示意图（一）

师：那如果从装有2个红球、8个绿球的盒子里摸球，会出现怎样的结果？

生：因为盒子里红球的数量少，绿球的数量多，所以摸出红球的可能性小，摸出绿球的可能性大。

师：那如果从装有10个绿球的盒子里摸球，会摸到红球吗？

生：不可能摸到红球。

师：刚才一直都是我装球，你们说结论。现在改改，我说结论，你们来装球。如果想摸到红球和绿球的可能性一样大，你准备怎样装球？一共10个球。

生：装5个红球和5个绿球，因为这样装的话红球和绿球的数量一样多，那么摸到红球和绿球的可能性就一样大。

3. 小结

师：请同学们仔细观察，这5个盒子里都装有10个球（见图2），当红球的数量从10个到8个……到0个的时候，摸出红球的可能性发生了什么变化？

生：从一定到可能性大，到可能性一样大，到可能性小，到不可能。

师：看来在每个盒子的总球数一样的情况下，摸出什么球可能性的大小跟球的数量有关。这再一次验证了同学们的猜测是正确的。

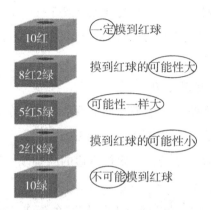

图2 装小球的盒子示意图（二）

评析：任何结果必须经过科学的验证。本环节教师让学生经历了"猜测—验证—分析实验数据"的过程，渗透了数学思想，培养了严谨的学习精神。最后阶梯式的小结恰到好处地再次让学生感受摸出什么球可能性的大小和球的数量有关。

（三）师生游戏，拓展延伸

1. 自选抽奖盒

师：甲盒里有2个黄球，乙盒里只有1个黄球，蓝球的情况不知道。如果摸黄球中奖，你们会选择摸哪个盒子？说说你的理由。

生：我选择摸甲盒，因为甲盒里的黄球比乙盒里的黄球多。

双方代表轮流摸球，各摸3次。（实验结果：乙3次都中奖，甲不是每次都中奖。）

2. 学生解释抽奖结果

生：乙盒都是黄球，应该说只有一个黄球，因为3次都摸到黄球了。甲盒里黄球很少，而蓝球很多。

打开盒子后全班学生恍然大悟。

师小结：在2个盒子的总球数不一样的情况下，不能通过比较黄球的数量来比较摸到黄球可能性的大小。这个知识在高年级会学到，有兴趣的同学课后可以研究一下。

评析：人思考问题会带有惯性思维。上一个环节得出"摸出什么球的可能性的大小跟球的数量有关"这样的结论，所以刚出示这道题的时候，很多学生都会掉进教师设的陷阱里。而游戏的结果激发了学生的思考，使他们在矛盾冲突中意识到，在2个盒子的总球数不一样的情况下，不能通过比较黄球的数量来比较摸到黄球可能性的大小，实在是妙。

（四）角色扮演，知识升华

师：最近人人乐要举行一个摸球抽奖活动，准备在抽奖箱装10个球，摸到黄球就能中奖。现在请同学们来设计一下该怎样装球。有2个身份可供选择：商场经理和抽奖者。选择一个身份，跟你旁边的同学说一说你是怎样设计的，理由是什么。

生1：我当人人乐的商场经理，我准备装1个黄球、9个其他颜色的球。因为这样装球，消费者中奖的可能性就比较小，商场才不会亏本。

师：真是一个优秀的商场经理。

生2：我也选择当商场经理，我准备装2个黄球、8个其他颜色的球。因为这样消费者中奖的可能性也比较小。

师：那么如果你是消费者，你情愿去哪个商场消费啊？

生3：去装2个黄球的商场，因为该商场中奖的可能性大一些。

师：你是一个精明的消费者。

师：那能不能这样设计呢？一个黄球都不装。

生4：可以，但是这样做是不道德的，因为这样的话不可能中奖，也就是欺骗消费者了。

师：有道理，作为商家不能只考虑利益，还要考虑商场的信誉和消费者的权益。

生1：我当消费者，装9个黄球、1个其他颜色的球，这样中奖的可能性很大。

师：老师总算明白了，如果你是商场经理，你就设计中奖的可能性尽可能小；如果你是消费者，你就设计中奖的可能性尽可能大。那我们就要权衡一下了，如果既要考虑消费者的利益，又要考虑商场的利益，怎样装才比较合适呢？

生5：装1个、2个、3个黄球我觉得都挺合适的。

评析："角色扮演"活动让学生根据"身份"和"可能性大小"的知识来设计怎样装球，真正做到知识的学以致用。而商场经理"一个黄球也不装"的设计又渗透了对学生的诚信教育。

（五）回归生活，学以致用

其实在生活中，我们经常会预测事件发生的可能性大小，你能用这些词语说说生活中一些事情发生的可能性吗？（一定、经常、可能、偶尔、不可能。）

生1：我的作业经常得A。

生2：深圳不可能下雪。

生3：买彩票可能中奖。

生4：太阳一定从东方升起。

生5：我偶尔会迟到。

······

作业布置：

找一找生活中跟可能性大小有关的知识并记录下来，写成数学日记。

评析：让学生在生活应用中感悟数学源于生活又高于生活。

板书设计：

可能性的大小

数量大 ——→ 可能性大（经常）

数量小 ——→ 可能性小（偶尔）

📝 **教学反思**

"摸球游戏"属于"统计与概率"内容领域的"概率"范畴。概率知识比较抽象，又难以理解，为此，教师克服了很多困难，创造性地对教材进行了重组，使教材的资源更有利于学生的学习、探究。教学过程中，教师善于顺学而导、因"学"制宜，营造了生动、活泼、轻松而又紧张的学习氛围，使学生在愉悦、自信中经历探索并自主构建数学知识的过程。

1. 在活动中体验数学知识

"I hear and I forget. I see and I remember. I do and I understand." 动手做对于学习知识、探究知识来说是一个非常重要的环节，让学生通过小组合作实验验证摸出什么球的可能性的大小跟球的数量有关这个结论，可以让学生经历"猜测—验证—分析实验数据"的全过程。

2. 在应用中体验生活化

数学来源于生活，又应用于生活。教学中教师始终紧密联系生活实际，为学生创设生活化的学习情境。如一开课，教师利用学生喜闻乐见地摸球抽奖游戏引入，然后在"角色扮演，知识升华"这个环节又让学生利用刚学的可能性大小的知识解决生活中的问题。最后"回归生活，学以致用"这个环节，让学生深刻体验到生活中处处有数学，数学与生活有着密切的联系，从而增强学生学习数学的信心和勇气。

3. 在评价中体验成功感

和谐、民主、融洽的师生关系是促进每一个学生发展的重要保障。在教学中，教师及时恰当的评价语言可以让学生体会到成功的快乐和师爱的魅力。

"摸球游戏"教学实录与评析
（北师大版四年级上册）
——可能性大小

【教学内容】

北师大版《义务教育课程标准实验教科书·数学》四年级上册第97～98页。

【教学目标】

（1）结合摸球游戏的各种具体情境，让学生体会有的摸球结果是必然现象，有的摸球结果是随机现象。

（2）通过罗列摸球可能发生的结果，让学生感受摸球随机现象发生的可能性有大有小；学生能对一些简单随机现象的可能性的大小做出定性描述，并进行交流。

【教学重难点】

（1）重点：让学生体会随机现象发生的可能性是有大有小的。让学生定性描述、初步感悟、定量判断可能性的大小，在交流中分享，在分享中推理，在推理中提升。

（2）难点：学生对一些简单随机现象的可能性的大小能进行准确的定性描述，能用可能性大小的知识解释生活中的不确定现象。

【教学理念】

整合学生在概率学习方面已有的生活经验，让学生在具体情境中分析问题、解决问题。训练学生的设计感、共情力、创造力、发散力、综合能力以及高水平解决问题的能力。

【教学过程】

（一）创设情境，问题发现

师：同学们，人人乐商场要进行一次抽奖活动，经理和员工各设计了一个抽奖方案，你觉得这两种方案如何？

经理方案：箱子里放0个红球8个白球，任意摸出一个球，摸中红球中奖。

员工方案：箱子里放5个红球0个白球，任意摸出一个球，摸中红球中奖。

生1：经理的方案不可能抽到红球。

生2：员工的方案一定能抽到红球。

师："一定"抽到红球或"不可能"抽到红球，都不合理。箱子里如何放球才合理呢？

（二）主动探究，问题导学

以上两种摸球方案，同学们觉得都不合理，怎样设计才合理呢？我们一起来帮他们设计吧！

设计要求：球的总数不超过8个，摸到红球就中奖，摸完后放回。请每人设计一种方案，然后小组交流讨论，选出一种比较合理的方案全班分享。

例举：

学生的设计方案：A. 7红、1白。B. 5红、3白。C. 3红、3白。D. 4红、4白。E. 1红、7白。F. 2红、3白。G. 3红、4白。H. 2白、6红。I. 3白、5红。J. 1白、5红。

师：同学们设计了这么多方案，哪一组愿意上来分享你们的方案？

生：我们组的方案是2个红球、6个白球，摸到红球的可能性比较小，摸到白球的可能性比较大。

师：为什么呢？

生：这种方案摸到1个球可能发生的结果有8种——a. 红球①；b. 红球②；c. 白球①；d. 白球②；e. 白球③；f. 白球④；g. 白球⑤；h. 白球⑥。任意从盒中摸出一个球，有8种可能，其中红球有2种可能，白球有6种可能，所以我们的方案摸到红球的可能性比白球小。

师：还有哪一组汇报？

生1：我们组的方案是3个红球–3个白球，摸到红球的可能性和摸到白球的可能性相等。

生2：这种方案摸到1个球可能发生的结果有6种，红球有3种可能，白球有3种可能，所以我们的方案摸到红球和白球的可能性相等。

师：所有这些方案摸到红球的可能性一样吗？老规矩，咱们分组研究，全班汇报分享，请每组同学任选两三种方案进行分析研究。请看合作要求。

同学们可能选择：

A组：7个红球、1个白球和5个红球、3个白球；

B组：2个红球、3个白球和2个红球、6个白球；

C组：1个红球、7个白球和2个红球、3个白球。

（1）总球数一样（7个红球、1个白球和5个红球、3个白球进行对比分析）。

（2）红球数一样（2个红球、3个白球和2个红球、6个白球进行对比分析）。

（3）红球和白球数都不一样（1个红球、7个白球和2个红球、3个白球进行对比分析）

全班汇报。

师：请同学来汇报分享。

生1：（①7个红球、1个白球；②5个红球、3个白球）对于7红1白方案，摸到球一共有8种可能，其中红球有7种可能，白球仅有1种可能；而对于5红3白方案，摸到球也一共有8种可能，其中摸到红球有5种可能，摸到白球有3种可能，由于两种球除了颜色之外其他方面没有差异，又因为7大于5，所以7红1白方案摸到红球的可能性更大。

生2：（2个红球、3个白球和2个红球、6个白球）对于2红3白方案，摸到球一共有5种可能，其中红球有2种可能，白球有3种可能；对于2红6白方案，摸到球一共有8种可能，其中红球有2种可能，白球有6种可能。因此，从2红3白方案中摸到白球的可能性比从2红6白方案中小，从2红3白方案中摸到红球的可能性比从2红6白方案中大。

张老师也设计了两种摸球方案，还是任意摸出一个球，摸到红球获奖。分别是2红 ＿ 白和1红 ＿ 白，白球的情况保密，如果你是消费者，你会选择哪种方案呢？

（学生选择—摸球体验—反思提升。）

生1：我选择方案一，因为方案一的红球比方案二的红球多。

生2：可能方案二里都是红球；方案一里红球很少，而白球很多。

生3：我觉得不好选择，要通过两种方案中红球和白球的数量来判断。

生4：我们觉得要根据两种方案的白球数量而定。若方案一为2红6白，方案二为1红1白，我选择方案二；若方案一为2红1白，方案二为1红8白，我选择方案一。

师：举例子是最棒的说明问题的方法！

师（小结）：在两种方案总球数不一样的情况下，不能仅仅看红球，还要看白球的数量来判断可能性大小。

（三）生活应用，拓展延伸

淘气和笑笑一起去公园玩，沿途看见了如下的几个有奖活动（见图1）。

图1　公园里的有奖活动

每个活动得奖的可能性大吗？你愿意参加哪个活动？

（四）全班交流，总结提升

同学们，今天我们研究了摸球游戏，你们有什么收获？

教学设计思路

教材分析，灵活重组

一、教材分析

本课一开始给出5个装有红球、白球或红白球的盒子，然后以"问题串"的形式给出3个问题。

问题1：用"一定""不可能"来描述"确定事件"。

问题2：比较从3、4、5盒中摸到白球的可能性大小，明白可能性有大有小。

问题3：根据摸球要发生的某种结果，设计盒子里白球和红球的数量。练习从顺向思维转向逆向思维。

接着教材P98"练一练"给出4道练习题。第1题是判断哪个转盘指针指向蓝色区域的可能性大。第2题是根据可能性大小来涂色。这两题的练习设计从"摸球"这种游戏方式转换到"转盘"，再次让学生加深对可能性知识的理解。第3题联系生活中的抽奖活动来感受可能性的大小，并建议设计一个有吸引力的活动方案。第4题是把位置概念、数的大小比较方法与可能性问题整合在一起，综合性较强，目的还是进一步体会可能性的大小，感受数据的随机性。

二、教材重组

基于以上对教材的分析，我将教材进行了重组。

1. 抽奖游戏，引发争论

首先是通过商场经理和商场员工的两种抽奖方案（0红8白，5红0白，摸到红球中奖）来复习用"一定""不可能"来描述"确定事件"。这就实现了"问题串"中问题1的学习目标，但也因为两种抽奖方案的不合理性激发了学生主动尝试设计抽奖方案。

2. 设计游戏，分析数据

学生在综合考虑商场和抽奖者利益的情况下设计摸球抽奖方案，球的总数不超过8个，摸到红球就中奖。每个小组设计两种方案。

让学生根据自己心目中理想的抽奖结果来设计盒子里白球和红球的数量结构的设计，达到了"问题串"中问题3和"练一练"中第3题第（2）小题的学习目标。在这个环节中学生会出现多种不同的方案，教师要引导学生将这些方案分类，并从中选择2到3种方案进行对比分析，也就是让学生比较从这些盒子中摸到红球的可能性大小，知道可能性有大小之分，实现"问题串"中问题2的学习目标。学生对自己的方案进行数据结构分析，特别有主人翁意识，分析起来也会更投入。

教师参与游戏。张老师也设计了两种方案，分别是2红＿白和1红＿白。白球的情况不知道，如果你是消费者，你会选择从哪个盒子里摸球呢？学生有了上面根据球的数量结构分析可能性大小的经验，不会贸然选择，而是学会分类举例说明问题了。最后教师公布设计方案——2红6白和1红1白，虽然2个红球比1个红球多，但是从1红1白方案中摸到红球的可能性更大。就是说，两个盒子总球数不一样的情况下，不能只通过比较红球的数量来比较摸到红球可能性的大小。

3. 生活应用，拓展延伸

（1）"练一练"的第3题。

（2）"练一练"的第4题，但将转盘改成掷骰子。

4. 全班交流，总结提升

几点设计说明：

本课课题是摸球游戏，怎么整节课都没让学生摸球呢？首先我们先来进行新旧教材的对比。旧教材在这一课时的确是让学生通过"猜测—实验"来学习可能性大小的知识。例如，给出一个盒子，里面装有8个红球、2个白球，先猜一猜从该盒子里摸出任何一个球，摸到什么球的可能性大。学生猜因为红球多，所以摸到红球的可能性大。然后教师组织学生摸球进行实验验证，通过小组内摸一摸，对摸球结果进行记录，最后全班汇总数据来验证猜测的准确性。新教材不再这样设计了，而是要求教师引导学生从球的数量结果出发进行分析和判断。教材修改的原因我觉得有以下两点：一是这个教学内容从三年级改到四年级，四年级的学生学习这个内容时已具有丰富关于可能性的经验，并且他们已具有一定的理性思维来进行数据分析；二是引导学生从数量结构出发分析判断，为之后五年级学习用分数表示可能性的大小做好了充分的准备。

📝 **教学反思**

问题导学、思维贯穿，联系生活、有机整合

本节课围绕思维课堂开展研课，体现了如下两个特点。

1. 问题导学，思维贯穿

"问题串"是新版北师大教材最重要的特点，教师通过重组教材，将"问题串"与摸球情境有机结合，从激发学生认知冲突入手，激发学生探究的兴趣，通过层层递进的问题，引导学生不断深入思考，拓宽了学生思维的广度，提升了学生思维的深度。一定摸到红球、不可能摸到红球都不合理，如何设计才合理呢？这个问题激发了学生的学习热情，由此引发设计方案、分析方案等活动，并得出可能性有大小这个结论。这些都充分体现了以学生为中心、以思维为核心的特点。后面教师设计了一个逆向思考的游戏，从摸球可能的结果，倒推盒中球的数量结构。这种思维方式的灵活转变，助推了学生对可能性大小的深度认识，凸显了思维课堂突出思维培养、走向深度学习的价值导向。

2. 联系生活，有机整合

四年级的学生对数量结构的分析也许还很陌生，但对抽奖活动却很熟悉。在日常生活中，他们会遇到各种各样的抽奖活动，积累了丰富的抽奖经验。因此将学生的生活经验与数学知识有机整合，在两者之间搭建桥梁，可以为学生理解随机现象发生的可能性的大小奠定坚实的基础。教材中原本没有商场设计抽奖方案这个情境，通过对教材的重组加入此情境，能够引发学生在考虑抽奖方案合不合理、好不好玩的基础上，对可能性的大小进行思考。例如，红球太多，不好玩，不刺激，因为摸到红球的可能性大，获奖的机会太多。教学中，从学生对抽奖活动的感性认识，引发学生对可能性大小的理性思考，而学生对可能性大小的理性认识，又进一步支持其在抽奖活动中做出比较合理地判断。两者相辅相成，有机融合。

可能性知识在北师大版教材中被安排在四年级上册，而苏教版是在三年级上册，人教版则在五年级上册，在时间段的安排上，三种教材的差别比较大。另外在编写思路上，苏教版和人教版教材都比较重视在大量操作基础上认识可能性的大小，而北师大版教材则更加重视通过对数量结构的分析来认识可能性

的大小。每一种编排都有其编写意图，但究竟如何安排更加适合学生的认知规律，更加贴近知识的本质？笔者觉得这是一个值得深入研究的问题，教材的版本不重要，重要的是怎样做才是最适合学生的。

科研点津

下 篇

未来课堂之数学学习

近几年，随着信息技术的发展，特别是随着5G概念被提出并逐渐走进我们的生活，人们越来越注重信息技术对教育的影响。可以想象在不久的将来，信息技术必将使教育产生革命性的变革。未来课堂，路在何方？

不论怎样，未来的学习更注重以人为本和以学为本的智慧学习，关注点更聚焦学生，聚焦学习。在信息技术的引领下，未来的学习可实现学习形式的多样化、内容呈现的形象化和动态化、互动交流的实时化、空间拓展的无线化、学生组合的任意化、资源利用的充分化、装备操作的便利化、使用管理的一体化、学生学习的个性化。智能化学习将使我们的学习充满"灵动性、创造性和意义"。

未来的数学学习呢？当然也同样具有以上特征。那么具体而言，究竟有什么样的具体特征？本文将畅想未来数学学习。

一、基于应用的数学学习

随着信息技术的超高速发展，云端的建立，信息量与物质的极大丰富，人们需要具有超强的获取信息、分析处理信息特别是优化信息的能力，需要利用科学的手段与策略去处理信息，而数学则是分析问题、解决问题的核心学科，于是基于应用的学习将成为未来数学学习重要的核心要素。随着物质的极大丰富，人们必须去选择、分析和综合衡量货物的价格与质量，这就要求学生必须在生活中运用数学，在运用中学，在学中运用。为生活的运用而学必将成为未来数学学习的重要原因。

二、基于信息技术的数学学习

未来的数学学习是在云端学习，是在信息技术的引领下，更方便、更快捷地学习与运用。计算的快捷性、解决与分析问题的科学性与合理性、描述与理解事情的准确性与结构性，无时无刻不在引领数学的学习。

泛在学习创造的智能化环境让学生充分获取数学学习的机会与获得数学学习的信息，这与让学生到学校或图书馆进行学习或通过网络获取学习信息有很大的差异。泛在学习的目标就是创造让学生随时随地、利用任何终端进行学习的教育环境，实现更有效的学生中心教育。这就是所说的4A（Anyone，Anytime，Anywhere，Anydevice）学习情境。在泛在学习环境中，学生根据各自的需要在多样的空间、以多样的方式进行学习，即所有的实际空间都是学习的空间。学生根据自己的特性有选择地进行学习，利用微课、慕课进行有针对性的学习，在互联网上与同伴无时空限制地交流、分享自己的学习心得与学习过程。数学的学习内容都挂在了云端，学习的方式更加体现个性化、特色化，真正实现了因材施教的教学理念，提升了以学定学，因材定学的以学习者为中心的学习理念。知识的获得、储存、编辑、表现、传授、创造等最优化的智能化环境将提高人们的创造性和问题解决能力。可想而知，未来的数学学习是坐在信息技术超高速列车上前行的。

三、基于大数据的数学学习

随着大数据的到来，生活中处处存在数据，时时依靠数据，数字化人生是适应未来社会生活的核心指标。运动化数据、饮食化数据、身体各器官数据、学习过程实时数据等等，充盈着我们的生活，如何收集与整理大数据，如何分析处理大数据，如何根据大数据进行分析预测，这些问题促使我们去研究，去探究。数学的学习是基于信息化，基于大数据的，数学的发展是为了学生适应并驾驭未来社会生活，以便更幸福、更快乐地生活。

四、基于兴趣的游戏化学习

游戏是以直接获得快感为主要目的且必须由主体参与互动的活动。索尼在线娱乐的首席创意官拉夫·科斯特认为，游戏就是让人们在快乐中学会某种本领的活动。根据人的性格特点，无论儿童或成人的生活中都离不开游戏。游戏是最适合儿童身心发展特点的一种活动，它在给儿童快乐的同时让孩子受到教育。苏联著名教育家苏霍姆林斯基说过："没有游戏就没有、也不可能有完美的智力发展。游戏犹如打开的一扇巨大而明亮的窗，源源不断地将有关周围世界的观念和概念的湍流，通过这扇窗注入孩子的心田。游戏犹如火花，它点燃探索和求知的火焰。"对儿童来说，玩耍就是最好的学习，因为这是他们认识世界特有的方法。数学学习也要结合游戏，我们需要创造更加适合学习者的游戏。比如仿真数学实验室更能让学生参与，进行体验式学习；我们常见的口算游戏、场景化游戏，其解决问题与探究的设计更能被学生所接受。游戏化的探究增加了学生的学习兴趣，培养了学生解决问题和分析问题的能力。游戏的摄入，使得学生数学学习兴趣盎然，对数学的学习兴趣渐浓。

认真观察生活中形形色色的学生，你会发现会玩的人大多数都是灵活聪明、身体健壮、善于交往合作的学生。英国有句谚语说得好：整天用功不玩耍，聪明孩子也变傻。很多时候，人类在游戏中表现出的能力让人惊叹。

五、基于可视化的体验式学习

随着5G通信技术进一步实现，特别是AR和VR增强现实技术的应用，将很多不可能或者难以实现的内容逐一呈现在学生眼前，学生可通过直觉的感官体验进行深度学习。在虚拟的现实世界中，学生不仅可以对数学知识和内容进行学习，更重要的是可以体验和感悟数学思想方法在生活中的具体应用。数学变得不再那么难以理解，反而变得好玩、有趣、有味了。这就是新技术融入课堂所带来的革命性变革，可视化的体验式的学习充盈着我们的课堂。

未来的世界必将是美好的，未来的数学学习必将是丰富多彩的。数学曾被认为是中国古代六艺之一，亦被古希腊学者视为哲学之起点，即"学问的基础"。对于未来，数学将继续引领时代的发展，在信息技术的创造创意时代，呈现新的起点。

在实践中反思，在反思中实践

——执教"估计费用"有感

教师对自己的教学进行反思是教师成长的重要途径，进而可以结合自己的教学实践，再设计，再反思，再实践……这样反复循环，可以把教学反思孕育于教学实践，在做中思，在思中做。教师通过把自己的实践作为思考对象，可以不断探究和解决自身、教学目的以及教学设计等方面的问题，努力提高自身的教学水平。

本人通过备"估计费用"这节课，对教学反思有了更深层次的认识：在教学过程中，将反思进行到底，要会实践，更要会反思，要在实践中反思，在反思中实践。我将教学中的实践与反思分为如下四个阶段。

一、具体经验阶段

备课前，我根据教材及教参，结合自己的教学经验和对学生的了解，精心设计了本课。我一直不停地反思：如何达到我的教学目标？如何实现我的教学设计？

我是这样设计教学目标的：学生学会去尾法、进一法、四舍五入到整十估计、凑整十估计等方法；选择合理的估算方法，让学生自主合作，激发学生激情。

经过不断地思考，我预设了以下教学过程：让学生小组合作估算购物账单。

如图1所示是淘气一家去超市购物的购物单，根据下面的情境，你能进行一下估算吗？说说你的方法。组内交流讨论，设计最优估计方案。

问题：

（1）淘气估算购物的价钱一定超过40元，他估算的对吗？

（2）妈妈带了100元，她带的钱够吗？

（3）淘气看到自己非常喜欢的《阿凡提的故事》（定价20元）很想买下来，可妈妈只带了100元，妈妈让他尽量准确估计一下，如果钱够就买下来。

淘气一家人去超市购物，下面是这次购物的账单。

××超市	
果　汁	16.00
火腿肠	13.00
蔬　菜	8.00
洗发水	23.00
洗衣粉	6.00
牙　膏	3.00

图1　购物单

通过此教学过程，引出估计方法，让学生估计策略的选择，进而达到教学目标，这是我的设想。但在没有教学实践之前，很难想象此设计是否能达到教学目标。

这个阶段关键是教师要能意识到活动中的不足。教师往往很难做到，很难从自己的设计中找出自己的不足，这就是"不识庐山真面目，只缘身在此山中"的缘故吧！所以，教师应从教材、学情、教学设计等方面反复斟酌，从而发现问题所在。

二、实践分析阶段

这里是反思体现得最为集中的阶段。在此阶段，教师要广泛收集并分析有关的经验，特别是关于教学活动的信息、教学实践所反映出来的问题，以批判的眼光反观自身，包括自己的思想、行为、信念、价值观、教学目的、情感态度和价值观等。可利用多种方法反思教学，如借助录音、录像、学生作业练习情况等。在获得一定的信息后，要进行分析，看自己的教学活动效果如何，学生应用实践的情况如何，自己的教学行为与预期结果是否一致，等等，从而明确问题的根源所在。

初次试讲"估计费用"时，很多小组都只用一种估算方法就把三个问题都解决了，根本没有达到预设目标（学会多种估算方法和合理选择估算方法），这令我很苦恼。于是进行深层次反思：要想达到让学生既学会多种估算方法，又灵活采用估算策略的目的，显然这种教学设计很不合理，问题的呈现很不科学。

站在学生的角度来思考：用一种估算方法就能把所有问题都解决了，那我为什么还要想其他方法呢？

得出结论：问题的设计不够合理，呈现不够科学。

三、重新概括阶段

在观察分析的基础上，教师应重审原来的过程、设计、方法、思想等，站在不同的角度看问题，找出问题的所在，积极主动寻找新的思想、方法和策略来解决所面临的问题。此时，新的信息获得有助于更有效的概念和策略方法的产生。这种信息可以来自研究实践，也可以来自研究领域。这时针对教学中的特定问题（比如问题的设计不够合理和呈现不够科学）有了较清楚地理解，因此教师寻找知识的活动是有方向的、聚焦式的，是自我定向的，进而会重新创造问题、设计问题。

针对"估计费用"中问题的设计不够合理和呈现不够科学的问题，我重新定位了教学目标。

（1）在解决实际问题的过程中，体会估算的基本过程和方法，提高解决生活中估算问题的能力。

（2）学会：去尾法、进一法、四舍五入到整十估计、凑整十估计等估算方法，结合具体情境合理选择估算策略。

目标的定位是对学生探究知识的解读，教师只有有所体会、有所了解与感悟，才能去探究，去研究，从而实现终极目标，解决生活中的问题。

为了更好地实现新目标，我设计了"估计费用"的教学过程，并有层次、有意识地参考与设计自己的课。

以上的教学设计，较好地实现了教学目标，每个情境的设置既体现了数学的生活性，又能让学生在生活中应用估算，体会如何进行估算策略的选择和运用，并比较了不同策略估算时的优缺点。

四、积极验证阶段

根据以上的教学情境，学生在小组合作学习时，探究出多种估算方法并灵活采用估算策略，很好地实现了教学目标。这与精心设计有很大关系——新问题的创造，新情境的创设，不同变量的适当设置，创造性的设计，使我较好地完成了教学目标。当然也有不尽如人意的地方。小组合作的效率，每个学生估算策略的选择，等等，教师怎样才能做得更完美？

要验证以上阶段所形成的概括的行为和假设，教师可以再次实践，再次运用于教育教学中。在再次的实践中，教师会遇到新的具体经验、新的问题，从而又进入第一阶段，开始新的循环。

经过多次循环，会越来越接近终极目标。这样反思、实践、再反思，无论是在方法上还是在教学设计的技巧上都将得到莫大的提高，会有种脱胎换骨的感觉。更重要的是在多次的循环中更能紧扣教材、教参，揣测他人设计的意图，深挖编制的目的。同时从网络上学习他人的优秀教学设计，集百家之所长，站在巨人的肩膀上总会看得更远。

教师要经常性地反思，把反思当作一种习惯，把解决问题当作一种终极目标，把创新孕育其中，在感悟中实践，在实践中感悟，为终极目标而不断努力。

在形象与抽象之间"徘徊"

——北师大版"搭一搭"数学教学中培养学生空间想象能力三境界

空间想象能力是数学学习的三大能力之一（数学三大能力：运算能力、逻辑思维能力和空间想象能力），同时更是学生毕生发展所需。由此可见，培养学生的空间想象能力何其重要。

《义务教育数学课程标准（2011年版）》在"总体目标"中指出：要丰富学生"对现实空间及图形的认识，建立初步的空间观念，发展形象思维"。

空间观念的发展是一个包含观察、想象、比较、抽象、概括、分析、综合和推理，从片面到全面、从平面到空间的认识事物的过程。数学教学中怎样有效促进学生空间观念的发展呢？具体的途径和方法有很多，笔者结合自己执教北师大版六年级上册观察物体的"搭一搭"这节课，引领学生在形象与抽象之间反复"徘徊"，让学生在螺旋式的"徘徊"中逐步建构对平面与空间及其相互关系的认识，逐步培养学生的空间想象能力。

一、从形象到表象：空间观念发展的"经验储备"阶段

学生学习几何知识时，往往先从对具体事物的感知出发，获得清晰的表象，再逐步抽象出几何形体的特征，形成正确的概念。由此可见，储备表象是发展学生空间观念的第一步。那么，教学中怎样创造条件促使学生由"形象"向"表象"过渡呢？教师可以充分利用学生的视觉、听觉、触觉等多种感官，让学生通过看一看、摸一摸、量一量、比一比、数一数、想一想、画一画、折一折、摆一摆、剪一剪等多种实践活动，充分感知、深刻领悟、逐步体悟，从实物表象到模型表象到图形表象，逐级提升，进而以清晰、丰富的表象作为建立空间观念的坚实载体。就本节课而言，可以从以下两个方面入手。

1. 在操作中"搭"出表象

搭积木是学生比较喜欢的游戏之一，很多学生都搭过积木，搭积木游戏确实能在实践中培养学生的空间想象能力。可让学生多操作，多动手搭出他们喜欢的立体图形。

这里给出5个小立方块，让学生任意去搭，看谁搭的形状最多，又不重复。学生经过几轮搭建，深入体会立体图形的"形"，在脑海中建立空间立体的表象。

2. 在想象中"画"出表象

在搭好之后，让学生画出从上面、正面、左面所观察到的草图。这是让学生经历由空间到平面的过程，通过观察得出表象，通过想象得出表象，把表象重现。

学生进行此项操作，不仅培养了空间想象能力，更重要的是体验了由三维空间到二维空间的转换过程，深刻体验了二者之间的关系，加深了对图形的深入认识，同时也能深入地发现实物与他们观察到的图形之间的联系，从而发展了空间观念。

二、从表象到抽象：空间观念发展的"理性分析"阶段

当学生具备了一定的表象知识后，教师要不失时机地引导学生将形成的表象进行提炼、概括、提升，即透过现象看本质。因为学生只有充分认识了图形的本质特征，并用精练的语句和图形表达出来，才能形成精确、抽象的概念，才能真正运用空间概念进行思考，从而形成比较理性的空间观念。那么，在教学中应怎样引导学生对表象进行抽象概括，从而发现图形的本质特征，形成正确的空间概念呢？这里可以引导学生从平面到空间进行思考。

1. 在观察中"定"出表象

给学生从三个面观察到的形状，让学生在观察中确定立体图形的形状。图1~图3是从上面、正面和左面看到的形状，这个立体图形是什么？

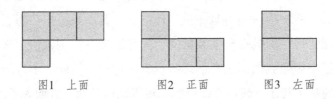

图1　上面　　　　　　图2　正面　　　　　　图3　左面

学生通过观察、思考、推理和想象，结合以往表象，抽象出立体图形。其实学生已经具备了一些初步的观察物体的直观经验，学生通过多角度的观察和想象，最后定出这个立体图形的表象，这也是一个抽象的过程。

2. 在想象中"调整"出物体

其实观察只是表面的、初步的定向，解决问题最关键的还需要想象。靠想象去搭这个立体图形，插上想象的翅膀这个问题就迎刃而解了。首先要考虑从哪个面入手。经验告诉我们，可以先按一个方向（最好从下面，这样可以确定哪个位置有小立方体）来搭，然后按另一个或两个方向来增减小立方块，最后从三个方向整体考虑。这些建立在学生有丰富的实践经验和丰富的表象基础上，最后才能上升到经验甚至理论。

3. 在动手中"验证"实物

在确定好立体图形后，学生需要对立体图形进行验证，也就是动手搭一搭。学生通过搭一搭再次加深对立体图形的感性认识和对表象的深入体验。同时这也是验证思维的一个过程，逐渐构建学生的空间想象能力。

三、从抽象到形象：空间观念发展的"实践应用"阶段

当学生经过抽象概括获得想象后，接下来教师要将这些抽象空间概念系统化、具体化。一方面建立空间物体间的联系；另一方面运用所建立起来的空间想象能力解决一些实际问题，在实际应用中进一步巩固学生的空间观念。该阶段的"形象"与第一阶段中所讲的"形象"已有本质的区别：第一阶段中的"形象"是指学生头脑中已有的直观经验，它是零散的、琐碎的、模糊的；而此时的"形象"是学生已经获得清晰理性认识之后，将概念运用到具体题中，寻找形象例子，以进一步扩展空间概念的内涵和外延。具体可下从以下两方面入手。

1. 在抽象中"判断"范围

根据图4、图5、图6，分别从一个或两个面观察到的形状去想象立体图形的形状。小组合作，在想象中确定立体图形的范围，完成表1。

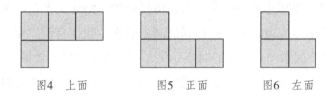

图4 上面   图5 正面   图6 左面

表1 观察形状完成表格

	上面看到的形状	正面看到的形状	左面看到的形状	上面和正面看到的形状	正面和左面看到的形状	上面和左面看到的形状	上面、正面和左面看到的形状
最少立方块							
最多立方块							
搭法种类							

首先学生自主探究，通过想象完成以上表格。学生在抽象的思考中提高运用已有表象和抽象概念解决问题的能力。解决问题的过程也是思维提升的过程，同时能促进空间想象能力的发展。

然后小组合作探究，提高空间想象能力。把想象付诸语言，把抽象表达出来，确实是个难点，要突破这个难点，必须在实践中检验，在实践中发展。这里让学生通过想象，确定搭出这个立体图形所需要的正方体（立方体）的数量范围，很好地让学生在想象中发展了解决问题的能力。同时训练了学生思考问题、解决问题的综合能力。

2. 在实践中"发展"想象

实践是检验真理的唯一标准，因此要让学生多实践。就上一题而言，可先让学生想象，对于想象有困难的学生，可让其动手摆一摆，再想一想。反复操作，多次动手实践以发展学生的想象能力，把抽象的东西给表象化了，再次体现抽象与形象之间的"徘徊"。

我们都知道，想象是创造的源泉，而空间想象能力的培养不是一朝一夕、一蹴而就的。在这方面，我们不能操之过急，要留给学生想象的时间和空间，多让学生动手操作，深刻领悟，不能怕耽误时间。以前，在教学中，在学生解决不了的时候，教师总忍不住讲出来，讲得不少，结果，事倍功半，自己累得不轻，学生的学习能力却并没有得到提高。后来，我让自己"懒"一些，而让学生自己动手去探索图形前后的对应变化，反而取得较好的效果。

教师要给学生插上一双想象的翅膀，给学生创造宽广的天地舞台，让学生自由地翱翔。

创造性对话教学助核心素养落地

教育部《关于全面深化课程改革落实立德树人根本任务的意见》（以下简称《意见》）明确指出："研究提出各学段学生发展核心素养体系，明确学生适应终身发展和社会发展需要的必备品格和关键能力。"由此，"核心素养"成为当下乃至将来深化基础教育课程改革的关键。数学作为小学重要的核心课程之一，对于学生核心素养的形成有着非常重要的影响。而如何在教学中有效培养学生的数学核心素养，如何在课堂上通过活动来落实核心素养，很大程度上取决于教师的课程领导力和课程实施程度，取决于教师的教学设计和课堂组织形式，这对小学数学教师综合素养提出了新的要求与挑战。因此，基于小学生数学核心素养培养的视角对小学数学教师的课程建设进行深层次的审视与思考已成为必然，这也使得基于数学课堂的核心素养培养视域下的课程建设成为需要进一步思考与探究的重要课题。

《义务教育数学课程标准（2011年版）》指出，教学活动是师生积极参与、交往互动、共同发展的过程，教师应从学生实际出发，创设有助于学生自主学习的问题情境，引导学生通过实践、思考、探索、交流等，获得数学基础知识、基本技能、基本思想和基本活动经验。从某种意义上来讲，课堂上学生交流已成为数学学习的重要部分，数学的学习则被定位在创造性对话层面。

一、创造性对话教学的内涵、价值与实践探究

课堂上的学习与交流都以对话为重要组织形式，我们深入课堂发现，并不是所有的听和说都是创造性的。教师与学生的交流和学生之间的交流都是有限的，很多时候也是重复乏味的，而创造性对话确实可以激发学生的思考与学习，提升教育教学质效。

1. 创造性对话教学的内涵与价值

创造性对话包括创造性问题和开放式谈话。教师应精心设计创造性问题，并或及时抓住创造性问题促使学生积极参与讨论；允许学生持有不同的观点，包括批判性观点，同时激发他们产生新的想法，并让他们进行交流。

一个非常有效的对话策略是"思考—合作—分享"，它体现了三种不同的对话形态。处在不同对话层次上的学生，可用语言呈现思维的水平。这能挑战思维，增强学生理解力，引发学生自我意识，使学生进入自我对话境界。

创造性对话不仅仅是谈话，也不仅仅是说和听，还包括思考。我们生活的世界是一个复杂的世界，需要我们有敏捷的思维和善于表达自己的语言能力。在人际交往中，孩子们的幸福与未来的成功在很大程度上取决于他们的思考力、谈话能力和倾听力。创造性对话是教育的核心，因为它一直是任何一项学习活动的组成部分，是落实核心素养的最佳途径。

一则日本谚语说："不是去学习，而是去适应。"我们应该用一些开放性、挑战性和出其不意的谈话来打破孩子们的固定思维模式。我们要通过对话

来激发孩子们的创新和独立思考的能力，培养他们机智地与他人交谈的能力以及用对话进行学习的能力，提高他们独立思考的能力和通过对话吸收他人思想精髓的能力。

2. 课堂上多种教学对话形式的实践研究

21世纪核心素养的培养，必须融合教育教学的方方面面，最适合的形式是从对话开始，那是因为对话是课堂教学的核心，更是课堂教学的灵魂。课堂对话以师生对话、生生对话和生本对话为主要形式，占据课堂大部分时间，并以师本对话、学生的自我对话和教师的自我对话为辅，组成了生动多样的课堂，构建了课堂对话的独特风景。

通过深入研究不难发现，随着新课改的全面深入和核心素养的提出，课堂对话形式更加丰富多彩，特别是生生对话在课堂中所占比例和在教师心中的地位大大增强，一种以生为本的对话形式随即成长起来。

二、创造性对话教学核心素养表的构建

学生核心素养该如何培养？该如何在课堂上落地？这是我们最关心的问题，也是我要研究的问题。我们将课堂对话作为我们落实核心素养的观测点，以培养学生核心素养为目标，从课堂对话角度分要点、分项目来思考，渗透课堂每一个角度。

我们设计了对话教学核心素养表（见表1），将此表作为核心素养目标践行的方向盘，每次备课时抓住某一知识的核心问题，组织不同的对话形式，选择核心素养培养的关键点，围绕几个观察点，组织不同的对话形式，让课堂学习务实高效。

表1　对话教学核心素养表

		师本对话	生本对话	师生对话	生生对话	教师的自我对话	学生的自我对话
人文底蕴	人文积淀						
	人文情怀						
	审美情趣						

续 表

		师本对话	生本对话	师生对话	生生对话	教师的自我对话	学生的自我对话
科学精神	理性思维						
	批判质疑						
	勇于探究						
学会学习	乐学善学						
	勤于反思						
	信息意识						
健康生活	珍爱生命						
	健全人格						
	自我管理						
责任担当	社会责任						
	国家认同						
	国际理解						
实践创新	劳动意识						
	问题解决						
	技术运用						

三、创造性对话教学核心素养表在课堂教学中的实例分析

对话是课堂学习的灵魂，而创新性对话则是我们追求的境界，课堂上教师应该关注学生思考了什么，而不只是关心他们是否给出了正确的答案。课堂上具体该怎样让学生思考、学习？该怎样让学生参与创造性对话？笔者结合核心素养的十八个要点，列举两个课例，深入分析创造性对话的落实问题。

1. 在以生生对话为主的对话中探索角的大小与角的张口有关

根据对学生和教师的调查研究发现，北师大版《义务教育课程标准实验教科书·数学》二年级下"认识角"这节课中，角的大小与什么有关一直是学生非常纠结的问题，也是一个非常难的问题。很多学生都觉得角的大小与边有关，边越长，角越大。直观思维占据了学生观察事物的主要地位。如何让学生解决这个问题？笔者通过对话教学核心素养表，以生生对话为主要对话形式，以师生对话为辅助，提出创造性问题，激发学生之间的对话，一起研究——角

的大小与什么有关这个问题。

我们将批判质疑、勇于探究、乐学善学、勤于反思、问题解决、技术运用、自我管理作为这节课落实学生素养的核心点，以创造性对话培养学生探究问题、思考问题、质疑问题和利用技术解决问题的能力。

回到这节课的课堂上，当学生都已经认识了角，并对角的各部分名称都已经了解之后，教师拿一个"大"的角（所谓大的角，就是角的两条边都比较长），让学生拿一个"小"的角（角的两边比较短），问学生是老师拿的这个角大还是学生拿的那个角大。很多学生会说老师拿的角大（固定思维，一看到边长的角就觉得角大）。这个时候，教师要适当地留白，耐心等待，一定会有学生提出质疑——有学生会觉得角的大小与角的边长没有关系，并拿出学具，做一个张口比老师的那个角还大的角，说这个角比老师的那个角大。教师要善于抓住这一问题——角的大小到底与边有关还是与角有关？是既与角有关，又与边有关吗？然后让小组来研究——学生可以通过概念思考、教具对比、批判对话等多种形式研讨。

2. 让学生在以自我对话为主的对话中理解与领悟什么是面积

在学习北师大版《义务教育课程标准实验教科书·数学》三年级下册"什么是面积"时，可以以阿凡提买地视频引入。

阿凡提提问：巴依老爷，我想从您这买一块地可以吗？

巴依老爷说当然可以，条件是：

（1）你一天之内用这条绳子围成的土地就是你的。

（2）太阳一出来，你就开始围，太阳落山前要立刻停止。

（3）给你三次（三天）机会，哪次的地围的最大哪次的地就归你。

怎么围才能得到最大的土地呢？阿凡提是这样操作的；

第一天，阿凡提只围成一个"C"形，第二天围成一个长方形，第三天围成正方形。绳子都刚好用完。

学生分析对比以上三个图形，发现第一个图形不是封闭的图形，没有面积，只有封闭的图形才有面积。

下面我们来帮阿凡提解决选长方形土地，还是正方形土地的问题，也就是探究长方形的面积大还是正方形的面积大。谁来猜一猜？

现在有三种猜想，怎么办呢？（长方形面积大于正方形面积，长方形面积等于正方形面积，长方形面积小于正方形面积）动手验证一下。

请同学小组合作，动手操作比一比看哪个图形的面积最大，如图1所示。请看活动要求。

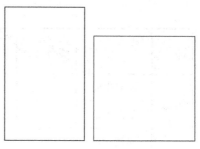

图1　长方形土地和正方形土地

活动要求：

（1）议：比较方法。

（2）做：选择工具，比一比。

（3）说：比较过程。

流程：个人研究—小组分享—全班汇报总结概述。

教师在让学生探究周长一定的情况下长方形和正方形谁的面积大时，学生就会自我对话：到底谁的面积大？如果我是阿凡提，我该选哪种图形围成的面积？我该如何验证？学生利用所给的工具（剪刀、小正方形、透明格子纸、尺子），运用技术来解决问题，在这个过程中培养了大胆猜测、小心求证、勇于探索的精神。学生动手验证的过程就是一个理性思考、批判质疑的过程。勤于思考、善于研究，积极主动探索问题，学生有了自我管理与自我实现的能力，对面积的认识，也就达到深刻理解层面，如表2所示。

表2　"什么是面积"对话教学核心素养表

		师本对话	生本对话	师生对话	生生对话	教师的自我对话	学生的自我对话
人文底蕴	人文积淀						
	人文情怀						
	审美情趣						
科学精神	理性思维						
	批判质疑						
	勇于探究						
学会学习	乐学善学						
	勤于反思						
	信息意识						

续 表

		师本对话	生本对话	师生对话	生生对话	教师的 自我对话	学生的 自我对话
健康 生活	珍爱生命						
	健全人格						
	自我管理						
责任 担当	社会责任						
	国家认同						
	国际理解						
实践 创新	劳动意识						
	问题解决						
	技术运用						

四、创造性对话教学核心素养表构建的反思

落实核心素养的途径很多，创造性对话教学核心素养表的构建是一项设想，也是一项实验，将核心素养的十八个要点与对话课堂有机融合，深入贯彻与落实核心素养要点，是课堂对话的重要目的。当然对于同一个开放性问题、不同的对话组织形式其实都能培养学生某方面的核心素养，但如何更有效地落实、更高效地实施仍需要进一步探索。

总之，对话是发展人类智力的基本途径，以核心素养为目标的课程教学，需要教师通过各类不同形式的对话，实现学生的全面发展。

"直到我理解我说了什么，才知道当时我想了什么。"（沃拉斯《思维艺术》，1926）对话促进学生把他们的思维转化为语言，培养了学生的思维能力，增强了学生的创造力。在对话中学生获得了团队力量，从而获得了人生幸福。

合作学习实效性之策略

合作学习是新课改极力倡导的最重要的学习方式之一。在课堂上，学生积极主动地参与合作学习，与同伴分享自己的收获，倾听他人的意见或见解，说出自己的困惑，大家一起努力解决问题，都得到了应有的进步。

合作学习时，有许多热闹的场面、激动人心的探讨，但有时给人的感觉是，内容讨论得够充分了，知识掌握得够深刻了，可对于有些后进生来说可能还是没有听懂，发言就更不用提了。

我们按照合作效果可以把合作学习分成三类，合作积极类、合作一般类和合作无效果类。其实前两类基本不用怎么论述，那何为合作无效果呢？其实就是小组内有时你做你的，我做我的；有时只有部分同学合作交流，部分学生不听或做其他的事情。这样根本达不到合作的目的，从而使小组合作的作用发挥不出来。

要使小组合作学习更具有实效性，必须从后进生抓起。那就让我们来思考一下问题出在哪里。是小组没有团体精神？还是对内容无兴趣？是小组内有部分学生过强，没有后进生的发言机会？还是后进生积极性不高？

一个对合作学习普遍的误解是小组。事实上，约翰逊指出，焦点集中在个人和小组如何促进个人的发展上。如果一个小组通过合作出色地解决了一个数学问题，或寻找出几条解决问题的途径，其实小组的工作还不能算完成。小组需要让每个成员都能出色地解决这个问题，或都能找出解决问题的途径。也许，每个人不能都做得和小组一样好，但毕竟集体的力量大于个人的力量。每个组员都应该根据自己平常的成绩和表现，做出令人信服的对小组工作的解释和说明。

因此，让小组的每个学生都得到应有的进步，这是合作的终极目标。为了达到这个目标，教师必须时刻去关注、引导和促进后进生的参与度。这里有几个策略与大家一起分享。

策略一：在上课之前，给小组的每个成员发两个圆片（个数视情况而定），小组交流讨论时，每发言一次向桌上放一个圆片，直至放完。然后让后进生发言（可以让后进生先发言），假如他们没什么可说的，那就让放完圆片的学生向后进生提问，从而提高后进生的参与度。

策略二：随机（尽量多点机会给后进生）抽取小组成员代表小组上台汇报交流成果。这样，鉴于任务的压力，每个人都必须用心去倾听，总结小组内的交流结果，从而调动每个人的积极性和主动性，使每个人得到应有的进步。

策略三：把最关键的工作交给后进生来做，这个最关键的工作不是最难的，也不是把握不准的，而是那种可以促进小组合作交流且能吸引大家注意力的工作。

只有这样，小组或个人才能同时进步，或者说在小组取得成绩的基础上个人才能得到应有的发展，从而使合作学习的实效性得到保证。

基于核心素养课程体系下的教师专业发展实施途径
——育才一小教师专业发展简述

新课程改革的深入、学生核心素养的提出以及培养学生关键能力的精准定位，对学校课程建设提出了新的要求，同时为教师的专业指明了方向。构建基于核心素养课程体系下的教师专业发展路径势在必行，培养与发展具有工匠精神和探究能力的新时代教师是时代发展的需要。

培养课程领导力是教师专业发展非常重要的途径之一。基于核心素养的提出，学校强调将学校课程资源与原有课程进行全面整合，进而形成学校课程体系。基于对核心素养课程体系下的教师专业发展途径研究，学校将教师的发展与学校课程的构建紧密地联系在一起。课程在教育教学中具有核心地位，学校的一切工作都是围绕课程建设、课程实施展开的。教学是实施课程的基本途径，教师是教学的主导，学校将教师的专业发展建立在课程建设基础上，让教师回归教育教学的核心地位。教师的专业发展与课程建设相辅相成，学校在

"发展学生核心素养和培养学生关键能力"的指引下，研究教师专业发展途径，以满足学校发展和时代发展的需求。以下介绍本研究的主要内容及取得的成绩。

一、研究背景

目前我国正逐步推进各学科课程标准的修订工作，着力构建以学生发展核心素养和以培养学生关键能力为统领的中小学课程体系。各地教育部门与中小学校也纷纷开展基于核心素养的课程实践研究。

在这样的背景下，育才一小在课程目标中融入学生发展核心素养，结合学科特点，培养学生关键能力，将《中国学生发展核心素养》总体框架中的重点内容落实到各学科课程目标中，使每门课程都可以承载学生发展核心素养的培养，每门课程都有其可以重点承载的学生发展核心素养的要点。例如，科技创新类课程重点承载理性的思维、批判质疑的精神、勇于探究的能力、问题解决的能力、创新精神、创新能力等素养的培养。

以课程奠基，以评价助推，我们打造了符合育才一小实际特色的课程体系，合理设计课程结构。我校课程体系建设旨在围绕培养目标构建合理的人才知识结构，构建学生发展所需要的、具有学校特色的、融显性课程与隐性课程为一体的学校课程体系。王邦杰校长提出了六大板块（语言与文学、数理与逻辑、科技与创新、品德与社会、艺术与审美、体育与健康）的课程结构框架，既有基础课程，也包括拓展课程。

课程的构建、开发和实施必须以学校教育教学为基础，以学校学生与教师为发展目标，以充分调动教师积极性、提升教师专业成长为契机。于是学校结合核心素养的目标打造了独具特色的六大板块的课程结构框架，组建了各具特色的课程工作室，分别是语言与人文课程工作室、数理与逻辑课程工作室、科技与创新课程工作室、品行与生活课程工作室、艺术与审美课程工作室、运动与健康课程工作室和未来学习工作室。每个工作室的研究团队都基于工作室的特色，不断深挖各类工作室的课程结构、校本课程和各类课程案例等。

我们以"小学大成，个性生动，做更好的自己"的办学思想和学校核心素养课程体系为理论指导，在以全校构建六大板块课程体系为核心目标的前提下，以课程构建为目标，以工作室为抓手，以培养教师、发展教师、促进教师为宗旨，创建有生命力的教师专业发展路径。

本研究试图基于学校核心素养课题体系，更深入地进行相应的理论分析和实践总结，为学校全体教师的专业发展提供系统思考和实施策略。

二、教师专业发展阶梯培养体系

1. 智慧校园之智慧教师专业发展框架

学校结合基于核心素养的六大课程板块体系，融合教师专业发展核心素养，打造教师专业发展目标，建立六大课程工作室，打造未来学习工作室，促进教师以主持人、核心成员等多种角色进行参与；以师德素养、专业素养、信息素养、科研素养和教材重构素养为教师职业发展目标，以培养学生核心素养和关键能力为目的，以促进教师课程开发与实施能力为提升目标，最终使教师专业发展得以快速提升（见图1）。

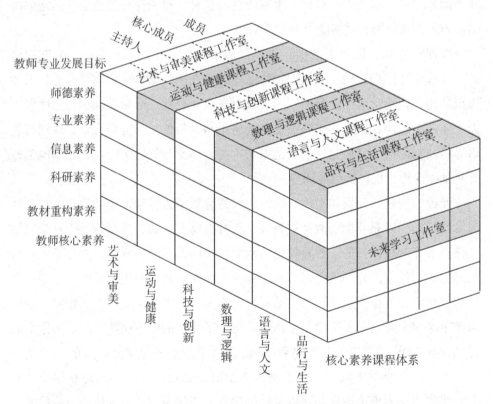

图1 基于核心素养课程体系下的教师专业发展途径框架

2. 分层发展机制

分层建立"四位一体"教师发展评价体系，全局考虑，整体规划，分层实施，逐步推进，量身定做，实现不同层级的教师有不同的发展（见图2）。

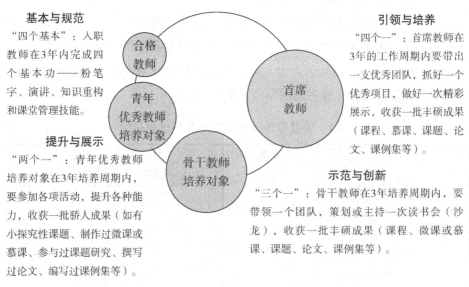

基本与规范

"四个基本"：入职教师在3年内完成四个基本功——粉笔字、演讲、知识重构和课堂管理技能。

提升与展示

"两个一"：青年优秀教师培养对象在3年培养周期内，要参加各项活动，提升各种能力，收获一批骄人成果（如有小探究性课题、制作过微课或慕课、参与过课题研究、撰写过论文、编写过课例集等）。

引领与培养

"四个一"：首席教师在3年的工作周期内要带出一支优秀团队，抓好一个优秀项目，做好一次精彩展示，收获一批丰硕成果（课程、慕课、课题、论文、课例集等）。

示范与创新

"三个一"：骨干教师在3年培养周期内，要带领一个团队，策划或主持一次读书会（沙龙），收获一批丰硕成果（课程、微课或慕课、课题、论文、课例集等）。

图2　育才一小教师专业发展阶梯培养体系

（1）首席教师学习共同体。以首席教师为核心，打造首席教师所在学习共同体团队，建立首席教师负责制。以项目为载体，二年一周期，每个项目周期投入经费6万元，全部用于此项目组开展的各项教育教学活动。为首席教师学习共同体聘请导师，不定期进行指导，支持与提升该学习共同体的各类项目活动。

（2）骨干教师和青年优秀教师培养对象评价体系。公开评选骨干教师和青年优秀教师培养对象，全体教师参与报名，对报名者进行遴选。以自愿为主，择优培养，采用三年一周期的培养模式，通过一系列学习与培训，从各个方面全力打造骨干教师和青年教师。重过程、轻结果，重主动、轻门槛。建立适应教师学习的平台，挖掘教师的自我生长力，提升其成长速度。

（3）合格教师培养计划。继续做好青年教师的培训工作，牢牢把握教师的基本功。重点打造以下三个方面：其一，专业理念与师德。爱学生，尊重学生，尊重教育规律和小学生身心发展规律，为每一个小学生提供合适的教育。

其二，专业知识。学科知识与综合能力、小学教育教学基本理论及实践能力。
其三，专业能力。规范字和粉笔字、口语表达和沟通能力等，让青年教师站稳讲台，站好讲台。

3. 智慧型教师专业发展阶梯培养目标

我们依据不同类型的教师采用不同培养目标，结合市、区各级培养目标和学校各类教师专业发展项目，制订了智慧型教师专业发展阶梯培养目标；我们依据目标制定了三年的培养方案，并严格执行培养计划，最终对教师进行多级评价，达到促进教师专业发展的目的（见表1）。

表1　智慧型教师专业发展阶梯培养目标

	合格教师	青年优秀教师培养对象	骨干教师培养对象	首席教师
对象	具有4年以下教学经验的教师，刚进入育才一小的小学二级及以下职称的教师	具有3～15年教学经验的教师。对教育教学有一定的思考	具有8～25年教学经验的教师。对教育教学有自己独到的思考与研究	具有15年以上教育教学经验的教师。区级以上名师优先
目标	理想、责任、技能、认同	理想、责任、知识、技能	理想、责任、能力、创新	理想、责任、创新、引领
方式	全员参与	个人申报，评选为培养对象	个人申报，评选为培养对象	自愿申报、评为首席教师（三年一周期）
教师个人专业发展规划	制订个人职业发展规划	制订个人职业发展规划	制订个人职业发展规划或指导别人制订职业发展规划	制订个人及学习共同体的职业发展规划
课堂研修	至少每学期上一节汇报课（包括青赛课）	至少每学期上一节展示课（包括青赛课）	至少每学年上一节集团及以上可以充分展示个人教学风格的展示课或比赛课	至少每学年上一节区级及以上可以充分展示个人教学风格的展示课或比赛课
课题研究	积极主持或参与集团或学校小课题研究	积极主持集团或学校小课题研究	积极主持或参与区级及以上课题研究；每两年发布一次课题科研成果	积极主持区级及以上课题研究；每学年发布一次课题科研成果

续 表

	合格教师	青年优秀教师培养对象	骨干教师培养对象	首席教师
深圳市探究性小课题	带领学生每学年完成一项深圳市探究性小课题	带领学生每学年完成一项深圳市探究性小课题	带领学生每学年完成一项深圳市探究性小课题	带领学生每学年完成一项深圳市探究性小课题
论文撰写	每学期高质量完成教育教学论文	每学期高质量完成教育教学论文并取得一等奖	每学期高质量完成教育教学论文并发表在《南山教育》杂志上	每学期高质量完成教育教学论文,形成系列论文并在核心期刊上发表
微课与慕课学习与制作	每学期学习一门慕课课程	每学期学习一门慕课课程并制作至少一节微课	每学年学习并开发一门慕课课程(或团队制作)	每学年学习并开发一门慕课课程(或团队制作)
特色课程开发	学习学校各类特色课程	学习并尝试开发一门特色课程	开发一门校本课程	开发一门独具特色的校本课程
特色校本研修活动	积极参与校本研修活动	积极参与并策划校本研修活动	积极组织并主持校本研修活动	积极组织有特色的校本研修活动
区教师发展基地研修	完成教师发展基地学习周	完成教师发展基地学习周	完成教师发展基地学习周	完成教师发展基地学习周
高校学习周	完成高校学习周	完成高校学习周	完成高校学习周	完成高校学习周
教师学习共同体	参与教师学习共同体并积极向团队学习	参与教师学习共同体并积极向团队学习	参与并主持教师学习共同体并积极带领团队学习	参与并主持教师学习共同体并积极打造学习共同体团队
青蓝工程	主动拜师并积极跟岗学习	主动拜师并积极跟岗学习	主动拜师并乐于收徒,带领团队学习	乐于收徒并带领团队学习
育才讲堂	积极参与育才讲堂	积极参与并策划育才讲堂	积极策划并主持育才讲堂	积极组织并策划育才讲堂
读书会	积极参与区或校读书会	积极参与并策划区或校读书会	积极参与并组织区或校读书会	积极参与并组织区或校读书会
教育教学沙龙	积极参与校教育教学沙龙	积极参与并策划校教育教学沙龙	积极参与并策划校教育教学沙龙	积极参与并组织校教育教学沙龙

续 表

	合格教师	青年优秀教师培养对象	骨干教师培养对象	首席教师
考核标准	基本与规范。"四个基本"：入职教师在3年内完成四个基本功——粉笔字、演讲、知识重构和课堂管理，站稳讲台	提升与展示。"两个一"：青年优秀教师培养对象在3年培养周期内，参加各项活动，提升各种能力，收获一批骄人成果（如有小探究性课题、制作过微课或慕课、参与过课题、撰写过论文、撰写过课例集等）	示范与创新。"三个一"：骨干教师在3年培养周期内，带领一个团队，策划或主持一次读书会（沙龙），收获一批丰硕成果（课程、微课或慕课、课题、论文、课例集等）	引领与培养。"四个一"：首席教师在3年工作周期内带出一支优秀团队，抓好一个优秀项目，做好一次精彩展示，收获一批丰硕成果（课程、慕课、课题、论文、课例集等）

三、促进教师专业发展

1. 教师个人专业发展规划

将教师个人发展规划与学校教师专业发展相结合，将共性与个性相融合，极力打造共性教师的同时，促进形成个性教师发展特色，因材施导，努力造就一批特色教师。

不同年龄的教师有不同的规划，不同学科的教师也同样面临不同方向的规划，教师可依据自己的现状，结合国家、省、市、区对教师的专业发展要求，制订个人三至五年规划。促进教师将个人专业发展与学校教育整体发展相结合，将个人课堂教学水平、科研水平与学生核心素质提高相结合，将教育实践与教育理论相结合，提升学校教育教学质量。

教师在规划制订好后，对个人发展进行汇报分享。学校邀请专家对教师发展规划进行有针对性的指导，让教师制订的个人专业发展在接地气的同时又能紧跟时代步伐，拥有未来视野。同时，在教师践行发展规划时，学校要进行过程性监控，实时进行指导与支持，严把过程关，促进教师将执行规划进行到底。

2. 教师发展基地研修和高校研修周相结合的研修形式

集中培训从师德修养、生涯规划、教学科研素养、国际理解教育素养、信息技术应用能力、团队合作素养六个方面开展，运用"集中授课（现场与网络相结合）—名师带教—观摩学习—高校研修—反思实践"的培训模式，以问题研讨、名师带教、跟岗学习、在岗实践、高校集中理论研修、学员之间交流总结、学习成果展示等形式进行。丰富的课程设置与多样的培训方式帮助教师更好地成长、成熟、成才，幸福地走在精彩的职业生涯大道上。

充分利用南山区各学校教师发展基地的特色课程，遴选一批有质量的课程，组建假期研修高级班，对教师进行针对性培训，引导教师走上课程构建的道路。

和高校进行合作，发挥高校理论优势，挖掘高校教师潜力，对我校教师进行为期一周的教育理论与信息化培训，进一步提升我校教师的教育教学水平，打造未来教师。

3. 提升教师职业认同感

打造具有凝聚力的，以备课组长、骨干教师和首席教师为核心的教师学习共同体，打造全体成员共同参与的教研学习型组织，充分利用团队的力量支持学校各项教育教学研究。从对青年教师的培养到打造骨干教师的过程，从做课程研究到做课题研究，都以教师学习共同体来支持，将共同体建立在学科组基础上。

继续打造具有学校特色的教育教研活动，在做好新教师的亮相课、青年教师的青赛课、中老年教师的教研课的同时，打造以骨干教师和首席教师为主的"一课多人"和"多人一课"，充分发挥备课组或学习共同体的团队力量，形成特色组、特色共同体，营造积极向上、团结奋进的学习共同体。

继续办好教育教学沙龙，从以学校为主体组织的教育教学沙龙转向以首席教师所在团队为主体组织的教育教学沙龙。学校提供支持与建议、帮助与指导，建构灵活开放的平台，营造宽松和谐的氛围，建立完善的评价制度，将学术研究转变成以共同体为核心的团队组织，将沙龙主题的选题放到学习共同体中，让问题从一线来，回到一线中去，做真研究，研究真问题。

建立两个平台——"享读"读书会和育才讲堂，充分展示教师风采。紧紧抓住教师读书会，引领教师读好书、坚持读书，分享读书与教育实践，通过读专业书籍，更新知识体系。利用育才讲堂这个平台将教师推到前台，分享其在教育教学中的收获与心得，展示思考与灵感，促进教师主动思考问题和研究问题。

四、教师专业发展实施保障机制

1. 建立健全组织

成立以校长为组长、分管校长为副组长、学校四大中心主任为成员的领导小组。借助深圳大学师范学院、区教师发展中心、区教科所，汇聚各方力量，共同支持与指导该项目的具体操作。

2. 加强师德师风建设，增强教师人格魅力

以开展各种学习、各类比赛活动为载体，以弘扬先进为导向，树立"以德立身、以身立教"的良好形象，提高教师人格魅力。坚持以人为本的思想，全方位营造一种尊重、理解、沟通、信任、和谐的良好氛围，把学校建设成为广大教师的"精神家园"和"事业乐园"，形成心往一处想、劲往一处使的团队，打造独具育才一小特色的学习共同体。

3. 资源建设上给予保障

做好五年规划，每年在预算上给予一定的资金保障。在学校发展规划中，将此项目纳入核心项目，从各个方面给予支持。做好教师发展基地研修班和高校学习周经费预算，精心设计教师发展基地研修班和高校学习周课程，让教师学有所得。

4. 营造积极向上的教师文化

结合学校的办学思想，将教师专业发展的核心理念融入教师的思想理念，将教师自我发展的源泉融入教师的价值体系，通过各类活动、各种特色校本培训，将教师专业发展的理念融入教师的行为模式中，营造积极向上的教师文化氛围。

五、取得的成绩

1."学校课程体系建设及实施"研讨会

学校组织的"学校课程体系建设及实施"研讨会，迄今已召开过6次会议。从顶层设计到具体落实，从组织建构到责任明确，从理论研究到实践操作，都

在逐一推进。学校努力对学校课程进行整体梳理，设计适合学生发展的课程体系并丰富其内涵，使之与学校各项活动相结合，建设合理、完善的课程体系结构，开启各类特色校本课程的开发与实践探究。

2. 教师专业发展规划

学校制订了育才一小教师十三五规划（初稿），打造基于核心素养课程体系下的教师专业发展途径整体研究思路，并对我校目前的教师专业发展和核心素养课程体系进行梳理，找出现有发展途径中存在的问题和亟须解决的问题，构建符合我校特色的教师专业发展途径，为下一步做好教师发展规划打好基础。学校深入分析基于核心素养课程体系下的教师专业发展途径的条件、方法以及过程，设计与重构教师专业发展途径；从发展的科学性和实践性进行探讨与研究，基于各级政府对教师的要求，实施教师专业发展途径，以所设计的发展途径为导引，全方面、多角度促进教师的专业发展。

3. 我校教师所获得的荣誉

自开展基于核心素养课程体系下的教师专业发展以来，我校教师取得了卓越的成效，有两位教师荣获南山区骨干教师称号，一位教师被评为南山区精英教师，四位教师被授予南山区名师工作室名师，其他各类教师均有所成长。

学校在发展，课程创设在进步，我们力争充分发挥教师的主体性和创造性，加强校本课程的开发和研讨，不断提升学校校本课程的水平，使校本课程成为教师成长的舞台，成就教师的精彩。我校不断寻求校本课程与教师发展的整合点，让教师与学生共成长，有力地将教师的教育理念转化为教育实践，促进教师自身专业化发展和课程建设能力。

总之，课程建设和教师专业发展是学校重中之重的工作。学校将二者有机结合，以课程建设促进教师专业发展，以课程工作室为学习共同体推动教师专业发展，可谓用心良苦。在未来的学习和研究中，我们将对教师的专业发展进行总结和研究，探讨教师专业发展实施过程中存在的问题，在理论和实践方面提出解决方案，尝试构建一种基于核心素养课程体系的教师专业发展途径新模式。

教师学习共同体：构建内容、要素和策略

——以育才一小教师学习共同体为背景阐述

随着时代的发展，传统的教师培养模式已远不能跟上社会对教师的要求，学习的动力是从外部施压而非教师本身内部需求。同时学校中的师徒结队具有一对一、封闭与保守等特点，越来越显示出其弊端。师傅的影响是单方面的、是分科进行的，这种传统工作模式限制青年教师成长的广度和深度，特别是使其创新性大打折扣，于是教师学习共同体应运而生。

日本学者佐藤学在其《课堂与教师》一书中从文化的研究角度分析了教师学习共同体的发展方向。圣吉·彼得创建了学习型学校，从理论和实践两方面来阐述共同体建设。霍姆斯小组提出建立教师专业发展学校（PDS），并从实践操作的角度实践了共同体的建构。社会建构主义理论、情境认知学习理论和群体动力学理论，经过很多人的思考与实践，丰富了共同体的内涵。

1990年美国迈阿密大学教学促进中心主任米尔顿·克斯教授和其同事创建了全校性的学习共同体，之后又组织了多个高校教师学习共同体，主编了《构建高校教师学习共同体》一书，将共同体理论运用于实践，并发展了共同体理论。2006年，北京中关村第四小学也尝试建设了教师学习共同体，这些都为本校开展教师群体专业发展提供了强大的理论与实践支持。

依据目前的文献，在教师队伍建设方面，越来越多的机构或学校组织了教师学习共同体，他们充分利用团队的力量促进教师群体的专业发展，从理论到实践，从内涵到外延，重新诠释了教师学习共同体。我们将在育才一小以提升青年教师教育教学水平、促进中老年教师走向卓越为目的，努力打造教师学习共同体建设。下面着重探讨教师学习共同体的构建内容、要素和策略。

一、教师学习共同体的内容及分类

教师学习共同体，是为完成共同的任务或问题，由有共同的志趣、愿景、情感等精神追求的教师共同构建的学习团体，可以通过交流、沟通、互助和合作，分享各种学习资源，利用各自的优势创造有机的、和谐的学习环境，为教师个体和团体提高学习、反思的机会，促进教师专业成长，实现团队的共同愿景。按其支撑条件不同，可以分为在场的教师学习共同体和基于网络的教师学习共同体（又称在线学习共同体）；按照其功能不同，又可分为针对初入职教师的学习共同题、技术支持的学习共同体和与某一项目或课题相关的学习共同体。

二、教师学习共同体构建要素

1. 任务和目的

教师学习共同体基于问题而生，基于学校发展而存在，这些问题归根结底是从学校的目标而来。这个非常重要，只有明确了学校的教育教学目标与目的，学习共同体才可以深入研究学校在培养学生过程中随之而来的各种问题。研究这些问题是学习共同体的根本之所在。学习共同体可以沿着学校的计划逐步实现学校的教育目标，满足教师的成长需要。

2. 管理与专家支持

对学习共同体进行全方位和多角度的支持是共同体成功的关键之所在。首先，从学校管理者角度来讲，必须给予其及时并合理的关注与支持，从学校校长到中层管理者，都要积极参与支持，并给予负责人一定的领导权，使其充分发挥主动性和积极性。其次，务必引入专家支持，这是提高教师学习共同体内涵很重要的因素。有了专家的加盟与促进，团队建构将会如虎添翼，专家的专业引领是学习共同体走向卓越的关键之所在。

3. 过程支持的重要性

学习共同体的建立是比较简单的，但是人员的构成需要综合考虑和认真对待，比如异质性。共同体建构好后，对其过程支持非常重要，这是保证共同体成功的核心因素，是促进团队专业成长的保障，能增强大家的认同感和归属感。那么如何在过程中支持呢？我们可以从以下几个方面来操作：一是促成成员间的互动活动，以活动为载体，使参与者通过相互交流、讨论发现问题，探讨问题，并通过相互支持和帮助解决问题；使参与者获得学习体验和生活感悟，体验团队的快乐。二是从多个角度及时有效的给予支持。学校层面要做好后勤服务，安排好活动场地，给予充足的活动时间，创造良好的活动氛围，让大家乐于参加。平时要加大宣传，利用教育局网、校园网和学校微信公众号，及时宣传与报道，记下共同体活动的点点滴滴，提高其影响力，培养其团队凝聚力。

4. 评价与激励制度

评价是保障教师学习共同体质量的关键，准确合理的评价能促进共同体向更好、更高规格发展。加上善用激励，更能让共同体锦上添花，让更多教师走上共同体的康庄大道。

我们可以建立如下评价与激励措施：给予参与者在时间安排和分配上一定的特权，让其享受多半天假期；学校设立一定的专项经费；对较优秀的团队给予嘉奖；对有水平、有能力、积极工作的负责人升级为校导师，让其成立学校工作室。

三、教师学习共同体的构建策略

1. 构建愿景

组织成员拥有一个共同的愿景，这个愿景是一个集体的梦想或目标，它可以产生源源不断的向心力和凝聚力。愿景是一个组织逐渐形成的，在共同愿景的指引下，共同体内的教师会形成一种默契，这样就会有积极向上的团队力量和积极奋斗的团队凝聚力。

2. 团队支持是共同体生存的核心

将教师学习共同体与学校各项工作有机结合起来，是打造团队的核心目的。可以将学校的教研课、亮相课、青赛课以及课题论文反思等项目有机结合，促进大家在活动中交流，在交流中碰撞，在碰撞中创新。以青赛课为例，传统做法是青年教师先备课，然后试讲，请师傅帮忙指导。而在教师共同体中所有教师要一起研讨。原来几乎是单枪匹马在研讨，现在是一个团队，四五个人一起研究，大家集思广益。课可以由青年教师先备，然后试讲，组内其他教师一起听课研讨、磨课。经过多次试讲与研讨，最终这节课将体现集体智慧。

总之，学习共同体能使教师的专业发展从封闭走向开放，从单一走向多样，从组织统一安排走向自主建构，从被动接受走向互动共享。共同体活动过程的对话、互动和协作越来越呈现其优势所在，越来越多的教师在共同体中迅速成长。

借定量分析图谱审视对话教学的有效性

——以"摸球游戏"一课为例

如今，我们已经进入大数据时代。最早提出"大数据"的是全球知名咨询公司的麦肯锡。麦肯锡称："数据，已经渗透当今每一个行业和业务职能领域，成为重要的生产因素。"现今包括政府部门、医疗机构及各大企业在内，都积极利用大数据技术实现业务增值。对教育而言，利用数据来研究课堂教育教学仍涉及甚少。我在参加了由首都师范大学王陆教授、张敏霞教授组建的"COP"项目组后，深刻感受到课堂观察数据是教师改进课堂教学行为的有效助力。

一、课堂观察数据及数据收集方法简介

课堂观察数据，是指按照某种维度对教师及学生的课堂学习行为进行观察，从而获取行为发生的频次，将其转换为数值，再按照一定的数学方式进行处理分析后得出的数据。专家团队依据大数据视角下的课堂观察方法构建了两大观察体系：一是编码体系；二是记号体系。"S-T"分析方法是编码体系分析方法中简单有效的典型方法。S，即英文单词学生（Student）的首字母；T，即英文单词教师（Teacher）的首字母。这一分析方法由两种不同的表示方式构成：一是"S-T"图，即学生和教师行为随时间变化的教学模式图。二是"Rt-Ch"图。"Rt"表示教学过程中教师行为的占有率。"Rt"值越大，教师在教学过程中的活动比例越大；反之则是学生在学习中活动的比例越大。而"Ch"

值则表示教学过程中师生活动的交互程度。

记号体系分析也叫项目清单分析，一般预先列出一些需要观察且有可能发生的行为，观察者在每一种要观察的行为发生时做一个记号，核查所要观察的行为有无发生。这一分析方法常包含四个维度：教师有效性提问、"四何"问题、对话深度、教师回应学生回答。每个维度可再分设不同的类型或角度，从而让观察更细致，更具操作性。

各维度的数据不是孤立的，在分析诊断时应将各维度的数据相联系建立数据链，从而更全面地佐证课堂教学行为。

二、课堂对话教学的重要性

学生的学习是在师生交互的情境下，以教师和学生作为对话的主体，以言语和非言语作为主要的交流方式，以人的自由自觉发展为终极取向的教育活动。《义务教育数学课程标准（2011年版）》（以下简称"课程标准"）中强调，教学活动是师生积极参与、交往互动、共同发展的过程。有效的教学活动是学生学与教师教的统一，学生是学习的主体，教师是学习的组织者、引导者与合作者。数学教学活动，特别是课堂教学应能激发学生兴趣，调动学生积极性，引发学生的数学思考，鼓励学生的创造性思维。

学生的学习应当是一个生动活泼、主动、富有个性的过程，并且是一个信息交互、自我建构的过程。教师应该积极鼓励学生用自己的话阐释信息，通过批判性和创造性思考加工信息。如果信息需要理解并内化，除了反复练习去理解与存储文字信息，对话更能帮助复述、反思及内化信息，并能使学生将所思所想与所学联系起来，建构更加复杂的信息网，促进知识的理解与应用。由此可见，一堂课的对话水平与质量直接影响课堂认知目标层级，关系课堂教学质量。

下面以我执教的北师大版《义务教育课程标准实验教科书·数学》四年级上册第八单元"摸球游戏"一课为例，结合从该课堂收集的现场观察数据，加工生成数据图谱，对本节课的教学对话有效性进行深度分析，力求从定性研究的视角审视课堂对话。

三、基于课堂观察数据图谱反思课堂对话教学质量

1."S-T"分析方法

该组数据反映本节新授课是对话型教学模式。"S-T"曲线图倾斜角接近60°，可见师生的时间分配较为合理，教师更多时候放手让学生主动探究。纵向出现几次断层，说明教师能给予学生较为充分的独立思考和讨论的时间、自主探究和合作交流的时间。"S"的个数为39（S占有率为0.62），"T"的个数为24（T占有率为0.38），说明学生行为远大于教师行为；师生行为转换率（Ch值）为0.41，略高于临界值0.4（见图1、图2）。

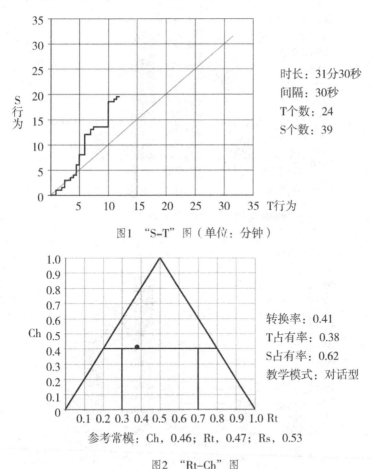

图1 "S-T"图（单位：分钟）

参考常模：Ch，0.46；Rt，0.47；Rs，0.53

图2 "Rt-Ch"图

可见，该堂课教学过程中有较充分的师生对话，教师能较好地捕捉生成资源，从而推动教学进程，并且教师能放手让学生自主探究，给学生时间和空

间，以生为本，以学定教。从"兴趣引入"到"引导学生探究"再到"放手让学生创新设计"，三大环节紧紧相扣，体现教师在课堂上能较为恰当地当好组织者与引导者。这正是课程标准所倡导的关注学生发展的理念，也正是探究课所要注重的学习方法。

然而，"Ch值"仅仅略高于临界值，说明师生交互程度有待进一步分析和斟酌，且对话虽然充分但是否高质有效，还需要借助对话深度、教师有效性提问分析、"四何"问题这三个维度观察到的数据做全面分析与观测。

2. 教师有效性提问分析

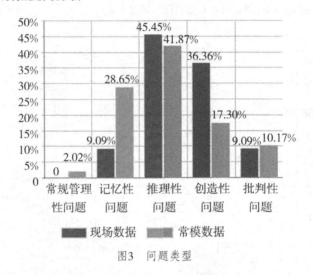

图3　问题类型

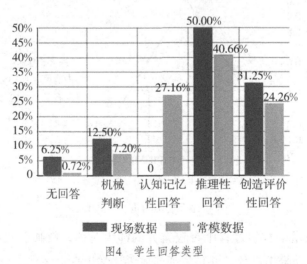

图4　学生回答类型

从问题类型看，有三组特殊数据（本文的数据均以项目组提供的数据为主，并且参考的数据为全国常模数据，参考度比较高）：一是推理性问题居多，占问题总量的45.45%；二是创造性问题远高于全国常模，占问题总量的36.36%；三是批判性问题占比（9.09%）接近全国常模（10.17%），而常规管理和记忆性问题远低全国常模，说明本节课教师的问题设置更注重学生推理性思考，属创造性和批判性问题，是一节非常出色的探究数学课（见图3）。

教师的有效提问以推理性、创造性和批判性问题为主，学生回答问题的类型也以推理性和创造评价性回答为主，占回答问题类型总量的81.25%，远远高于全国常模，可见教师对学生推理及批判思考的训练是到位的。在本堂课前，我对所教班级的学情进行了调查分析。本节课的学习中，学生通过罗列所有可能发生的结果，感受摸球随机现象发生的可能性有大有小，能对一些简单现象的可能性大小做出定性描述并进行交流。我又设置了一个环节让小组依据结果设计一些简单的游戏，给学生更多空间和自由，大大促进学生的创造力。学生设计的游戏非常有创新性，课堂上得到了其他同学的掌声。可见，推理性和创造性问题占多数这一教学行为有助于教学目标的实现，彰显本堂课以生为本的亮点（见图4）。

这些推理性、创造性和批判性问题的类型和质量如何？是否能引导学生进行深层次推理？这就需要进一步分析"四何"问题和对话深度。

3. "四何"问题

麦卡锡在4MAT模型中将问题分为四种类型，即是何类问题、为何类问题、如何类问题及若何类问题，简称"四何"问题。

教师有效性提问中的问题类型与"四何"问题密切关联。记忆性问题多为"是何"类问题，推理性问题多为"如何"与"为何"类问题，创造性问题和批判性问题多为"若何"类问题。将这两个维度的数据进行联系，可以更明晰地发现本节课问题设置中较为突出的特征（见图5）。

首先，"为何"类问题与"如何"类问题是常模的一半多，这与上文在"教师有效性提问"中反映的推理性问题占多数情况相悖，再次印证了我虽积极培养学生的推理能力、归纳梳理能力，但因问题设置不够合理，使得这一问题的设置（特别是推理性问题）多数停留在浅层推理上。

其次，"若何"类问题远高于常模（18.18%>5.12%）。"若何"类问题意在迁移已学知识到新的条件或者情境下进行创造性应用。这类问题侧重要求学习者推断或者思考如果原有问题或事件的各种要素和属性发生了相应变化时，会产生什么样的新问题和新结果。

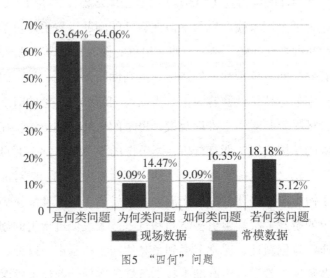

图5 "四何"问题

本节课最后设计了一个逆向思考的游戏，从摸球可能的结果，倒推盒中球的数量结构，这种思维方式的灵活转变，助推了学生对可能性大小的深度认识，凸显了思维课堂突出思维培养、走向深度学习的价值导向。

像这种"若何"类问题复杂多变，易于产生思维迁移，通过解决"如何"类问题，学习者可以获得创造性的知识。该类问题的解决意味着创造性知识的获取，这点从"四何"问题类型和学生回答类型可以得到充分证明。所以我们平时的课堂完全可以增加"若何"类问题来深化学生对获取经验的应用，提升其知识迁移能力，引导学生从低阶认知逐渐上升至高阶认知。

4. 对话深度

从图6可以看出，本堂课师生间的对话集中在一级与二级深度，三级及以上深度的对话缺失。回归当时的课堂情境，我与学生的对话往来一般在三次以上，频次足够，但为何会缺乏深度？

回顾"学生回答类型"数据，其中"机械判断"高于常模，与"四何"问题中"是何"问题略高于常模有关，再结合本节课是一节判断可能性大小的课，直接判断结果比较容易，说出背后的原理有一定难度，综合分析这节课印证了我设计的部分课堂问题质量欠佳，没能结合学生最近发展区找到提问点，与学生的对话多是零散的，无层次递进，需要对问题做进一步思考。

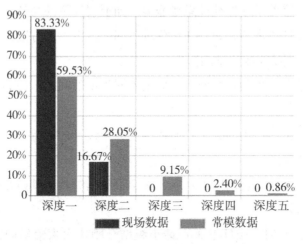

图6　对话深度

综上所述，本堂课的师生对话较充分，注重通过对话促进学生推理性、创造性和批判性思考，从而推动教学进程，达到教学目标，但因部分问题设置欠妥，导致师生对话深度不够，使师生对话的质量稍有欠缺。

四、基于课堂观察数据改进课堂教学对话

1. 多问问教学设计的原理是什么，设计是否合理

平时我们备课，对课堂进行设计，常要多问几个为什么，如这样设计的原理是什么，设计是否合适，还有哪些改进的空间，等等。

比如本节课我放手让学生设计游戏，这本身就是在培养学生的创造性思维。可学生设计完游戏后，如何对学生作品进行二次甚至多次利用，这就是一个需要进一步深入探究的问题。本节课我若在这个问题上进行深入追问，对话深度将会比常模更加出色。如我们可以这样问：

师（等第三小组汇报完毕，其他学生对游戏进行评判后）：第三小组，请问你们游戏背后设计的原理是什么？

师：你们能否根据可能性大小完整讲述一遍？

师：你们这样设计是否合理？

2. 设计时我们要注重"深挖井"而非"广挖井"

针对摸球游戏的方案进行对比分析，多追问背后的可能性规律，直指数学的核心素养——培养学生探究性思考能力。如上文提及的与学生对话后，当全部小组汇报完设计方案后，教师抓住各种不同的方案，对方案进行分类，对比分析，这更利于训练学生思维的深度。

这里可以结合学生的具体回答，提出不同类型的问题，因势利导，促进学生思维的发展。

环节一（"是何"类问题）：回顾刚才大家设计的方案，都涉及哪些方面的游戏？请分类谈谈。

环节二（"如何"类问题）：刚才大家设计的游戏，其内在有什么区别与联系？请提炼出几点。

环节三（"若何"类问题）：请小组结合刚才大家给你们提的意见和建议，重新修改你们小组的游戏方案或重新设计新游戏，使其更加科学合理。

假若此时再这样追问：你们修改的方案和原方案相比有什么需要改进的地方吗？为什么新的方案比原来的方案更加优化？积极引导学生思考问题，深度探究问题，使其知其然更知其所以然。

课堂教学历来被称为"遗憾的艺术"，每位教师都会有这样的教学体验：即使教案百般雕刻，难以发现毛病，在课堂教学过程，也会慢慢发现问题，特别是课后分析会上，更是觉得某些地方仍需再修改，再深化。对于有些地方处理时更是遗憾多于自信。对课堂教学进行大数据诊断与自我反思，"将开拓无数的教育探索之路"，"将沉淀无比深厚的教育智慧"。因而，定性分析对于一线教师而言，其重要性是不容置疑的，客观性和可验证性决定着定性分析的魅力所在。

"不识庐山真面目，只缘身在此山中。"借助专家团队的理论与技术，在课堂观察数据的助力下，教师对课堂教学行为的反思有更科学的依据，会更加明确改进的方向，长此以往，加上与全国常模进行课堂数据对比分析，不断完善自己的课堂教学行为，相信定能提升师生课堂对话的有效性，最终让学生受益。

举例是学习数学的有效载体

——略谈小学数学课堂举例把握准则及代表性例子

数学化的过程就是一个抽象概述的过程。学习数学，必先把抽象的数学生动化、形象化。作为一线教师，在平时的教育教学中，常常会举例。通过举例可以更好地帮助学生理解与掌握抽象的数学概念与解题技巧。善于举例，是数学教师一辈子要修炼的基本功。

南京师范大学郑毓信教授曾撰文谈数学教师的三项基本功：善于举例、善于提问、善于比较与优化。他首先谈的就是"善于举例"，可见，善于举例对于数学教师多么重要。

生动形象的例子犹如一盏明灯，能照亮学生的心灵，启迪学生的智慧。从教学论的角度来看，举例的重要性不仅可以帮助学生更好地去掌握抽象的数学概念，更为关键的是可以帮助学生提高解决问题的能力。

从实用性的角度来讲，能用恰到好处的例子解读理论的人，比只会给出抽象理论的人更伟大。因为这不但体现了其消化理论的能力，也体现了其理论联系实践的能力，更体现其思考的透彻和思想的成熟，以及其透过理论看透实践本质的能力。

一、举例要符合学生的现有知识水平

举例要从学生的现有知识水平、理解能力及生活背景出发，充分考虑学生年龄特点，注重学生生活经历，举学生最近发展区的例子，使学生耳熟能详，充分了解事情，一下子明白实例，进而产生共鸣。

考虑学生的年龄特点，对低年级的学生应多举直观、浅显易懂、生动形象、语言简单且容易理解的例子；对高年级学生可举抽象且属性比较相近的例子。不同地区，则要考虑城乡差别及不同文化背景。

例如，在理解"-2"所表示的意义时，对不同地区的学生举例不一样。

对于城市的孩子，可以通过举楼层的地下停车场来说明其低于地面2层，也可以举例说深圳通或信用卡余额为-2元，即欠公交公司或银行2元。而对于农村的孩子则不能举这些例子，这些例子对他们来讲太陌生。我们可以举如下的例子，温度-2℃则可使河面结冰，-2米相对地面来讲表示在河里或沟里。

二、举例要恰当、贴切，具有典型性和强有力的说服效果

生活中的实例很多很多，要从繁杂的实例中找出最具有典型又有说服效果的实例确属不易，需要教师长时间修炼，留心观察，静待收集，做个有心人，特别是留意数学基础知识、基本技能所囊括的实例。举的例子要能比较全面、准确地表述事物的基本属性、基本特征，便于学生理解，能启发学生的思维，提高学生分析理解问题的能力，达到举一反三、迁移知识的目的。

例如，在学习"对称"这个概念时，我们可以举例说明人身体的对称性。通对联系身体的对称性让学生更直观的感知对称的基本特征。

三、举例要具体且生动形象，能触动学生心灵

教师在举例或引导学生举例说明问题时，形式要新颖，内容要形象、具体、生动，表述要言简意赅，使学生一看就明白，一看就顿悟，最重要的是要能打动学生。所以说例子生动形象非常重要，否则要引导学生去理解例子，那就本末倒置了。

乘法分配律是四年级数学中一个非常难理解的内容，教师可以通过举以下两个例子来帮助学生理解。

例1：用大爱来举例。a代表妈妈，b代表爸爸，×代表爱，c代表小明。

$(a+b) \times c = a \times c + b \times c$：妈妈和爸爸爱小明，也就是妈妈爱小明，爸爸也爱小明；

$c \times (a+b) = c \times a + c \times b$：小明爱妈妈和爸爸，相当于小明爱妈妈，小明也爱爸爸；

$a \times c + b \times c = (a+b) \times c$：妈妈爱小明，爸爸爱小明，也可以说妈妈和爸爸都爱小明。

例2：用过年给红包来举例。a代表淘气，b代表笑笑，×代表得到，c代表奶奶给的红包。

$(a+b)×c=a×c+b×c$：淘气和笑笑得到奶奶给的红包，也就是淘气得到了奶奶给的红包，同样笑笑也得到了奶奶给的红包。

$a×c+b×c=(a+b)×c$：淘气得到了奶奶给的红包，笑笑也得到了奶奶给的红包，也就是淘气和笑笑都得到了奶奶给的红包。

通过以上例子，紧密结合学生生活实际，可以化解学生理解乘法分配律的难题，使得课堂精彩万分，生动而又有趣。

四、举例内容丰富，形式多样

小学生在解决问题时，其解决问题的思路、策略大同小异，无外乎从题目出发，研读文本，结合所问问题寻求解决策略，建立模型，也就是一个建模的过程。假如给学生讲解决问题的总体思路策略，这对小学生来讲不仅抽象更是无味。我们可以举生活中的例子，比如从深圳去北京的爷爷家。这是一个较开放的题目，去北京的方式有很多，可以坐飞机、坐火车、坐客车、自驾游、骑单车、走路等等，但要结合实际需求及自身经济条件，也就是题目所给的信息。假如要去北京爷爷家办急事，经济又比较宽裕，可以选择乘坐飞机。乘坐飞机首先有两个关键信息，深圳机场和北京机场。以这两个关键信息为核心，才能逐步实现从家到深圳机场，从深圳机场到北京机场，从北京机场到爷爷家。解决问题的关键是如何分别实现到深圳机场，到北京机场，到爷爷家。我们可以从图1中清晰看出解决问题的思路。

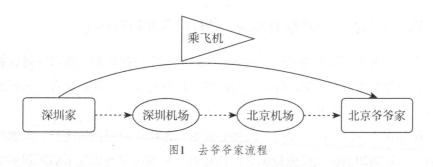

图1　去爷爷家流程

五、举例要突出学科特点，彰显知识之间内在属性的联系

在研究有关植树类的问题时，教师仅靠讲解是远远不够的，必须组织学生画图、列表和分析讨论，引导学生自己发现植树的棵数和段数之间的关系。其实在平时的练习中，也常出现这类题目，比如生活中锯木棒的时间与段数的关系就是利用这个规律。学生很难找出问题的本质，很难融会贯通。假如教师引导学生在平时解决这类问题时，如充分利用自己的手指，也就是利用手指与手指缝隙的关系建立模型，将极大提高解题的正确率。

从图2中可以看出，手指缝与手指的关系如同植树的段数与棵数的关系、锯木棒锯的次数与段数之间的关系。教师可引导学生通过手来研究此类问题，所举例子生动形象、方便又实用，彰显了数学知识内部之间的联系，展示了数学的独特魅力。

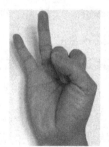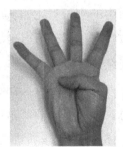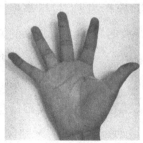

图2　手指图

六、举例要密切联系旧知识，站在已有知识基础上

数学中很多问题是相通的，很多知识之间是密切联系的，教师在研究新问题时，必须要帮助学生对旧知识进行回忆，进行再现，再重新思考、重新加工与定义，开启思考的飞车。

比如在研究圆柱的体积时，教师必须举例说明求圆面积的场景。求圆的面积时，是把圆切割转化成面积相等的长方形，再利用等面积变形的原理解决问题。有了这些旧知识，学生就会猜想，那求圆柱的体积时，也要进行转化，同样是不是也会转化成一个长方体呢？通过这样的猜想，学生动手去验证，最终

利用旧知识"转化"这一概念，解决问题，求出圆柱的体积计算公式。

再比如研究圆锥的体积时，让学生先猜想圆锥的体积应怎么求？会与哪个形状有关？然后让学生回顾以前学过的知识，特别是转化的策略，把不规则图形转化成规则图形，把不规则体和规则体或已知的物体的体积相联系，在前面认知的基础上前行。

假如教师能以求三角形面积与其等底等高的平行四边形为引子，让学生猜想求圆锥的体积会与什么有关系，学生很容易想到等底等高的圆锥，然后进行猜想验证，最后找到问题的突破口。

在解决这类问题时，教师举例应举学生已有知识的例子，举与解决的问题是同种属性的例子。这些例子对于学生来讲再熟悉不过，并且对解决问题的方式了如指掌，从而真正建立了新旧知识的联系，架构了桥梁，在知识的海洋里顺利航行。

举例终归是举例，再生动的例子也代替不了对内容本身意义的理解。举例的意义仅仅是帮助理解，不能代替严密的数学论证，但是其本身的重要性是不言而喻的，特别是对低年级学生理解数学内容具有非常好的效果。

德国一位学者曾有过一个精辟的比喻：将15克盐放在你的面前，无论如何你也难以下咽。但将15克盐放入一碗美味可口的汤中，你在享用佳肴时，就将15克盐全部吸收了。情境之于知识，犹如汤之于盐。盐溶于汤中，才能被吸收；知识需要溶于情境之中，溶于实例当中，才能彰显其活力与美感，便于被学生吸收。建构主义认为知识不是通过教师传授得到的，而是学生在一定的社会文化背景下（一定的情境，一定的实例），借助老师和同学的帮助，利用必要的学习资源，通过意义建构的方式获得的。因此，举出恰如其分的例子是帮助学生建构知识最重要的因素之一。

科学合理地编制试卷需要的步骤

编制一份试卷，倘若随便出一份，那实在是太简单了，只是随机排列组合，一份试卷就出好了。若要考虑编制试卷的目的，则需列好测验目标，拟订测验计划，编制双向细目表，编题、征题、选题组卷，调查测验质量的参数，既要考虑难易度，又要考虑区分度，还要考虑整张试卷的信度和效度、编制测验的常模等等，那实在太难了，所以说编制一份好的试卷确实不易。下面从以下几个方面来探讨编制一份好的试卷需要哪些步骤。

一、确定测验目的，选定测验编制方法

科学的试卷首要问题是要确定测验目的，即要解决为什么而测，测验的对象是谁和测什么的问题。首先要明确为什么而测。这里主要有以下几个目的：（1）考查学生学习情况；（2）诊断学生的学习情况；（3）选拔性考试。编制不同的试卷，比如考查学生学习情况，则要编制考查性学业测验；而诊断学生的学习情况，则要编制诊断性测验。以选拔性考试为目的测验，还须分清楚是以比较考试优劣为目的还是以鉴别在学科学习上是否达到规定标准为目的的。若是为了前者，则要编制常模参照性测验；若是为了后者则要编制目标参照性测验。测验的目的不同，测验的性质也不同，所依据的测验编制原理也不同，编制的方法也就不同，这是不能混淆的。测验不仅仅要明确目的，还要明确测什么问题，是综合还是单学科，是整个学科的知识还是一个单元的知识，这些都要做到心中有数。

二、分析测验目标，拟订测验编制计划

分析测验目标是制订测验编制计划最重要也是最困难的一项工作。分析测验目标要用到学科专业知识、教育学和心理学甚至语言学的理论知识，还要有较丰富的教学实践和对学生情况的了解。一般先要有一个总的测验目标，接

着分解成详细的认知目标体系。这个认知目标体系通常被称为教学目标分析体系。根据这个体系，首先要编制一份测验双向细目表，将测验的内容与测验的目标分类列入，定出各个分类组合在测验中的比例。其次，应确定题型的种类、各种题型所占比例，以及考虑全卷试题的难度分布、区分度等。各项比例确定之后还应把全卷的结构统筹分划，定稿成正式的测验编制计划。

三、编题征题与选题组卷

试题是测验的核心部分，是测验质量高低的主要体现。试题可以从教科书、参考书或网上找，也可以组织教师自己编制，或向社会征集。不管试题来自哪里，都要对试题严格审查或修改，使其符合测验编制计划所定的结构，特别是要严格按照测验双向细目表的要求编写试题，不要编写细目表中未列的试题。有了试题之后，首先要对试题严格审查，看内容是否科学、逻辑是否严谨、语言表达是否准确清楚等。其次，要进行测试，通过测试获取试题的难度、区分度，适当删减部分不太好的题目。最后，根据内容比、目标分类比、题型比、难度比等组卷，难度要求是先简后难。要是标准化考试，必须同时编制复本，甚至几个复本，这些复本与原本编制要完全一样，要记好哪个是正本，哪个是复本。

四、调查测验质量参数，编制测验常模

真正好的试卷，必须提供质量参数，同时信度和效度指标要好。若是目标参照性测验还必须提供合格分数线，有的还要提供误判概率。常模参照性测验还必须提供测验常模。测验质量参数和测验常模都要通过取样测试。当然这里还需要取样本（要有代表性，有一定的容量，等等）。

五、编写测验指导语，正式印刷

此时，试卷已基本确定，已经达到标准化测验的几大维度，常模也编好。接下来就是对试卷进行两项工作。一是审阅。考虑被测对象的水平和年龄问题，看试题是否有歧义。二是编写指导语。好的指导语言简意赅，其内容包括测验目的、实用对象和范围、测验操作要求、测验质量参数、标准答案、评分标准等。最后一步就是印刷试卷。这样一套完整、可信、可靠的试卷就成功出炉了。

课堂设计的层次感

　　笔者在设计北师大版《义务教育课程标准实验教科书·数学》六年级上册"搭一搭"这节课时，由于课设计得有层次感，所以这节课精彩绝伦，特别是学生顺着课堂的设计，表现得特别出色，思维迸发，探索有深度，一步步踩着云梯到达了知识的殿堂。由此也引发了我的深思：课堂设计一定要有层次感，这个层次感好比作家写文章，情节的巧妙设计，故事的层层深入，人物、时间的合理安排都将对整个文章起到妙不可言的作用。

　　这里的层次感可能有很多类型，比如知识难易的层次感，或是探究知识的层次感，等等。当一堂课缺乏层次感的时候，所表现出来的无非有两种可能，一种是单调，一种是花哨。在设计中我们常常陷入对某种方法或是某种形式的偏爱，而这种情况会使我们的设计缺乏长久的生命力，并且我们自己在审美上会由于局限于对这种偏爱的执着而影响我们的进步。而这种偏执也常会导致我们的设计缺乏层次感，从而影响学生探索的水平、思维的发散。

　　那么层次感通常表现在什么地方呢？我们可以从"知识逻辑、学习水平、探究水平"去分析课堂设计的层次。我们在设计的时候一般会从知识逻辑来设计课堂，结果发现这单一的设计效果会让我们的课堂变得很单调、很土气。有时就算多用了一种角度也一样的土气，课堂效果并没有层次感，也没有对比，都处在相似的层次上，所以课堂看起来灰头土脸的。当然我们还可以从多个角度来设计，但不能简单组合，任意组合。可以确定一两个角度作为主线，穿插其他角度，根据设计的需要，设置多个层次，让学生探究知识的时候，既有一定的难度，又收获一定的结果。我们来看看"搭一搭"这节课的教学设计（见表1）。

表1 "搭一搭"教学设计

过程	内容	设计依据
教学目标	（1）能辨认从正面、侧面和上面观察到的立体图形的形状，并画草图。 （2）能根据从正面、侧面和上面观察到的平面图形还原立体图形，从三个方向基本确定立体图形的形状；能根据给定的两个方向的平面图形，确定搭成立体图形所需正方体的数量范围	以知识逻辑为主来设计
1. 情境引入	师：苏轼在《题西林壁》中写到"横看成岭侧成峰，远近高低各不同"。你知道作者向我们说明了一个什么道理吗	学习水平
2. 第一项比赛	搭积木比赛：搭一搭，每个小组用5个小正方体任意搭一个立体图。 递纸条： 师：我来采访一下他们，请问你们是怎么搭的	探究水平
3. 第二项比赛：复原立体图形	师：我发现一个小组搭得特别棒，你们想知道他们是怎样搭的吗？有请这组同学闪亮登场。 师：我来采访一下他们，请问你们是怎么搭的？ 规则： （1）搭一搭：根据从三个方向看到的图形复原立体图形。先想一想，并借助小正方体来搭一搭。 （2）说一说：组内交流自己复原立体图形的过程	学习水平。 以学习兴趣引入。 探究水平
4. 第三项比赛：超级挑战赛	刚才有同学有意见了，认为太简单了。那假如只给你们从两个方向看到的图形搭出立体图形，你们愿意挑战吗？ 下面进入超级挑战赛，请看游戏规则： （1）做一做：根据从正面、左面看到的图形复原立体图形，你有几种不同的搭法？先想一想，再搭一搭。 （2）比一比：哪组的搭法最多	学习水平。 以激发探究热情
5. 第三项比赛：超级挑战赛	层层深入： （1）5个小正方形，几种搭法？ （2）5-1个小正方形，几种搭法？ （3）5+1个小正方形，几种搭法？ （4）5+2个小正方形，几种搭法？ （5）5+3个小正方形，几种搭法？ （6）最少需要几个？最多需要几个	知识逻辑，学习水平，探究水平

本节课重视知识形成过程的教学，有层次感。课上学生敢说且有很多机会说。能动手做，能尝试提出问题、解决问题，而且有深刻的思维活动。本节课

为培养学生的探究精神和创新能力开辟了广阔天地。

一般情况下，都是以知识逻辑为主来设计课堂教学的，因教材的编者已经把学生的学习水平和探究水平考虑进去了，所以很多教师大多时候基本上都以此来设计。但是，对于不同地区、不同层次的学生，教师还是应该活用教材，用活教材，合理、灵活地选择、剪贴、编排、组织教材，合理地结合各种因素，将课堂设计得层次突出。

设计包含的因素有很多。设计得好与不好，重要的在于教师对教材的理解有多宽广。所以教师不能只顾加强自己的设计技巧，还要不断积累自己的文化知识、生活知识，不断地增加自己的厚度，这样才能设计出更多精彩的课堂。我愿与大家一起努力！

巧用生活之原型理解解方程

解方程是列方程解决问题很重要的一块内容，学好此内容对于学生将来列方程解决问题相当重要。而很多学生刚接触解方程时很难理解其原理，因为这个内容与数的计算思想有很大区别，或者说是数的计算的逆运算。只有认清本质区别，才能轻而易举解方程。我在教学过程中，和学生一起总结了以下三种模型来理解这个原理，这里将一一阐述。

一、"唱反调"PK解方程

有一次在学习解方程时，学生刚好在讨论解方程的步骤与原理，突然有一名学生站起来喊道："老师，老师，我觉得解方程的过程就是'唱反调'。""唱反调"和解方程能联系在一起吗？学生继续说，大家想想，本来是加法，移到等式另一边变成减法，本来是乘法，移到等式另一边变成除法，难道不是处处相反，变成"唱反调"了！

细想一下，解方程的过程不就是"唱反调"吗？这个想法特别大胆，相当贴切，解方程的过程就是求未知数的过程，利用等式的基本性质慢慢探究出未数的值，这种解决问题的办法和我们以前学习综合运算的算理刚好相反，这不就是处处在"唱反调"嘛！

我们平时在教学过程中，总说要发挥想象的翅膀，在知识的海洋中翱翔，才会惊喜不断，意外不断。教师也可利用这些惊喜与意外，创造意想不到的效果。教学机智也在慢慢发展，让孩子驰骋草原，你就是"伯乐"。

二、脱袜脱鞋原理

在生活中，其实存在很多解方程的现实模型，比如我们每天回家后会脱袜脱鞋，这就是解方程最贴切的模型。有人会说，这个生活常识怎能和解方程联系在一起？先别质疑，请看解方程的过程：

$$3x - 5 = 7$$

解：$3x = 7 + 5$

$$3x = 12$$

$$x = 12 \div 3$$

$$x = 4$$

我们可以把x看成脚丫子，数字3看成袜子，数字5看成鞋子。我们按照运算顺序，要想看到脚丫子x，必须先脱掉鞋子5，然后再脱掉袜子3，这样才能看到脚丫子x（这是一般常识，但是你不可能先脱袜子再脱鞋子，所以我们先把5处理掉，然后再解决3）。所以说脱鞋袜的过程就是解方程的过程，其核心、原理、本质是一样的。学生有了这样的生活经历，有了这样的对比分析，再去理解数学原理、方法不就轻而易举了嘛！

在课堂学习中，我们要多利用学生身边的例子，将这些活生生的例子的原理与数学知识有机结合，促进学生对这些知识的深刻理解。举例子是解决数学问题强有力的手段之一，它能促进数学思考，发展数学意识，我们要善于利用例子的力量，帮助学生顺利通往知识的殿堂。

三、套娃原理

如图1所示，套娃在生活中很常见，学生也经常玩，玩套娃的过程其实也就是解方程的过程，这个原理我们可以用三个套娃来说明。现在假如我们有三个套娃，分别是A、B、C。

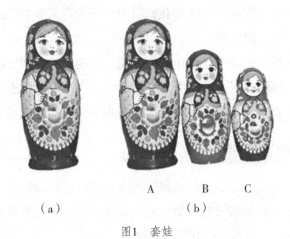

（a）　　　　　　　A　　B　　C（b）

图1　套娃

我们一起来寻求方程和套娃A、B、C之间的联系。

我们可以利用等式把两者联系起来，C=x，B=3，A=5。我们想找到套娃C，必须先打开套娃A，再打开套娃B，然后就可以看到套娃C了。我们不可能先打开套娃B再打开套娃A，这就是解方程的一般原理，这和放套娃的顺序完全相反。假如以这个为例子引入解方程，学生就会喜欢并且深刻理解解方程的原理。

总之，大千世界，许多事物的本质都是相通的，其原理都是极其相似的，这就需要教师有敏捷的思维，有善于发现的眼光，营造宽松、民主、和谐的氛围，让智慧之光在课堂上绽放，最终启动学生的思维机器，点燃学生想象的梦想。

让幽默成为数学课堂教学的催化剂

幽默是一门艺术，是一种人生态度，更是人类智慧的表现。幽默是一座沟通人心灵的桥梁。幽默者最有人情味，与幽默者相处，每个人都会感到快乐。苏联教育家斯维特洛夫曾说过："教育最重要的也是第一位的助手，就是幽默。"调查显示，学生最喜爱具有幽默感的教师，由此可见，幽默是课堂非常重要的核心要素之一。

为何学生最喜欢的就是具有幽默感的老师？研究者发现，幽默对学生的学习有直接和间接的影响。对幽默对注意力的获取和把持（attention-gaining and holding）论的研究认为，幽默可引起学生获取和把持注意力，促进记忆，从而直接提高其学习效率。这一观点得到了众多研究者的支持。幽默对学生学习的间接影响也是多方面的，如保持其学习兴趣、解除尴尬、改变态度、增强其在课堂上的学习动机、促进其创造性和发散性思维等。相关研究较多关注幽默对学生的直接影响，事实上课堂上压力大不利于学习，压力少也会产生消极效果。因此"课堂上应保持合适程度的压力"才有利于课堂学习。此外，如果教师能把某些错误作为幽默材料，让学生意识到错误是自然的、可接受的，那么学生在学习过程中就不会感觉到那么紧张，课堂环境也会大为改观。

幽默在课堂上的表现形式多种多样，可分为语言幽默、体语幽默和情境幽默。课堂上教师可根据具体情境、具体内容，灵活地去处理和应用幽默。不是为了幽默而幽默，而是要根据教学内容和学生所处环境，灵活有效地利用幽默。下面将分别举例来说明。

一、语言幽默

语言幽默主要表现为利用语言的技巧，可借助生动、有趣、形象的言辞来表现，这是最常见的幽默手段。语言幽默包括口头语言幽默和书面语言幽默两种，我们在课堂上主要运用的是口头语言幽默。用口头语言表现幽默的具体办法有很多，如形象比喻、巧用反语、古词今用、成语变用、巧妙借用、巧借歇后语、一语双关、借题发挥等。

例如，教师们最不乐意上的课是上午第四节课。大多数学生会因为又累又饿，在临近下课时烦躁不安。这时要稳定课堂纪律，就要用一点幽默艺术了。一位教师是这样做的，他以朗读的语调说："同学们，不能着急，要耐心等待，请告诉你的肚子，好吃好喝的还在锅里，还没冒出热气来。"几句幽默的话语引来全场善意的笑声，收拾课本的动作停止了，笔记本重新打开了，讲课也得以顺利进行。

一位数学教师在讲到加减号若在小括号里，去掉小括号后，加减符号的变化特点时说道："小括号里面是加减号时，如果把小括号去掉，则里面的符号要变号。"突然有个学生怪声怪调地说："要变好？"紧接着另有学生嚷嚷："变好，还变坏呢！"顿时，全班大笑。老师高声说："太对了，就是要变好，大家要记住，括号就像监狱，如果坏人（也就是括号里的人）想从里面出来，他就必须要变好（'变号'的谐音）。老师希望刚才那位同学变得更好！"于是，大家又发出一阵欢笑声。

德国学者海因兹雷曼指出，用幽默的方式说出严肃的真理，比直截了当地提出更能被人接受。学生在学习过程中，犯错是在所难免的，教师对学生错误认识的否定采用幽默的方式，针对学生的不足或错误及时地"幽他一默"，可让教学的主旨在学生会心一笑中润物细无声。

比如在课堂上做作业时，一个学生在唱歌，我就会说：我们这可不是音乐课，而是数学课，要不请这位同学用歌声解决一下数学问题？有时候第四节课某些学生坐不住，我会说：中午老师准备请某些同学吃饭，谁去？一听吃饭，一大帮孩子会兴奋地说"我去，我去"。我说：可以，我会请那几个表现不太好的去，只是这次请吃饭比较特殊，要去教师饭堂吃饭，并且是我吃着你们瞧着，谁去？你？你？还是你呢？

再如，在评价认真写作业的学生时，我常说：改你们的作业，老师如沐春风，像免费去风景宜人的景区旅游了一番，好幸福……

二、体语幽默

体语幽默的表现则要借助肢体语言，也就是体态语。体态语中的眼神、手势、动作等因素，都可以用来表现幽默。如崇拜的眼神，夸张的语言，都会给学生留下深刻印象，促使学生积极进取，奋力拼搏。

肢体语言最大的优势就是直观性。教师如果在课堂上能够准确使用丰富、形象的肢体语言，会取得比口头语言更好的效果。教师智慧而活泼的幽默动作可以活跃课堂气氛，鼓励学生，拉近师生间的心理距离。

三、情境幽默

创设某种情境，营造某种氛围，利用图表、教鞭、实物等教具表现幽默也是一种有效途径。如在教学"商不变性质"时，教师一开始就给学生讲述了一个有趣的故事，花果山上风景秀丽！孙悟空从天宫偷来了许多桃子，准备分给孩儿们吃！聪明的悟空一想，不能这样随便分给他们，得考考他们。悟空说：

"我给你们每人分2个桃子吃。"小猴们连连摇头说："太少了！太少了！"悟空又说："好，给你们60个桃子，平均分给30只小猴，怎么样？"小猴们还得寸进尺，试探地说："大王，再多给点行吗？"悟空想了想一拍桌子，一副很慷慨大度的样子说："好，给你们600个桃子，平均分给300只小猴，这次你们总该满意了吧？"小猴子们觉得占了很大便宜，高兴地笑了，悟空也笑了。听完故事，班上的学生也笑了，这时，教师可以抓住契机，意味深长地问："你们说，谁是聪明的一笑？为什么？"

此例中的教师精心设计了悟空分桃的导入部分，通过教师精心的设计，再加上课堂精彩的演绎、学生喜闻乐见的有趣素材，充分激发了学生的好奇心，唤起了学生的探究欲望，让平淡的学习内容有了引人入胜的奇效，从而一步步把学生引入求知的状态，学生学起来动力十足，学习效果不言而喻。

再如乘船问题，有26名同学去划船，每4人一艘小船，问至少要租几条船？用26除以4等于6（艘）余2人。有学生说租6艘船，我就反问："那剩下两名同学怎么办？难道回家或在岸边等着？假如你就是那两名同学之一，你感受如何？"

我们很多时候，在计算时常用到简便的计算方式，这就需要教师充分营造"好朋友"关系。俗话说，一个朋友三个帮，计算时常用25和4、125和8这两对最好的朋友，当然有时候也会把以下内容看成好朋友，比如0.25和4、2.5和0.4、0.125和8、12.5和0.8……

知名教育家苏霍姆林斯基认为："假如教师缺乏幽默感，就会筑起一道师生互不理解的高墙，教师不理解儿童，儿童也不理解教师。"教学幽默可使学生感到教师的人情之美和性格优点，从而缩短师生间的心理距离，达到"亲其师而信其道"。

幽默是一种教育机制，更是一种教育智慧，它能使教师上课生动形象，如沐春风，动人心弦。一个生动形象的比喻，犹如画龙点睛，给学生开启智慧之门；一个恰如其分的幽默，如饮一杯清凉的甘泉，让人浅斟细酌，回味无穷。让幽默成为课堂学习的催化剂，恰如其分地走进数学课堂，真正让课堂成为学生的乐园；让幽默为数学课堂注入新鲜血液；让幽默的无穷魅力展现数学课堂的多姿多彩，使数学课堂将更出色，更令学生神往。

我的教学机智我做主

何为教学机智？教学机智的作用在哪里？

教学机智是指教师长时间积淀下来的、在不断变换的教育情境中随机应变的教学技能。课堂应变能力通常指教师恰当地处理课堂上随机发生的教学事件的能力。教学机智是整个教学的有机组成部分，也是最重要的部分，机智表现为"润物细无声"，机智表现为对无法预见的情境进行出乎意料的塑造，机智表现为临场的随机应变。

作为教学机智，该怎么应？如何变？这是一门很深的学问，需要教师有深厚的教学功底和灵敏的反应能力。

下面谈谈我的教学机智。

在执教北师大版《义务教育课程标准实验教科书·数学》六年级下册"正比例"一课时，教材呈现了三个情境，都是引导学生结合丰富的实例，让学生感知、体验、感悟、发现、探索，最后抽象出正比例意义。

经历了三个情境学习后，学生积极讨论探究，总结出以下结论：

（1）存在两个相关变量。

（2）一个量随另一个量在变化。

（3）这两个量相对应的两个数的比值（商）一定。

简写为：$x:y=k$，x与y成正比例。

就在这时，一个学生怯生生地说："老师，我也发现了一个现象，两个量中，前一个量在变化，后面一个量就像是'跟屁虫'一样，总是跟着前一个量变化。"全班哄堂大笑，觉得课堂上提"跟屁虫"这个词有点不雅。此时，教师可以有两种处理方式：

（1）批评这个学生或敷衍过去，然后接着往下讲。

（2）让学生大胆说出自己的想法。

此时的我觉得捕捉课堂亮点的机会来了，于是就很好奇地问："说说你的想法，跟屁虫还能和正比例扯上关系，天下奇闻啊！"其他学生听老师这样说都显得很好奇，都安静下来倾听这个学生的发言。

"大家想想啊，当第一个量变大时，第二个量也随之变大；当第一个量变小时，第二个量也随之变小。第二个量没什么主见，纯粹是一个跟屁虫嘛！"这个学生自信地说。

学生们都陷入深深的思考中……

此时的我没有表态，只是静静地等。很快就有几个学生也勇敢地举起了手，表示支持这位同学的观点。

经过这几位同学的精彩争论，最后大家一致认为如果两个量成正比例，第二个量就可以形象地称为"跟屁虫"。

"跟屁虫"，多么贴切的名字啊！这样的想法不仅拉近了数学与学生生活之间的距离，而且学生创造性地创新了数学知识，也将终身受益。

课堂是学生的课堂，教师要时刻把学生当作课堂的主人。以学生为本始终是教育的最高理想，当然这需要教师创造宽容的课堂、对话的课堂、体验的课堂、和谐的课堂。只要学生敢说、敢讲，就让他说，哪怕出错，只要他说，他就无过。同样，这需要教师有巧妙而灵活的处理教学机智的能力。

俄国教育家乌申斯基说："不论教育者怎样研究教育理论，如果他没有教育机智，他不可能成为一个优秀的教育实践者……"在教学过程中，教学情境瞬息万变、错综复杂，随时都有可能发生意想不到的偶然事件，这都需要教师正确而迅速地做出判断并妥善处理，这就要求教师必须具有教学机智，否则，纵有再高的学识，也难以真正完美地完成教学任务。在教学过程中，具有教学机智的教师能对意想不到的情境进行崭新的、出乎意料的塑造，从而将课堂点缀得更加绚丽多彩。

星级评价卡的评价机制初探

一、指导思想

为了全面、深入地实施素质教育，为了促进学生综合素质的全面提高和身心健康的发展，丰富学生的学习经历和体验，必须培养并发展学生积极向上的情感、态度和价值观，重视学生的学习过程、方法和结果，关注学生成长过程中的需求，引导学生正确全面地认识自我，全面发展。

二、专家引领

苏霍姆林斯基说过："给儿童以劳动的欢乐，取得学习成绩的欢乐，唤醒隐藏在他们心中的自豪感、自尊感，这是教育工作者的一条金科玉律。"那么如何唤醒隐藏在他们心中的自豪感、自尊感呢？对于小学生来说，我觉得实实在在的物品奖励是最有效的激励方式。但是不可能每次都给予物品奖励，这样操作起来不方便，而且物品奖励太频繁的话就会削弱这些奖品的吸引力。而发放星级卡的激励方式教师操作起来比较方便，并且对学生的激励性作用能持续较久。

三、评价机制及细则

无论是在课上还是在课下，无论是在学习上还是在品德上，无论是在语文课还是音乐课，都可引入星级评价卡制度，只要学生参与了，进步了，都有机会获得星级卡。

1. 评分细则如下

（1）品德行为方面：①好人好事；②团结友爱同学；③关心集体，为班级工作尽心尽责，并得到大家公认；④课间文明游戏；⑤日行一善做得好；⑥班主任认为有必要颁发的其他情况。

（2）学习课堂表现方面：①认真听课；②积极参与课堂讨论；③发言积极精彩；④测试优秀；⑤学习勤奋刻苦，取得优异成绩或有明显进步；⑥学习习惯良好，作业质量提高较快，并按时完成；⑦课任教师认为有必要颁发的其他情况。

（3）体育方面：①早操、阳光体育表现突出；②在校内外各级各类体育比赛中获奖；③体育测试成绩突出；④在运动会上获奖；⑤体育老师认为有必要颁发的其他情况。

（4）其他方面：①在各级各类文艺、书画作品比赛中获奖；②在各级各类竞赛中获奖；③参加小发明、小制作、小论文等科技比赛获奖；④参与劳动活动或组织班队活动突出；⑤参与家庭、社会实践活动表现优秀；⑥在班级里劳动突出。

2. 星级评价卡的发放

由各个学科教师根据情况发放，星级评价卡的颁发要有一定的控制，不能滥发。

3. 奖品的发放

结合我校的生动课堂、阳光体育、社团活动，我做了以下设置：

（1）奖品有跳绳、毽子、球、羽毛球拍、乒乓球拍、飞镖、校服、七巧板、汉诺塔、魔方、九连环、拼图、棋类、乐器等。

（2）每30张卡可以换一个毽子或跳绳、汉诺塔、魔方、数棋、九连环、七巧板、拼图、五子棋、跳棋、军棋等。

（3）每50张卡可以换一个羽毛球拍或乒乓球拍、飞镖、象棋等。

（4）每100张卡可以换一套校服或一对羽毛球拍、一对乒乓球拍、围棋等。

（5）每150张卡可以换一个篮球或足球、排球。

由大队部统一发放并做记录。周末进行统一评价与奖励，记录于学生发展手册。

4. 星级评价卡的设计与制作

星级评价卡的设计应精美，封面有些祝福的话，背面可以有唐诗、宋词、名人名言、格言警句、幽默故事、典故、名人故事、成语故事、论语名句、精美诗文、学生安全注意事项及其预防处理、科学小知识、最新资讯、常识性知识等，集收藏、教育于一身。

四、实施时应注意的几个问题

（1）教育学生保护星级卡，防止丢失，捡到卡要上交。

（2）结合教室布置，各班在教室的内墙必须设置一张"星级学生评价表"，及时展示学生在各阶段所得的星级卡，便于激励与评价，营造你追我赶的氛围。

（3）将"星级学生"荣誉载入期末发放的"学生评价手册"，加入相应的学分，并在学校网站上公布"星级学生"的姓名和照片。

影响"小组合作学习"实效性的因素及实施策略

小组合作学习的教学组织形式顺应社会发展的需要，与时俱进，成为课堂教学中的"宠儿"，备受教师们的重视和推崇。但是值得注意的是，目前在教学实践中的"小组合作学习"往往存在重形式、缺实效的现象。怎样有效地在实践教学中实施"小组合作学习"，需要我们认真分析。

一、影响"小组合作学习"实效性的几个因素

（一）教师方面的因素

1. 教师没有真正领会"小组合作学习"的内涵

利用小组的形式开展合作学习是目前教师们普遍采用的一种形式。但这种合作学习不等于简单地把学生分成若干个小组进行讨论。目前我们看到的所谓"小组合作学习"，仍停留在传统的"小组议论"的层面上。大多是让学生以小组为单位坐在一起，教师布置一个问题让学生分组讨论，然后汇报一下学习结果就算完成任务。这说明教师没有真正领会"小组合作学习"的内涵和实质，没有意识到仅让学生在距离上靠近，不一定能促进学生认知和情感的变化，从而形成一种合作学习的精神和意识，有效地进行学习。

2. 教师缺乏指导"小组合作学习"的知识和技能

在"小组合作学习"中，教师是总设计师，又是主要组织者。教师必须对合作学习进行精心设计，从学生分析、目标设置、分组策略、任务选择到教学过程的评估等都要进行全面设计，同时要事先让学生知道所要解决的问题，让学生去收集资料，提前思考，使学生对问题有一定的独立见解。除此之外，在实际操作中，教师还必须给予及时、适度的组织和调控，以保证"小组合作学习"顺利进行。

然而，现实中有相当部分教师在实践操作中显得很茫然，缺乏小组合作教学的知识和技能。例如，有的教师苛求学生按照自己的意愿进行；有的教师则做"壁上观"；有的教师为了让学生能广泛参与，只要有问题，不管合适与否，就让学生合作讨论；有的教师则经常采取随机分组的方法，很少考虑每个小组成员因学习、能力、性别等个体差异而需均衡搭配；还有的教师片面追求形式，没有给学生充足的思考时间和讨论时间，学生还没有进入合作学习的状态，教师就要求结束；等等。上述这些状况都无法让学生明白什么叫相互配合，什么是共同任务中的分工和个人责任。小组合作表面上轰轰烈烈，学生发言七嘴八舌，实际上只是东拉西扯，甚至嬉闹说笑，缺乏实效。

3. 教师的评价没有走出选拔甄别的误区

教师是"小组合作学习"评价机制的主要制定者和引导者。建立合理的"小组合作学习"评价机制是为了不断调整小组成员的各种行为和活动规范，引导小组成员向更有利的方向发展。但我们在实践中常常看到，教师对"小组合作学习"评价用的是"团体目标评价"，即根据预定的目标，对每个小组的总结发言或作业（调查报告、小论文等）打上一个团体分数。"团体目标评价"造成了如下问题：一是教师是唯一的裁判者，评价主体单一；二是评价内容缺乏"人文"思想；三是评价只着眼于小组整体，没有关注学生个体；四是评价重结果、轻过程。由此可见，这种"团体目标评价"把优秀的成绩只给予某个合作学习小组成员，也就是极少数学生，从而使得评价"穿新鞋、走老路"，成了选拔甄别的过程，而在这个过程中，只有少数学生能够获得鼓励，体验成功的快乐，大多数学生都成为失败者。

（二）学生方面的因素

1. 学生参与"小组合作学习"的程度不均衡

笔者在调研中发现，"小组合作学习"过程中，学生的参与程度是不均衡的。个别学生频频发言，大部分学生默默无闻、一声不响，成为"多余人"，这种少数人学习，多数人游离于学习过程之外的"小组合作学习"根本不能完成共同的学习任务，也达不到共同发展的要求，使合作学习流于形式。主要原因是：

（1）部分学生因性格、能力、家庭背景及情感体验等因素不能很好地与别人交流，有较强的胆怯、羞涩心理，因而以旁观者的身份自居。

（2）目前的学生大多是独生子女，自私心理严重，以自我为中心，普遍缺乏合作意识和机会。

（3）学生的个人职责不明确。

（4）有些学生不愿意当众暴露自己的思想。

2. 学生缺乏合作学习的技能技巧

在开展"小组合作学习"时，我们还发现由于教师在进行小组合作之前，没有对学生进行适当的培训，没有激发学生合作的意识并领会基本的合作规则。因此有的学生不知道怎样才能与同学进行有效的合作，如不知道怎样建立信任、不知道如何正确清晰地与其他成员交流、不知道如何解决冲突等等，这时学生相互之间就显得生疏，他们不会意识到合作学习将给他们带来好处，结果导致"小组合作学习"低效。

3. 学生缺乏自制力，不专心，易受干扰

笔者在调研中还发现，有的学生自制力不强，不专心，注意力不集中，易受干扰，爱做小动作，爱跑题，爱讲一些与主题无关的话题，或过于喧闹，影响了"小组合作学习"的效果。

二、增强"小组合作学习"实效性的策略

1. 科学组建合作学习小组

学习小组的组建是合作学习活动顺利开展的前提。组建学习小组，教师要对学生的分组进行认真研究，使各个小组总体水平基本一致，以保证各小组开展公平竞争。小组一般遵循"组内异质，组间同质"的原则进行组建，由

4~6人组成；分组时不仅要求从学生的年龄特点和思维特点出发，而且在构成上要求小组成员在性别、个性特征、才能倾向、学习水平、家庭背景、社会背景等方面存在合理差异，以便学习时发挥各自的特长和优势。小组建成后，还要求每个小组中的成员相互友爱、坦诚相见、民主平等，以体现小组的团体力量和精神。

2. 明确"小组合作学习"的目标和责任分工

明确的学习目标和责任分工是进行"小组合作学习"的关键要素。在"小组合作学习"的过程中，各成员应有明确的合作学习目标和具体的责任分工。分工明确，责任到人才能使小组成员全员参与，并明白各自应该承担的角色，掌握各自所分配的任务，使合作学习有序有效地进行。在这里，值得提醒的是，"小组合作学习"的目标是小组成员共同确立的学习目标，是小组成员共同努力的方向。这就要求小组成员不仅要努力争取个人目标的实现，更要分工协作，帮助小组其他成员共同达到预期的合作学习目标。

3. 培养小组成员团队意识和合作技能

培养小组成员团队意识和合作技能是"小组合作学习"活动顺利开展的重点。合作学习不是一种个人的学习行为，而是一种集体行为，为了达到共同的学习目标，需要每个成员具有足够的团队意识和合作技能，即小组成员之间必须相互了解、彼此信任，经常进行有效的沟通；成员们不仅要对自己的学习负责，而且要为所在小组中其他同学的学习负责，要互相帮助和支持，形成强烈的集体责任感，并妥善解决可能出现的各种矛盾，建设一种融洽、友爱的亲密伙伴关系。小组成员的团队意识和合作技能主要包括：①互相信任、团结互助；②主动表达自己的见解；③学会小组讨论；④尊重别人发言；⑤以友好方式对待争议。

4. 建立合理的"小组合作学习"评价机制

合理的评价机制是提高"小组合作学习"效果的重要途径。在合作学习过程中，我们要顺利发挥每个成员的最大潜力。要实现共同目标和个人目标的辩证统一，就应该建立一种促进学生做出个人努力并且小组内成员互助合作的良性制约机制。这种良性制约机制主要是合理的评价机制。合理的评价机制能够将学习过程的评价与学习结果的评价相结合，将小组的集体评价与小组成员的个人评价相结合，从而使学生认识到合作学习的价值和意义，并更加关注合作学习的过程。

评价机制包括以下几类：

（1）定期评价小组共同学习的情况，检查小组功能发挥的程度，让学生在合作学习的过程中认识合作学习的方式，以便学生了解自己小组的学习成果。

（2）根据学生的自主学习、参与程度、团结合作、完成任务、学习效果等指标评价各组学习行为和效果，让学生认识到小组是一个学习共同体，只有每个成员共同参与才能实现目标。

（3）教师进一步反思自己的引导、调控和组织能力，调整教学内容和教学策略，以保证在教学质量稳步提高的同时，使学生在小组合作学习的过程中学会团队合作，提高学生自我表现的自信心，培养学生的自尊心以及一定的社交能力，真正发挥"小组合作学习"这种教学组织形式的优势和价值。

影响数学学习迁移的客体因素探讨

知识的迁移，对于学习来说相当重要，影响数学学习迁移的因素有哪些？下面我结合自己的学习和教学经验，基于实践来探讨一下迁移的客体因素。本着"为迁移而教"的目标，我努力寻找影响迁移的条件、因素等，并以此为根据改进教学，促进知识迁移的产生。

影响数学学习迁移的客体因素主要有以下三点。

一、数学学习材料的相似性

在有意义的学习中，学习材料的相似性可包括许多层次，如可以是表层内容、形式上的相似，也可以是深层次结构、原理原则上的相似。学习材料在不同层次上的相似性在迁移过程中的作用有所不同。以往的研究表明，只有在原理相似的两种学习材料中，内容、形式上的相似才有可能促进正迁移的产生；而当原理不相同时，内容、形式上的相似性很有可能会对学习者产生干扰，导致负迁移的产生。这一点在年龄越小的儿童身上表现得越发明显。此外，那些包括正确的原理、原则，具有良好组织结构的知识及能引导学生概括总结的学习材料，有利于学生学习新知识或解决新问题。

如在教学圆柱的体积时，完全可以利用知识的迁移让学生回忆学习圆的面积时是怎样研究的？学习圆的面积时，我们通过对圆分割、组合，合成了一个近似长方形，那我们研究圆柱体的体积时，也完全可以去切、去拼……这样一来，利用知识的迁移解决了问题，同时，学生解决问题的能力也得到了飞跃式发展。

二、数学学习情境的相似性

学习情境，如学习场所、环境的布置、教学或内容等条件的相似性，能不同程度地提供学生有关原有的学习线索，促进学习或问题解决中迁移的出现。

在教小数或分数的四则运算时，可创造相同或相似的情境，让学生联想到学习整数四则运算时候，是怎么研究整数的四则运算的。此时小数或分数的四则运算完全和整数的四则运算一样，只是多了一些自身的特点而已，比如有小数点、通分等。为什么相似？为什么有些又不一样？经过这样的对比、分析，学生不仅学会了小数或分数的四则运算，而且深化了对四则运算的理解，其本质就是数域的扩展而已。

三、数学知识层次的相似性

生活中的很多事情都是相同的，用数学的语言来说就是途径是一样的。用字母可以代表数，同样也可以代表人、物、事件等等。用哲学的语言描述就是：世界万事万物都是一样的，只不过各自表现出自己的特色而已。

而对于数学教学，我们要透过现象看本质，挖掘知识的内涵、问题的本质，会用迁移，巧用迁移，有策略地用迁移。

很多数学问题（这里讨论两步以上的问题。对于一步的问题，直接或加或减或乘或除一项即可解决），都和生活中的过桥或交朋友一样。先以过桥为例，我想从桥这边到桥对面，必须借助桥这个物体，同样，要想解决问题，必须借助第三者，通过第三者——桥这个工具，就可以解决问题。基本上所有的问题都是这样的，只不过有些简单，有些复杂些而已，这就是解决问题的本质。

交朋友也一样，A和B互不认识，A认识C，C也认识B，A、B要想成为朋友，可以通过C互相认识，从而达到交朋友（数学上称为解决问题）这个目的。可以这样表示：A→C→…→B。

教师在教学过程中，有意识地引导学生发现不同知识之间或情境之间的共同点，启发学生去概括总结，指导学生运用已学知识去解决具体问题，要求学生将所学的知识举一反三，指导或教会学生如何学习，这些都有利于促进积极迁移的产生。通常来说，在指导下的练习量越大，就越有可能产生积极迁移的效果；同时，在许多情境中，给学生提供的指导越多，迁移的效果越大。不过指导不能预先指出正确的答案，以免妨碍学生主动性的发挥。

总之，用好迁移、巧用迁移去教学，学生学得开心，教师教得轻松。

在"动手做"中积累数学基本活动经验

—— 以圆的面积为例

翻开《义务教育数学课程标准（2011版）》，与以前的标准相比，不同的是"双基"变成"四基"，即学生"获得适应社会生活和进一步发展所必需的数学基础知识、基本技能、基本思想、基本活动经验"，在传统"双基"基础上增加了基本思想和基本活动经验。基本活动经验有了与基础知识和基本技能同等重要的地位，由此可见，基本活动经验是多么的重要。

一、数学活动经验的概念及特点

数学活动经验是指在数学目标的指引下，通过对具体事物进行实际操作、观察和思考，从感性向理性飞跃时所形成的认识。

从学习论视角来看，它是指以社会建构主义心理学为指导来设计"数学的基本活动经验"教学；从教学论视角来看，是指教学不能只关注学生数学直接经验的累积，也应指向其直接经验所指向的数学间接经验的感受。

数学活动经验需要在"做"的过程和"思考"的过程中积淀，是在数学学习活动过程中逐步积累的。

其实，很多人对数学活动经验概念的理解各有特色，但其共同点有以下几个：

（1）数学活动经验形成于具体的数学活动中。

（2）数学活动经验具有主观性，反映了学生对数学的真实理解。

（3）数学活动经验有助于学生的数学思考。

二、有效的数学活动设计

在小学数学教学活动中，数学的基本活动经验教学是以学生的数学直接经验为基础，以学生的"做数学"活动为主要载体，并通过学生个体的感悟，促使他们进一步获取数学的直接经验及其所指向的数学间接经验的教育教学活动。

我们在较为系统地学习长方形、平行四边形、三角形和梯形的面积后，为使六年级小学生进一步探究圆的面积，可设计如下的"做数学"活动。

（1）异质分组。

（2）组内做数学：归纳、总结我们曾经探究平行四边形、三角形和梯形面积时的有关方法、策略、思想和实际应用（转化成规则图形），并尽可能有层次地把它们组织在一起，形成一定的结构。

（3）全班组间交流：利用转化这一策略来探究圆的面积（把圆转化成平行四边形或长方形）。

（4）组内做数学：在全班达成基本共识的基础上，把圆转化成长方形，其探究过程如下（在做的时候思考如下问题：①注意转化过程的变与不变；②对比转化前后的异同）。

课前准备：切一个西瓜，切出圆片，每个小组一个圆片。

操作指南：切一片圆形西瓜（如图1）并把圆形西瓜沿着直径平均切成两份（如图2），取其一半（如图3）。把半圆平均分成四个扇形（如图4），然后将每个扇形平均分成两份（如图5），也就是把半圆平均分成八份。同样把另一个半圆也平均分成八份（如图6）。

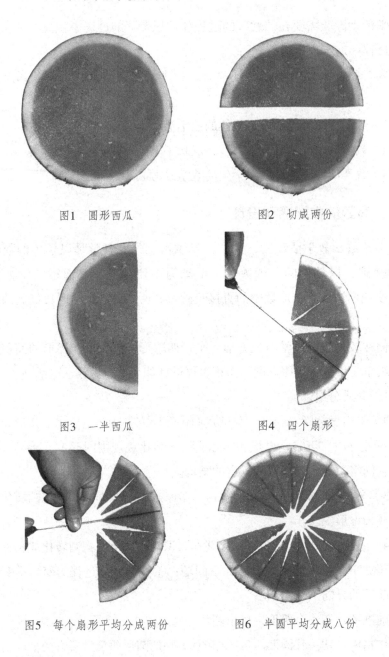

图1　圆形西瓜　　　　　　　图2　切成两份

图3　一半西瓜　　　　　　　图4　四个扇形

图5　每个扇形平均分成两份　　　图6　半圆平均分成八份

　　然后把两个半圆打开，对应着摆放（如图7），并把它们对应合拢（如图8）。

　　然后沿着图9的高切一个小扇形，并把小扇形移到右手边，最后组成一个近似的长方形（如图10）。

图7 对应着摆放

图8 对应合拢

图9 切一个小扇形

图10 组成一个长方形

同样的方法，可以让学生切一个16个小扇形的半圆，然后再拼，让学生分析比较。

（5）组内交流。

完成探究过程观察表，见表1。

表1 探究过程观察表

项目	图1：圆	图2：两个半圆	图10：长方形
面积			
长方形的长			
长方形的宽			
其他			
发现			

（6）全班组间交流。

（7）学生总结，教师质疑。

（8）教师概括，学生质疑。

（9）遗留问题，继续学习。

显而易见，学生在主动参与上述"数学活动"中所获得的不仅仅是"知道并记住圆的面积公式$S=\pi r^2$"，还有对"模型结构"的感受与反思，以及对"某类数学对象的概念、该类型数学对象的基本计算方法、该类数学对象的解决策略、该类数学对象的思想模型、该类数学对象及其性质与运算的应用与推广"的体悟。

因此，"数学的基本活动经验"的学习不是与数学知识、数学技能和数学思想并列的平行学习，而是数学活动的整体实践，也就是数学的"整体学习"或"综合学习"。更重要的是"数学的基本活动经验"的获得与积累不仅是直观经验的简单累积，更是对一般化经验的感受乃至感悟。这或许可作为我们设计"数学的基本活动经验"教学的一个基本原理。

三、数学活动经验的反思

数学的基本活动经验对学生的教育意义和教学价值在于，围绕某个数学主题，学生通过对自己的生活实际、社会实际进行反省，可以变无意识为有意识，或变被动为主动，以及主动地参与教师所组织的该主题的数学活动，积累数学直接经验，感悟相应的数学间接经验和数学学科的动态发展及其理论结构，并将直接经验与间接经验相结合，将实践与反思相结合，形成新的知识。利用切西瓜来推导圆的面积，我有以下两点思考。

有句格言说：我听到了就忘记了，我看见了就记住了，我做过了就理解了。由此可见，听过的、见过的都有可能忘记，只有动手做过才能真正理解。多年之后，即使我忘记了，即使我记不住是什么内容了，但是思想方法都能在脑中留下深深的印象。

什么是数学，不仅仅是计算，不仅仅是解决问题，更不仅仅是空间观念，最重要的是数学的本质是一种思想，一种内涵。在求圆的面积时，学生能亲自动手做，能经历数学活动，积累数学活动经验，反思数学形成的过程，则是对数学内涵和本质的一次质的飞跃。学生会发现原来数学也可以这样学，也可以这样玩。学生在玩中学习了数学，培养了兴趣，挖掘了知识的本质。

总之，数学教学需要让学生亲身经历学习过程，从而获得最具数学本质的、最具价值的数学活动经验。没有过程的学习是徒劳的学习，是伪科学的学习。著名教育家陶行知做了这样一个比喻：我们要有自己的经验做"根"，以这经验所发生的知识做"枝"，然后别人的知识才能接得上去，别人的知识方能成为我们知识有机体的一个部分。因此，要让学生在亲历中体验，在体验中累积，让经验的"根"长得更深。

在知识迁移中自主探索，让学生成为学习的主人

　　学生在学习数学的过程中，并不是从一张"白纸"开始学习的，他们也有自己的生活经验和数学知识。有时他们的数学头脑比大人的更为称绝，因此他们有自己的数学思想，有自己的"七彩世界"。我们"要重视让学生在认知发展水平和已有知识经验基础上学习数学和理解数学"，有效利用学生数学知识的迁移，让学生在自己的"彩色世界"内绘出一片缤纷。

　　迁移也称学习的迁移，是学习过程中普遍存在的一种现象，是指已获得的知识、技能、学习方法或学习态度对学习新知识、新技能和解决新问题所产生的一种影响。一切有意义的学习必然包括迁移。在数学课堂中教师应做到积极地运用迁移规律，有机地运用学生先前学习的基础知识和基本技能，促进、影响和产生新的知识和新的技能，发展学生的思维，提高学生的学习能力。

　　在小学数学新课教学中，教师大都采取复习（导入）—新课探究—练习反馈的模式教学新知。在旧有知识中找寻新的规律和解题办法，其实这是对迁移规律的一种运用。还有一种方法是在新课开始时介绍一些知识，让学生根据这些新知识进行迁移。下面结合本人在教学中的实例，谈谈如何利用知识的迁移组织数学课堂教学。

一、在知识迁移中探索法则

课例1：两位数乘两位数

　　（1）温故搭桥。让学生说一说两位数乘一位数、两位数乘整十数的计算方法，并做一组相关计算。其后复习两位数乘一位数、两位数乘整十数的竖式计算，为完成从这些知识到两位数乘两位数的算法的知识迁移做好铺垫。

　　（2）创设"住新房"的情境。学生讨论交流得出算式$12 \times 14 = 168$，启发学生观察、思考：能把这个算式转化为我们已经学过的知识吗？怎样计算呢？让学生小组交流，尝试探索，要求写出计算过程。

（3）小组讨论交流各种算法，每组代表汇报各种不同的算法。

（4）小组代表说说各种算法是如何得来的。教师引导全班进行讨论总结，再进行算法优化，得出竖式笔算较为简单。这时，教师要引导学生理清2个竖式的算法。竖式③的算法其实跟算法①的算理是一样的，先求出4个12，就是12×4=48，再求10个12，就是12×10=120，最后把4个12和10个12加起来，48+120=168，那么竖式③中为什么是12，而不是120呢？竖式③中12的"2"在十位，"1"在百位，所以竖式③中12也表示120。

同样，竖式④的算理和算法②的算法是一样的，只是这两个竖式分别是算法①②的另一种优化的表示形式。

① 12×4+12×10=168　　② 2×14+10×14=168

③　　　12
　　　×14
　　―――――
　　　　48
　　　12
　　―――――
　　　168

④　　　14
　　　×12
　　―――――
　　　28
　　　14
　　―――――
　　　168

（5）应用练习，运用竖式计算的方法进行计算，然后交流评价。

以上的教学设计让学生在已有知识经验基础之上，进行知识再创造，实现算法多样化和算法优化。学生在知识迁移中主动探索并获取新知，培养了学生的主动探究能力和创新精神。

二、在迁移中探索定义

课例2：面积单位的教学

1. 制造知识迁移的桥梁

在了解了面积的定义后，让学生用自己选的格子来量一量数学书封面的面积（给学生准备几种大小不一样的格子）。学生经历这一过程后，体会到统一面积单位的必要性，从而引出第一个面积单位的定义——边长为1厘米的正方形的面积是1平方厘米。这也为其他面积单位定义的迁移搭好了桥梁。接着让学生用1平方厘米的格子测量数学书的封面面积，面积是468平方厘米。

2. 设疑促迁移

让学生直接测量课桌桌面的面积，学生很快发现用1平方厘米的小方格来测这么大的桌面太麻烦了，于是有了"有没有比1平方厘米大一些的面积单位"的疑问，聪明的学生很快就猜到既然有1平方厘米，那是不是也有1平方分米呢？教师给予肯定并鼓励学生小组内给1平方分米下定义。有了1平方厘米的定义做桥梁，学生很快就猜测：边长为1分米的正方形的面积是1平方分米。这就很顺利地完成了从1平方厘米的定义到1平方分米的定义的知识迁移。

接着让学生用面积为1平方分米的正方形量一量课桌桌面的面积，学生发现课桌桌面的面积大约为24平方分米，而且学生发现用面积为1平方分米的正方形测量课桌桌面的面积比用面积为1平方厘米的正方形测量方便多了。

3. 设疑促再次迁移

让学生测量黑板表面的面积是多少，学生立刻要求用比1平方分米大的正方形，从而顺理成章地引出了1平方米。

学生有了上一次的迁移经验，这次立刻就可以迁移出1平方米的定义，边长为1米的正方形的面积是1平方米。教师在黑板上画出一个边长为1米的正方形，让学生直观感受到1平方米有多大，黑板的长为3米，高为1米，正好能画出3个这样的正方形，也就是说黑板表面的面积是3平方米。这一次的迁移学生表现得很好。学生有了这次迁移的经验，教师这时可以大胆地问：如果测量深圳市、广东省、中国的面积，又该选择什么单位？由于学生知道比米大的长度单位有千米，所以学生会说出1平方千米。教师顺势再引导他们对1平方千米进行定义——边长为1千米的正方形的面积是1平方千米。为了帮助学生更好地理解1平方千米有多大，我选择学校附近中山公园的面积作为参照物，"1平方千米大约有2个中山公园那么大"，学生进而对1平方千米有了直观的感受。我还给学生介绍了深圳市的陆地面积大约是2000平方千米，中国的领土（陆地）面积是9600000（960万）平方千米，从而让学生直观感受到平方千米的应用。

4. 更高层次的迁移

对于1平方厘米到1平方分米、1平方米、1平方千米定义的迁移，学生都可以"顾名思义"。但书上还有另一个面积单位——公顷，这次学生就不能"顾名思义"了。这时教师可以直接给学生介绍1公顷=10000平方米。给出这个等式后，有些学生就能猜出边长是100米的正方形的面积是10000平方米，也就是1公顷（因为100个100就是10000）。

5. 总结

比较面积单位的大小，并练习选择适当的面积单位填空。

以上设计首先搭建了知识迁移的桥梁——1平方厘米，接着学生完成了从1平方厘米到1平方分米、1平方米、1平方千米、1公顷的迁移。学生在迁移中自主探究，既明确了这些面积单位的定义，又掌握了知识迁移的方法，培养了自主探究能力，这比教师直接生搬硬套地把这些定义介绍给学生要明智得多，学生也很好地记住了这些面积单位的定义，并对面积单位的大小和对面积单位的选择有了更深层次的理解。

三、在迁移中探究面积单位之间的进率

课例3：1平方厘米、1平方分米、1平方米、1平方千米、1公顷之间的进率

1. 设疑引出1平方米与1平方分米的关系

"小明家有一块边长为1米的正方形地面损坏了，需要多少块面积是1平方分米的方砖才能修补好？"学生会思考：1平方米里有几个1平方分米就需要几块地砖。

从而引出疑问：1平方米=（　　　）平方分米。

教师在电脑屏幕上演示一个边长为1米的正方形，那么这个正方形的面积就是1平方米。因为1米=10分米，所以一横行可以摆成10个1平方分米的正方形，竖着可以摆10行。由此可以得出1平方米=10×10个1平方分米，也就是100个1平方分米。因此学生可以形象地掌握新知：1平方米=100平方分米。这个新知也就是接下来进行知识迁移的基础。

2. 设疑启思，操作探索

那么1平方分米=（　　　）平方厘米，1平方千米=（　　　）公顷呢？给每两个学生发一个边长为1分米的正方形，让学生迁移"1平方米=100平方分米"的学习经验，边思考边操作，自主探索1平方分米与1平方厘米之间的关系。学生通过测量、作图等方法，把1平方分米分成了100个1平方厘米，从而推出1平方分米=100平方厘米。接下来在学生推导1平方千米和1公顷的关系时，教师可提示学生把1公顷看成100个100平方米，那么学生就比较容易推测出这两个面积单位之间的关系了。1千米里有100个10米，所以一横行可以摆100个100平方米的正方形，竖着可以摆100行，由此可以得出1平方千米=100×100个

10000平方米，也就是100个100平方米，因此可以形象地掌握新知：1平方千米=10000×100平方米=100公顷。

3. 交流收获

让学生回顾、反思以上的学习过程，说说体会和收获。

以上设计先学一个新知"1平方米=100平方分米"，然后引导学生以这个新知为起点去探索、创造，使学生顺利进行知识迁移，主动形成"1平方分米=100平方厘米，1平方千米=100公顷"这两个新的知识结构，培养了学生自主获取新知的能力。

以上三个课例都是在教师引导下，学生以一定的知识经验为基础，自主、积极、创造性地探索新知，既掌握了基本的数学知识与技能、数学思想与方法，又获得了广泛的数学活动经验，真正实现学生是学习的主人，教师是学习的组织者、引导者与合作者。

小学低年级数学课堂生生对话现状调查研究

　　我们低年级数学组对一、二年级学生进行了生生对话的现状研究，我们从小学数学课堂生生对话的现状进行分析，同时对培养策略进行深入研究，设计了"小学数学低年级关于课堂生生对话现状的半开放问卷"（分为教师卷和学生卷两种）和"小学数学低年级关于课堂生生对话现状的半开放（学生）问卷""生生对话评价观察量表"，科学而深入地探究了生生对话的现状，并对现状及生生对话优秀课堂进行观察分析，得出生生对话的培养策略。以下是"数学课堂生生对话现状分析"。

一、对生生对话的关注与课堂组织情况分析

　　课题组分别利用两种问卷对一线教师和一、二年级学生进行半开放式调查。我们发现生生对话已成为当代课堂对话的主流，一线教师对生生对话的认可度较高。从调查的数据可以看出，40%的一线教师认为生生对话非常重要，60%的人认为生生对话重要。

　　从图1和图2中可以看出，教师对于生生对话这个课题关注较多，但也有相当一部分教师对于生生对话仅仅停留在了解层面，还没能深入认识生生对话的重要性和必要性。就其课堂使用来讲，很大一部分教师只是偶尔使用，其重视度不够，或者说没能充分发挥生生对话的优势。所有教师都认为生生对话重要，但组织生生对话较少，这又是为何？这值得我们深思。

你平时常关注"课堂生生对话"这个话题吗?

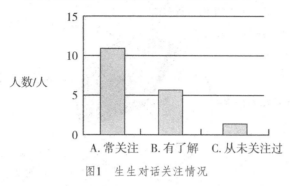

图1　生生对话关注情况

你平时在自己的课堂上,常组织"生生对话"吗?

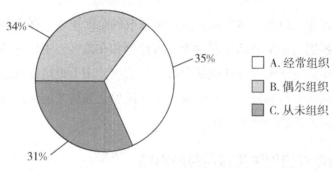

图2　生生对话组织情况

　　统计数据还显示,职初教师由于对生生对话的价值认同、组织调控及把握难以到位,干脆不用这种对话形式;随着教龄的增加,教师越来越注重课堂生生对话,更加注重组织生生对话,并让学生交流讨论,而且时间和次数增多。学生在对话中能共建共知,教师越来越能尝到这种形式的甜头,从而更加注重生生对话。

二、多种教学对话形式的对比分析

　　对话教学是课堂教学的核心,更是课堂教学的灵魂,其基本形式包括师本对话、生本对话、师生对话、生生对话、教师的自我对话和学生的自我对话。

　　对一线教师进行调查研究发现,课堂对话以师生对话、生生对话和生本对话为主要形式,以师本对话、学生的自我对话和教师的自我对话为辅,课堂对话具有丰富性与多样性(见图3)。

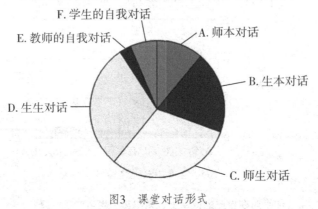

你认为从教学效果来讲，课堂上的对话形式是怎样的?

图3　课堂对话形式

我们通过深入思考不难发现，随着新课改的全面深入，课堂对话形式更加丰富多彩，特别是生生对话在课堂中所占比例和在教师心中的地位大大提高，一种以生为本的对话形式逐渐成长起来。但从统计图上也可以看出，教师和学生的自我对话所占份额较少。我们应该深入反思，如何才能促进教师和学生的自我对话，促进教学的深化与升华。

三、教师在组织生生对话时的困惑

在平时的课堂教学中，教师对组织生生对话会有困惑、疑问或者不解的地方，这里收集了几点，它们主要是：

（1）学生不够自信，其表现为：不积极主动，害羞，声音较小，等等。

（2）学生语言表达能力不强，或答非所问。

（3）学生理解力欠缺，不能准确有效地理解和分析别人的观点，生生对话的深度、广度不够。

（4）问题单一性。学生辨析问题容易偏离正轨，不同人讨论不同话题，或讨论的点不在一个点上，生生对话过程中容易跑题。

（5）不会倾听或倾听不到位。有的学生会以自我为中心，不倾听其他同学发言。

（6）学生参与度欠缺，规范性、有序性有待提高。

（7）教师调控手段、策略在内容的选择与呈现、时间的安排、教师的表述情况等方面有欠缺。

（8）评价的及时性、有效性及长期性有待加强。

这些都直接或间接阻碍生生对话的开展，是课堂生生对话的瓶颈，作为一线教师，要想组织好生生对话，必须深入思考这些问题，有针对性、有策略地开展生生对话。

四、学生同伴交流与表达意愿

从图4可以看出，几乎所有的学生都喜欢与别人交流自己的想法，并能表现出比较强烈的愿望。但也存在着较大差异，优等生表现的意愿更强，这说明这些学生对学习的渴望和与别人沟通交流分享的欲望更强，展现了他们积极进取的一面。

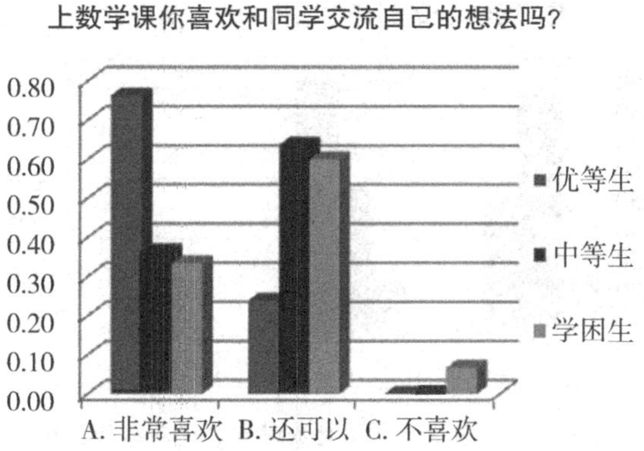

上数学课你喜欢和同学交流自己的想法吗？

图4　数学课和同学交流意愿

在调查与同学交流时是否愿意表达时，三类学生（优等生、中等生和学困生）都有强烈的表达意愿，这点区别不明显。但是涉及发言次数时，就形成鲜明对比，优等生发言次数明显多，学困生则很少发言。虽然学困生有很强的发言意愿，但发言的次数很少，这是值得我们一线教师深入思考的地方（见图5和图6）。

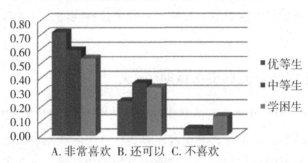

图5 不同学生与同学交流时愿意表达自己的想法的比例

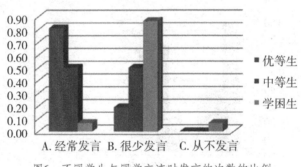

图6 不同学生与同学交流时发言的次数的比例

五、学生倾听与发言

在倾听与发言的对比中，优等生和中等生都表现为更乐意发言，这说明现在的学生表现欲比较强，他们希望别人能够倾听他们的想法、同意他们的看法，他们想成为别人心中的"明星"，成为问题的主导者。而学困生则表现得更乐意倾听，这就需要教师的引导与激励。

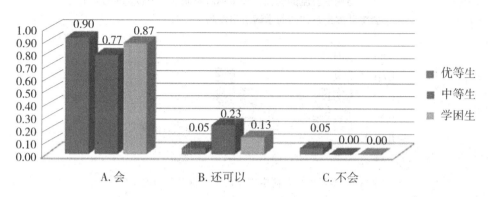

图7　不同学生同学交流时认真倾听的比例

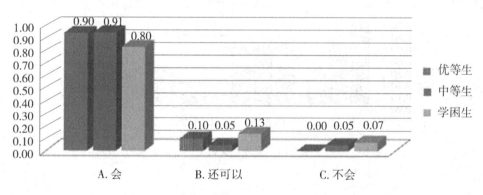

图8　不同学生同学交流时希望认真倾听的比例

六、学生的提问与质疑

从图9、图10可以看出，在提问与质疑方面，三类学生都很少提问，很少寻求帮助，也很少提出质疑，这说明仍有很大一部分学生对研究问题、探究问题和寻求帮助不敢或不够积极主动，这阻碍了学生发展。

我们对比三类学生不难发现，优等生在寻求帮助或质疑方面存在明显的优势，他们会更加主动、更加积极，对问题的探究、探讨以及质疑方面都是他们闪光的地方，这些更能促进他们的数学思考，提升他们的数学素养。

与同学交流的时候，如果你听不明白、不懂的时候，你
会主动提出来并向同学请求帮助吗？

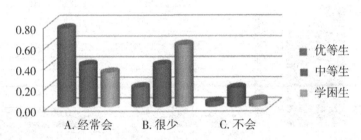

图9 不同学生与同学交流时主动请求帮助的比例

与同学对话交流的时候，你会提出和大家不一
样的问题吗？

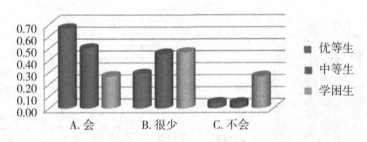

图10 不同学生与同学交流时提出不一样的问题的比例

七、对话交流与收获

通过对学生问卷进行分析，我们发现了一些很有趣的现象：不论什么类型的学生，都希望和有礼貌、能够认真倾听别人及能接受别人意见的同学交流（见图11）。可想而知，现在的学生都很渴望自己的想法能够被别人倾听，被别人重视和认可。同时，他们还喜欢和成绩优秀、爱思考、爱动脑以及积极发言的同学交流。这种现象从某种程度可以说明，每个学生都渴望成为成绩优秀者，因为潜意识里想要表现得更好、更优秀，所以他们更倾向与表现优秀的同学做伴。

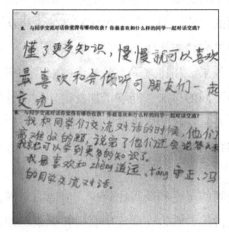
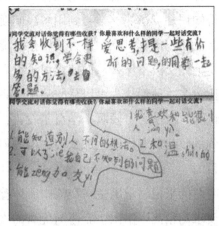
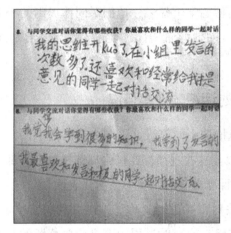
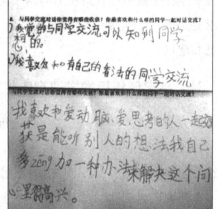

图11 不同类型的学生对同学交流的看法

我们把对三类学生的调查进行对比分析后发现，中等生和学困生对同伴的要求更高些。这两类学生希望交流的对象性格比较好、比较开朗大方、比较懂事，他们还希望能和上课认真听讲、学习态度好的同学交流。除此之外，学困生对同伴的期待程度比中等生更高些。他们希望一起交流的小伙伴能够热心助人、勤奋向上、受同学欢迎。还有的同学提出在交流的时候希望伙伴同意自己的看法。

从这一次调查中，我们发现，现在的低年级学生比较以自我为中心，表现欲比较强，他们希望获得同伴的支持，希望别人能够倾听他们的想法，同意他们的看法。

在"和同学交流后收获到什么"这个问题上，三种类型的学生都认为除了获得知识外，还能够学习到用解决问题的方法。但是学困生中有部分学生认为什么收获都没有。我们认为学困生可能没有切实地体会到自己收获到什么，或者是他们交流不深入从而使得讨论没有效果。相比之下，优等生的收获和感受就比较多，他们认为可以从交流中得到不同的想法，能够增加友谊。这部分学生认为自己学会了倾听，学会了发言，并且自己的思维开阔了。中等生虽然体验到的收获没有优等生那么多，但他们目的明确，清楚知道在交流中要达到什么目的。

总的来说，学困生在交流中所体验到的感受和获得比较少，但他们对同伴的要求却很高。学困生希望与优秀的人做伴，希望在交流中获得知识或友谊。而优等生在交流中收获得比另外两个类型的学生都多，他们对同伴提出的一个要求是另外两个类型学生没有提及的，即他们希望同伴能够在交流中给他们意见和建议。

八、小学低年级数学课堂生生对话视频观察情况

研究者从育才一小一、二年级随机抽取不同班级、不同内容的数学课，录制了15段生生对话片段，从中精选出7段。这些视频都经过合理选择，内容都经过精心设计，体现了一、二年级的不同课型并具有生生对话的代表性。

本研究将采用弗兰德互动分析方法对视频进行整理、编码，利用NVivo10软件对生生对话视频片段进行分析研究。在研究的过程中改进弗兰德斯的互动分析分类体系（FIAC），每隔20秒进行一次取样，把每个视频都进行分割，然后利用NVivo软件进行编码处理并建立树节点系统。首先把所有节点分成3大部分、7小部分。信息流向——单向流、双向流；过程参与——思考程度，参与，交流状态，倾听状态，学生语言表述；效果评价——问题剖析程度。然后分别建立各自的子节点，并对每个视频每隔20秒进行取样，最后选两位有经验的教师分别对每个节点进行分析，对有分歧的地方进行讨论，最后达成一致意见。按照上述编码体系进行编码，形成如表1所示的表格。

表1 课堂生生对话视频观察量表

维度	第一指标	第二指标	视频1 0~20 s	视频1 20~40 s	视频2 0~20 s	视频2 20~40 s	视频2 40~60 s	视频3 0~20 s	视频3 20~40 s	视频3 40~60 s	视频3 60~80 s	视频4 0~20 s	视频4 20~40 s	视频4 40~60 s	视频5 0~20 s	视频5 20~40 s	视频5 40~60 s	视频5 60~80 s	视频6 0~20 s	视频6 10~30 s	视频6 20~40 s	视频6 40~60 s	视频7 0~20 s	视频7 20~40 s	视频7 40~60 s	视频7 60~80 s
信息流向	第一指标	单向流：信息只从一方流向另一方	1																							
		双向流：信息相互传递						1	1	1	1	1	1	1	1	1	1	1	1		1	1	1		1	1
过程参与		思考程度：学生思考对方发言，纠正对方错误		1				1	1	1					1		1	1	1	1				1		
		参与、交流状态：学生积极主动参与交流						1	1	1		1				1					1				1	
		倾听状态：学生仔细认真倾听并有所回应	1			1		1		1		1			1		1		1			1			1	
		学生语言表述：大胆自信地阐述自己的想法				1		1		1		1					1					1		1		1
效果评价		问题剖析程度：学生能清晰表述自己的想法并有价值	1		1	1		1		1		1			1		1		1			1			1	1

把数据输入NVivo10，利用NVivo10的数据分析形成下图（见图12）。

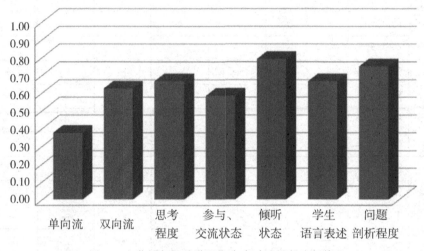

图12　小学低年级数学课堂生生对话视频分析情况

从图12中我们可以看出，学生在生生对话中，倾听状态、问题剖析程度、思考程度和语言表述较好，有明显的领先性。究其原因，和所选学生都是优秀学生有关，也和对话的效果有关。学生在对话过程中（特别是同桌对话）更容易保持倾听与思考，从而使问题剖析更清晰、明了，由此证明生生对话在学生学习中非常重要。

从图12中我们还可以看出，学生的信息流向以双向流为主，单向流也占不少比重。这说明生生对话的课堂还不够理想，广度和深度还不够，学生的参与、交流和对话的思维含量欠缺。究其原因，可能是年龄小、兴趣度不够，也可能是对话的平台不公平，等等。这需要教师敏锐地捕捉学生解决问题的意识，找出促进生生对话的良药、妙药，让生生对话务实而高效。

生生对话的培养策略

做任何事情都讲究方法、策略，组织生生对话也不例外。这里将从几个方面来阐述课堂上组织生生对话教学应把握的原则、基本策略。

一、组织生生对话教学应把握的四个原则

若能在组织生生对话时把握住如下四个原则，将会大大提高对话的实质性与对话的效果。

1. 对话内容精选化

教师精心选择对话内容，及时挖掘、生成问题，问题难易度要适中，能使学生感兴趣，并且讨论要具有思维深度。

2. 对话问题核心化

就某一个环节或某一个问题进行对话，高效抓住核心问题进行对话。

3. 对话形式多样化

有小组的生生对话、全班的生生对话、不定期组织的不同组的对话等。

4. 对话面广泛化

尽量让不同水平、不同性格的学生参与、思考、倾听、对话，使对话主人公化。

二、组织生生对话的一些基本策略

好的组织策略是成功的保证，为了更好、更高效地促进生生之间的对话，这里介绍几种行之有效的方式，以增强对话的高效性。

1. 培养生生对话的规范性和有序性

数学是培养学生逻辑思维能力的科学，学生发言时数学语言要规范有序，声音要响亮，要自信、大方地阐述自己的观点，耐心听取其他同学的回答，不插话，其他同学发表见解后，大胆提出自己的质疑，主动述说自己的主张。学

生出现语言规范性的、前言不搭后语的错误，甚至跑题时，教师要适时引导，让学生的对话顺利进行，最终使学生的思维得到发展，语言得到锤炼，课堂气氛达到高潮，形成和谐的画面。

角色扮演式生生对话对于低年级学生来讲非常行之有效。低年级的数学问题很多时候可以以情境对话的形式展开，可以对题目进行分析，可演绎一段故事，也可以模拟法官判案，等等。

2. 培养生生对话的深度和广度

学生对知识的理解要有自己的见解，不能停留在表面，要精益求精，拓宽自己的知识面。生生对话过程中会有矛盾冲突，教师可以生成资源为问题的切入点，提高学生的兴趣，扩大学生参与度，鼓励学生表达自己的立场、观点或困惑。生生对话过程中的倾听与反驳、质疑与争辩，使学生对知识理解得更深入，更全面。

辩论式的生生对话是拓展知识深度和广度的最有效策略。在教学过程中，当讨论内容不断扩充膨胀，出现大相径庭甚至对立相峙的观点时，就可以开展辩论式生生对话。教师可以把学生分成正反两方进行辩论，两方分别阐述自己的观点，然后批驳对方的观点，由教师和部分学生组成评判小组。

3. 教师适度调控，培养生生对话的参与度

兴趣是最好的老师，学生对内容感兴趣，就能积极地参与到讨论中来。生生对话前，教师对学生的要求、对问题的阐述；生生对话中，教师的指导、调控及追问和提升；生生对话后，教师的总结、概述和评价，这些越明确，学生越明白，积极性越高，参与状态越好。只有用真诚唤起学生的信任，唤起学生的积极情感，建立良好的师生关系，接纳与尊重学生，把自己的爱心、耐心、灵性和悟性融入课堂教学的实践中去，形成有效的课堂交流，才会给学生带来新鲜的养料，注入新鲜的血液，使整个课堂教学焕发生命的活力。

比如在进行"角的认识"的教学时，我利用圆规和能伸缩的教鞭改造成的学具让学生讨论角的大小和什么有关系。学生课堂上表现出的对知识的渴望和对问题的兴奋，让我激动不已。课堂上讨论的画面、生生对话，给人留下了深刻的印象。学生在讨论和汇报过程中，思路越来越清晰，知识越来越明确。

为了有效地促进课堂教学对话，教师不仅要归还学生的话语权，而且要乐于和善于倾听。由独白式教学走向对话式教学，就必须改变教师对学生倾听缺失的现状，由过去的指挥者和发令者变成学生的忠实听众，倾听每一个学生的声音，倾听每一种观点和见解，真正做到声声入耳，句句扣心，以爱心和耐心静待花开。

大数据背景下因材施练提高小学生口算能力的研究

一、问题提出的背景

长期以来，口算是学生学习数学的一项基本素养，是数学的基础，它直接影响学生的数学成绩，还会影响学生将来在数学方面的发展。提高学生的口算能力是数学教学的一项重大任务。借用大数据的分析手段，可以清晰呈现学生口算成绩背后的差异性，让我们更个性化和更全面地看待学生的发展，及时掌握学生的学习情况，对其开展有针对性的训练，真正实现因材施教。

因此，我们基于大数据背景，设计了个性化的因材施练提高小学生口算能力的研究课题。本课题有极高的理论价值和实践意义。其理论价值是，站在大数据长河中，利用优化算法对学生的计算信息进行分析处理，构建新的优算模型，对因材施教的实施起积极的引领和借鉴作用。其实践意义对学生来讲，就是做到"因材施练"，使口算练习真正做到有针对性和目标性，从而提高学生的学习效率和数学成绩，最终提升学生的数学学习兴趣。

二、国内外相关研究

我们调研发现，目前很多网站上有计算练习软件，还有手机App计算练习软件，直接随机出计算题目，并且电脑改题。但很多题目重复出现，学生在做重复练习，没能实现针对性练习和个性化练习。这就给我们提供了一条思路，在大数据背景下，是不是让每个学生都依据自己的情况来做自己的计算练习呢？我们进行了大胆的探索。

我们基于大数据背景、购物网站、购物数据进行喜好推算。基于大数据分析的五个基本理论分别是：

1. 可视化分析（Analytic Visualization）

不管是对数据分析专家还是普通用户，数据可视化是数据分析最基本的要求。可视化可以直观展示数据，让数据自己说话，让观众看到结果。

2. 数据挖掘算法（Data Mining Algorithm）

可视化是给人看的，数据挖掘就是给机器看的。集群、分割、孤立点分析还有其他的算法让我们深入数据内部，挖掘价值。这些算法不仅要处理大数据的量，也要处理大数据的速度。

3. 预测性分析能力（Predictive Analytic Capability）

数据挖掘可以让分析员更好地理解数据，而预测性分析可以让分析员根据可视化分析和数据挖掘的结果做出一些预测性的判断。

4. 语义引擎（Semantic Engine）

由于非结构化数据的多样性给我们带来了数据分析新的挑战，我们需要一系列的工具去解析、提取、分析数据。语义引擎需要被设计成能够从"文档"中智能提取信息。

5. 数据质量和数据管理（Data Quality and Data Management）

数据质量和数据管理是一些管理方面的最佳实践。通过标准化的流程和工具对数据进行处理可以保证一个预先定义好的高质量分析结果。

我们要充分挖掘数据本身的含义，依据这些含义分析、处理、解决问题，优化学生的学习过程，提高学生的学习效率。

三、问题研究的目标、方法和思路

根据《义务教育小学数学课程标准（2011年版）》，我们研究了目前小学生的口算情况，针对学生目前的口算情况制定相应对策，改变练习方式和训练模式，提高学生训练效率。口算具体研究内容包括10以内的加减法，20以内的加减法，100以内的加减法，表内乘除法口算练习，三位数加减法，整十、整百、整千乘除法，等等。我们根据内容建立内容数据库，称为原始数据库。我们通过学生大量的练习，利用算法寻找学生共性和个性错题，建立共性和个性题库；对错题进行分类整理，建立一个差别数据库，并对错题进行加工，形成差别类题库集。我们尝试对学生的练习行为进行分析，找出错误的主要原因及解决办法，并对目前教材中的口算题型分析并分类梳理，寻找出典型题目并研究其特殊之处。

我们设计"因材施练口算宝典"（以下简称"口算宝典"或"宝典"）App框架、内容和桌面等，涵盖小学所有的年级。我们利用信息化手段减轻了学生负担，节约了学生在口算练习中所花的时间，提高了口算质效；利用有效的练习，针对性地提高学生口算素养。我们还深入研究了评价系统推送算法和界面友好性。

本问题研究的思路：文献研究—调查分析研究—计算分类分析研究—"因材施练口算宝典"设计—"因材施练口算宝典"计算策略微课制作—"因材施练口算宝典"App制作。研究方法有：

（1）文献研究法。分析研究中国期刊网有关口算和大数据的数据处理与优化的文献。

（2）调查问卷法。调查研究小学生口算错误类型及错题缘由。

（3）研究分析法。分析商业网站信息关联及优化方法、原理。

（4）个案研究法。针对个别学生口算情况进行分析研究，由"口算宝典"根据学生学习特点出个性化练习，因材施练。

四、问题研究的发现与结论

1."因材施练口算宝典"App框架设计

依据不同对象，我们设计了"因材施练口算宝典"App框架，如图1所示，其核心点是数据库。四个不同的窗口分别与数据库发生作用，通过数据的输入与处理、优化与输出、再输入再处理，针对不同的用户群体提供不同的数据信息。

图1 "因材施练口算宝典"App框架图

（1）学生窗口。学生窗口是整个系统的服务对象，更是整个数据库的主要窗口，只有学生对数据库发生作用，才能建立数据的传输与记录，才能依据大数据进行分析、综合，推送给学生最适合的计算练习题目。

（2）家长窗口。家长窗口是把数学计算过程的数据进行分析后，把分析结果实时提供给系统及家长，使家长可及时关注学生的学习情况，了解学生的学习进度和水平，做到心中有数、育之有法。

（3）教师窗口。教师登录到此页面，可以及时了解某个学生的计算情况，了解全班学生的计算情况及水平，清晰得出所带班级与整个数据库学生对比分析的结果，同时也可以知道学生对某个知识点、某个内容的理解程度，哪些知识点学生欠缺，哪些知识点掌握较好，依据计算数据分析了解学情，进行针对性指导。

（4）后台窗口。后台窗口是对数据进行添加、升级和处理，优化系统，更新知识，等等。

2. "因材施练口算宝典" App学生桌面设计

依据因材施教理念，我们依据学生情况和知识特点，特设计了学生"因材施练口算宝典"的App桌面，分三大块，四小点内容，如图2所示。三大块分别是顺序练习、模拟练习和计算策略，四小点内容为我的收获、我的错题、考试记录和统计。

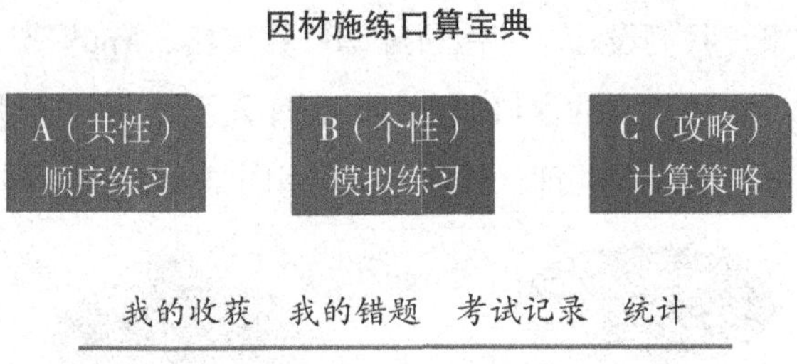

因材施练口算宝典

A（共性）顺序练习	B（个性）模拟练习	C（攻略）计算策略

我的收获　我的错题　考试记录　统计

图2　"因材施练口算宝典"App桌面

3. "因材施练口算宝典" App架构设计

我们依据学生对每块内容的操作，分析其背后所蕴藏的大数据信息，而这其中，"口算宝典"的架构设计最为关键，如图3所示。下面我们一一阐述。

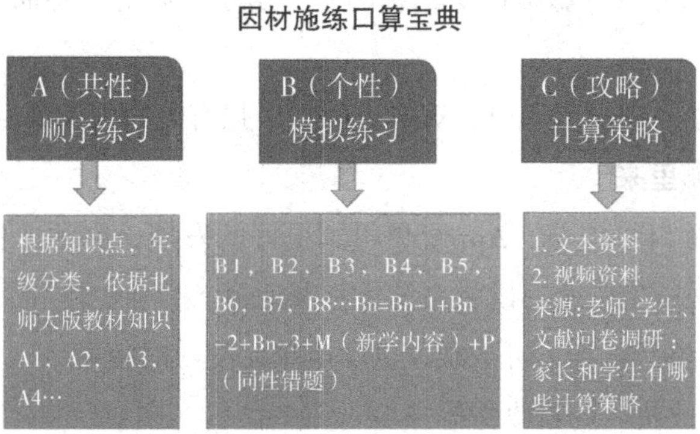

因材施练口算宝典
A（共性）
顺序练习
B（个性）
模拟练习
C（攻略）
计算策略
根据知识点、年级分类，依据北师大版教材知识A1、A2、A3、A4…
B1、B2、B3、B4、B5、B6、B7、B8…Bn=Bn-1+Bn-2+Bn-3+M（新学内容）+P（同性错题）
1. 文本资料
2. 视频资料
来源：老师、学生、文献问卷调研；家长和学生有哪些计算策略

图3 “因材施练口算宝典”架构

（1）顺序练习。顺序练习指的是依据北师大版教材，按照年级和知识点顺序逐一排列，按照知识生长点的规律，让学生进行共性练习和同步练习。这里体现了练习的相同性与同步性。

（2）模拟练习。模拟练习是“因材施练口算宝典”的核心内容。我们依据学生前几次试卷错题及相关知识点、新学内容、同性错题，出新的、个性化十足的题目，让学生进行针对性练习，真正做到因材施练。

（3）计算策略。这是对“因材施练口算宝典”的一个升华，这块内容是一些学习计算的微课或文本策略，学生可在里面自学，提升自己的口算能力。

四小点中，我的收获、我的错题、考试记录和统计则是对学生计算过程的信息进行分类并以报表的形式呈现。

4. 评价如何做

家长、教师可以根据学生做题情况点赞并积分，系统会自动依据学生情况进行点评，并提供定量评价（见图4）。

等级激励
积分100分
工兵
1000
步兵
10000
骑兵
菜鸟
大师

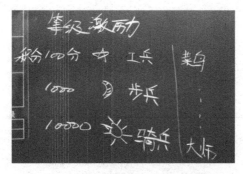

图4 等级激励措施

我们根据积分设置虚拟性奖励物品——房子、娃娃、饰品、家具、车、枪等等。

等级激励是提高学生练习计算能力的一个强有力的催化剂。

5. 收益从哪里来

"因材施练口算宝典"App要想得到更好的发展，必须要良性运营下去，这里从三个方面筹集资金，以供系统优化及运营。

（1）提供单元试卷，可下载，供学生单元复习时使用。

（2）流量收费、广告收费等。

（3）名师计算策略讲解。这些项目设计合理下载App的费用，最终形成良性循环。

五、研究存在的主要问题及今后的设想

经过项目组团队的深入研究，本课题基本取得了预期目标，达成了预期成果，每位教师都能有所收获，能对小学生计算知识进行系统的整理与加工，并深入思考，结合自己教育教学实践经验，多角度多层次研究。"因材施练口算宝典"App，使教师思考了，研究了，在课堂实践了，使学生受益了。但是也存在一些问题：

（1）练习题目的质量和数量如何，需要实践检验。

（2）计算策略微课做得比较少，只停留在文本上，要做更多、更高质量的微课。

（3）系统优化和界面友好性需要改进。

小学生学习积极情绪、数学课堂行为与数学学业水平的关系研究

一、绪 论

（一）问题的提出

在平时的课堂教学中，我注重培养学生的积极情绪，使师生都处于良性的课堂教学状态，从而保证学生的课堂学习高质高效，保证学生在课堂上思维活跃、积极思考、乐意参与，最终促进学生学业水平的稳步提高。

根据自己的教学经验及与一线教师和学生的访谈结果发现：学生的情绪状态对他们的课堂行为的确有非常重要的影响。积极情绪会加速学生对头脑中有关材料的加工，使学生思维迅速活跃，而且通常会表现出积极的行为。而当消极情绪占主导，学生往往会表现出消极行为。在课堂学习过程中，情绪这一非智力因素的动力作用尤其不可忽视。如果学生在课堂上处于积极情绪状态，如愉悦、自豪，那么他就更容易投入课堂学习，积极主动地参与课堂讨论，从而直接决定他的学习效果，学业成绩比较理想。相反，如果学生在课堂学习中长期处于消极的情绪状态，那么学习将陷入一种被动的状态，课堂上学习效果差，长此以往，会导致学习困难，进而影响学业成绩。

综上所述，研究小学生的积极情绪与课堂行为以及学业水平之间的关系具有一定的理论和现实意义。

（二）研究目的

本文将以弗瑞克森的积极情绪理论为立足点，探讨小学生积极情绪问题。国内外对于积极情绪的研究越来越深入，并取得了很多成果，但对于小学生积极情绪问题的研究却很少涉及。本研究旨在探究小学生积极情绪的影响，以一线教师对于课堂行为的理解，深入研究课堂行为的内容维度和现状，探讨通

过学习积极情绪和数学课堂行为是否能有效预测小学生的数学学业水平，数学课堂行为是否是学习积极情绪和数学学业水平的中介变量等问题，为学习积极情绪、数学课堂行为的研究开创新的领域。具体研究目标如下：

（1）探究小学生学习积极情绪的内容维度和现状。

（2）探寻小学生数学课堂行为的内容维度和现状。

（3）编制小学生学习积极情绪问卷，为其他学者进一步研究提供参考。

（4）编制小学生数学课堂行为问卷，为其他学者或一线教师进一步研究提供参考。

（5）分析不同人口特征变量的学生在学习积极情绪、数学课堂行为上的不同表现。

（6）探讨学习积极情绪、数学课堂行为和数学学业水平三者之间的关系，探讨通过学习积极情绪和数学课堂行为是否能显著预测数学学业水平，探讨数学课堂行为是否是学习积极情绪和数学学业水平的中介变量。

（7）基于实证研究结果，结合小学生的年龄特点，为一线教师能更好地培养学生的积极情绪和良好的课堂行为习惯提供合理的参考建议。

（三）研究意义

1. 理论意义

（1）以往的研究更多关注小学生的消极情绪，对小学生学习积极情绪的研究甚少。通过情绪的相关研究和小学一线数学教师的教学实践发现，不仅消极情绪会影响小学生的数学课堂行为和学业成绩，积极情绪也会影响小学生的数学课堂行为和学业成绩。本次研究也为国内外的积极情绪研究和数学课堂行为研究提供了新的思路。

（2）通过参考弗瑞克森关于积极情绪的模型，编制出可以用于测试小学生学习积极情绪的问卷，为后续研究提供参考。

（3）从教学实践到理论分析，初步建构了数学课堂行为的内容维度，建立了理论框架和结构，编制出用于测量小学生数学课堂行为的问卷，为以后研究课堂行为提供了新的理论支持。

（4）研究学习积极情绪与小学生数学课堂行为及学业水平之间的关系，建立学习积极情绪与数学课堂行为和数学学业成绩之间关系的模型图。

2. 实践意义

（1）帮助教师了解在课堂上学生表现出来的哪些积极情绪会有利于课堂学习，从而指导教师在课堂教学中要关注与调动小学生的积极情绪，进而增加学生数学课堂的良性行为，提高学生的数学学业成绩。

（2）对于学校管理者来讲，了解小学生在课堂上表现出来的积极情绪及良好的课堂行为习惯对校园文化和课堂文化建设有参考意义。

（3）编制的小学生学习积极情绪问卷和数学课堂行为问卷可以用于小学数学教师对学生学习积极情绪和数学课堂行为进行调查，帮助教师了解学生在课堂中表现出来的积极情绪、数学课堂行为是否良好，以适时调整自己的教学工作。

二、文献综述

（一）积极情绪研究概述

1. 积极情绪的概念

对积极情绪的定义，不同的人有不同的理解。拉塞尔认为，"积极情绪就是当事情进展得顺利时，你想微笑时产生的那种好的感受"。弗瑞克森认为，"积极情绪是对个人有意义的事情的独特即时反应，是一种暂时的愉悦"。情绪的认知理论认为，积极情绪就是在目标实现过程中取得进步或得到他人积极评价时产生的感受。戴维森认为，"积极情绪是与接近行为相伴而产生的情绪"。孟昭兰认为，"积极情绪与某种需要的满足相联系，通常伴随愉悦的主观体验，并能提高人的积极性和活动能力"。弗瑞克森认为，积极情绪包括快乐（Joy）、兴趣（Interest）、满足（Contentment）、爱（Love）、自豪（Pride）和感恩（Gratitude）。

总之，以上所有的看法都有一个共同特征，即认为积极情绪会产生愉悦的感受，促使一个人幸福、快乐，是一种美好的情绪情感体验。

2. 积极情绪的理论

积极情绪研究的起源可追溯到古希腊时期。古希腊哲学家亚里士多德将快乐（Joy）和愿望（Desire）视为最基本的情绪种类，认为快乐与高兴一样，均为一种愉悦体验。在过去的两千多年中，人们对积极情绪一直给予模糊的承认，但积极情绪没有成为心理学家研究的重点。近年来，对积极情绪的研究从临床心理学和积极心理学开始。临床心理学家发现对抑郁患者进行积极情绪体验的训练，可以减轻其抑郁症状。于是开始有越来越多的研究者关注积极情绪，最基本的研究就是愉快究竟是什么。在这一点上，没有人能说得很准确。戴维森评述愉快为"积极情绪状态群中的一个代表，是个体不想改变目前状态并想保持这种状态时的一种幸福感受，但是愉快的确切特征及其与其他情绪的区别，还有待在未来的研究中进行严格的界定"。积极心理学的兴起在20世纪末，研究者发现，对心理疾患能够抵御或起缓冲作用的是人类的力量，如勇气、乐观、信仰、希望、坚韧等。因此，研究人性的积极方面，是更有理论价值和现实意义的事情。基于上述背景，美国前任心理学会主席塞利格曼提出要研究积极的心理现象，帮助人们过更快乐、更积极健康的生活，于是有了积极心理学（Positive Psychology）这个心理学分支。他指出，积极心理学要从三个方面来开展研究：第一是积极情绪；第二是积极性个体的个性特质；第三是积极的社会制度。可见积极情绪是积极心理学要研究的一个首要问题。已有的有关积极情绪的理论有下列几种：

（1）积极情绪的拓展—塑造理论。积极情绪的拓展—塑造理论（Broaden and Buildtheory）是弗瑞克森提出来的。他认为某些积极情绪，如快乐、兴趣、满意、自豪和爱，虽然表现出来的现象不同，但它们都有拓展人们短暂的思维行动倾向的功能。从进化的角度来说，积极情绪不是为了解决迫切的生存问题，而是为了解决个人的成长和发展问题，因而积极情绪能拓展人们的思维行动倾向。这些积极情绪都以某种方式提高思维的创造性与灵活性，对环境的处理方式也更积极，人际关系也会得到相应的改善，从而给人们带来间接的、长期的适应价值。

（2）积极情绪对认知的影响。艾施提出了积极情绪对认知影响的神经心理学理论。这个理论认为，适度的积极情绪状态会使中脑边缘皮层、前扣带皮层的多巴胺水平升高，而这种神经递质会提高思维的灵活性，使个体克服习惯化反应的能力增强。这个理论很好地解释了一系列发现积极情绪促进问题解决、决策制定等任务成绩的研究。

（3）积极情绪提高了应对压力的能力。比其他人更容易产生积极情绪的人被称为弹性个体。弹性个体会从压力和消极情绪体验中迅速有效地恢复并灵活地改变，以适应环境，就像弹性金属那样伸缩、弯曲，但却不会损坏。采用高压力性任务来诱发被试者的消极情绪发现，高心理弹性的个体在压力性任务前和任务中报告了更多愉快、兴趣这样的积极情绪。积极情绪与心理弹性无论在高压力还是低压力的日子里都存在交互作用，并能持续帮助和促进个体恢复状态，还能调节消极情绪和压力之间的联系。

（4）积极情绪的来源，目前有三种理论观点：

第一种观点来自临床心理学的研究，认为积极情绪似乎是特质性的，这种特质应是遗传的或是进化性的，积极情绪的产生与多巴胺递质和教养因素有关。

第二种观点认为积极情绪是环境的产物，来自多个方面的积极刺激，如个人经历、环境刺激、外在事件，都会产生积极情绪。

第三种观点强调意志性变量，认为人们所主动做出的选择将直接影响积极情绪的出现。如确定通过努力可达到的目标、全身心投入工作等都可以产生积极情绪。

3. 积极情绪的测量

积极情绪的测量常从主观体验、生理唤醒和外部表现三个方面来测量。从情绪的主观体验角度测量，即采用自我报告的方法来测量积极情绪，通过积极情绪的问卷和量表进行，比较常用的是奥森编制的积极情感和消极情感量表（The Positive Affect and Negative Affect Schedule, PANAS）。这个量表是根据维度理论编制的，因为其有心理测量学的特点，从而被广泛地应用。但此量表比较适合测量一段时间内的心境变化，而不太适合测量瞬间产生的情绪状态。

从情绪的生理唤醒角度测量情绪的另一个成分，就是生理唤醒，包括外周上的变化以及中枢神经系统上的生理变化。可以采用以下一些仪器和技术来测量积极情绪，如生理多导仪、脑电图（EEG）、脑功能神经成像技术即正电子发射断层技术（PET）和核磁共振技术（NMRI）。

从情绪的外部表现角度，即表情测量情绪的外部表现。通过记录肌电图（EMG）发现，微笑伴有颊骨和眼睛附近轮匝肌的运动，而在消极情绪产生时，则有更多的皱眉肌的活动。

4. 小学生学习积极情绪的研究现状及概念界定

（1）小学生学习积极情绪的研究现状。积极情绪这一范畴的理论和应用极大地丰富了该情绪的内涵和外延，就目前国内的研究来看，可以从以下几个方面了解其研究进展。

在研究积极情绪对认知的扩展效应中，积极情绪状态下心理旋转任务的成绩显著高于消极情绪状态下心理旋转任务的成绩。积极情绪促进了心理旋转，同时积极情绪状态下问题解决任务的成绩显著高于中性情绪状态和消极情绪状态下问题解决任务的成绩，即积极情绪促进了问题解决。

已有研究发现，积极情绪能够扩展注意范围，但这些研究所诱发的积极情绪基本都是低趋近的积极情绪，如愉悦（Amusement）、快乐（Happy）等。董俊发现，积极情绪对注意范围的影响会受积极情绪本身的特性即趋近水平的影响。高趋近的积极情绪和低趋近的积极情绪对注意范围的影响是不同的。高趋近的积极情绪会缩小个体的注意范围，低趋近的积极情绪会扩大个体的注意范围。同一种效价的积极情绪对注意范围的影响是完全不同的。

谭晟认为，积极情绪与心理弹性无论在高压力还是低压力的情况下都存在交互作用，能持续帮助和促进个体恢复状态并调节消极情绪和压力之间的联系。

在教师职业及教师情绪方面，邹锐认为，积极教学情绪的表现特征有教学语言优美、师生自由对话、学生思维活跃。而教学的客观环境、教师的综合素养和学生的学习情绪则会影响教师的情绪。杜鹃认为，积极情绪对教师职业倦怠的直接效应显著并直接影响教师职业倦怠，积极情绪对个人资源的直接效应显著。

总而言之，人们对积极情绪的研究不仅仅停留在理论方面，还涉及实践方面，并已注重与课堂教学有关的研究，但是，针对小学生这个团体的积极情绪研究还是空白，这也是我选择研究小学生学习积极情绪、数学课堂行为与数学学业水平的主要原因。本研究可以帮助小学教师关注小学生的情绪情感体验，培养学生课堂学习的积极情绪，进而影响数学课堂行为，提高学生数学学习成绩。更重要的是，这些积极情绪和良好的课堂行为的培养对学生而言是终身受益的，有利于学生终身学习。

（2）小学生学习积极情绪概念界定。小学生学习积极情绪是指小学生在学习过程中所表现出来的愉悦的情绪情感体验，它是刺激、激发和维持个体学习这一需要的动力，或在目标实现过程中取得进步或得到他人积极评价时所产生的感受，并能提高人的积极性和活动能力。

（二）课堂行为的研究概述

1. 课堂行为的研究现状

小学生的课堂行为可分为课堂问题行为、中性行为和良好行为三种。

（1）课堂问题行为。所谓课堂问题行为，一般指发生在课堂上的与课堂行为规范和教学要求不一致并影响正常课堂秩序及教学效率的课堂行为。它是消极的、负面的，且具有普遍性和差异性。

人们对问题行为的认识不尽相同，目前最普遍的一种分类是根据学生行为表现的倾向，将课堂问题行为分为外向性问题行为和内向性问题行为两大类。外向性问题行为是指直接干扰课堂正常教学活动的攻击性行为，是易被察觉的行为，主要有相互争吵、挑衅、推撞、交头接耳、高声喧哗、做滑稽表演、出怪调、故意顶撞班干部或教师、迟到、早退、走动等。内向性问题行为是指不易被觉察、对课堂教学活动的正常进行不构成威胁的退缩性行为，虽不直接影响他人学习和课堂秩序，但是对教学效果和教学质量影响很大，甚至对自身人格发展具有较大的危害。主要表现为课堂上心不在焉、胡思乱想、发呆、害怕提问、抑郁、神经过敏、烦躁不安、乱涂乱画等。由于小学生身心发展具有特殊性（如情绪、情感的波动性大，依赖教师的指令调节行为，抽象逻辑思维能力较差，等等），因此，在小学阶段，课堂问题行为更多趋向外向性问题行为。

（2）中性行为。中性行为是指既不促进又不干扰课堂教学的行为。许多问题行为往往是由这些中性行为发展而来的，或是由于教师的处理失当转化来的，既不增进也不干扰他人学习，如走神、做小动作、私下阅读、睡眠等，这些都会影响课堂活动。由于小学生年龄还小，特别是三年级以下的儿童还很难对自己的课堂行为产生的原因有明确的心理归因分析。因此，在小学阶段，同伴的各种问题行为和良好行为对团体心理，尤其是对中性行为的影响非常明显。

（3）良好行为。良好行为是指与促进课堂教学目的的实现相联系的行为，如积极回答问题、记笔记、勤于思考等。目前对于良好行为的研究较少，而对于如何培养良好行为习惯的研究较多，并总结了很多方法技巧。不同国家不同民族的价值观不一样，从而导致对于良好行为的标准不一样。

中国人和外国人对孩子的评价采用完全不同的思维方式和衡量标准。中国人对好孩子的评判标准是稳、乖、听话，多把孩子往这个方向去塑造和培养，而孩子好动、怪异、不合规矩的一些行为，都会受到家长的批评。但是在国外，很多家长并不认为孩子的这种行为是不好的，反而觉得这是这个年龄再正常不过的事情。家长们更看重孩子在他这个年龄所表现出的天真与自然，并充分尊重孩子的个性成长。

2. 小学生数学课堂行为的研究现状及概念界定

（1）小学生数学课堂行为的研究现状。大量文献研究发现，人们对教师课堂行为的研究比较多。如郭应平认为教师课堂行为的调整有助于学生产生积极情感并使学生的成绩得到提高。秦淑敏研究发现，教师在课堂中对男生的课堂行为关注比较多，而且教师对男生的表扬和批评存在着显著的差异。同时教师对班干部的课堂行为关注也比较多，而且教师对班干部倾向用表扬的方式。人们对学生的课堂行为研究比较少，相关研究诸如大多数学生的课堂表现行为，也都与学生的学业成绩密切相关，目标导向和课堂参与可以预测学生的学习成绩。不过对于学生课堂行为的思考的文章还是比较多的。涂光葫讨论了在低年级数学教学实践中总结的一系列培养学生良好学习习惯的方法，比如专心听讲、善于思考、善于质疑、乐于合作等。尹晶萍认为，在良好行为习惯培养的过程中要坚持形式和方法的多样化，采用渐进的方式，逐步要求学生递减不良行为的次数和频率，在不断改正错误中，培养学生良好的行为习惯。总体来讲对于学生课堂学习习惯思考的文章还是比较多的。

（2）小学生数学课堂行为的概念界定。所谓小学生数学课堂行为是指小学生在数学课堂上所表现出的种种行为，既有外显的行为也有内隐的行为，既有良好的行为也有问题的行为。本文研究小学生正性的课堂行为，主要包括自主与合作、注意与倾听、发言与评价、质疑与提问、思考与探究。

（三）学业水平的研究概述及概念界定

1. 小学生数学学业水平概述

学业水平测试是一种低风险测试。它的特点是以独特的、不具运算意义的两位数字（Two-Digit）的成绩编码（Coding）方式记录成绩，并以群体成绩的方式解释学生间的学习能力差异，是进行国际或地区间教育质量监控的一种综合性测查工具。当然这些都是根据国外研究而得出来的。目前国内各相关领域的研究常通过学业水平考试、学业水平评价等来对学生间的学习能力差异进行研究和分析，但对于小学学业水平没有深入的研究。

学业水平考试，即对学生各学科学业目标达成情况进行的测试，目的是加强对中小学的课程管理和质量监控。国内现在的学业水平考试，基本上有两种形式：初中毕业统一考试和高中毕业统一考试，和发达国家相比，内容不够科学。

以美国加州的学业水平考试为例，其建立了比较完善的学业水平考试和报告，具体用Academic Performances Index（API）指数来衡量。API指数是用来评价学校在教学质量方面的表现的。加州中小学对学生的学业评价主要有四个方面的内容：加州标准测验成绩（CST成绩）、学区举行的基准考试成绩（Benchmark Assessment）、课堂小测验和平时成绩。由这四项组成的评价才是称得上是比较科学的学业水平评价。数学学业水平隶属于学业水平，其发展随学业水平的发展而发展。

2. 小学生数学学业水平概念界定

在国内还没有一套比较完善的学业水平考试，所以本文只能把小学生数学学业水平定义为小学生在小学阶段的数学学业成绩表现，主要取离问卷测试时间最近的三次数学测试成绩的平均分。

三、研究设计

研究设计包括研究内容、总体思路、研究方法、研究工具和研究模型图。

（一）研究内容

在研究文献、参考已有问卷、与教师学生访谈的基础上，编制了小学生学习积极情绪量表和数学课堂行为量表，然后利用这两个量表进行问卷调查，探究小学生学习积极情绪、数学课堂行为与数学学业水平的关系，并对实验结果进行分析研究。

（二）总体思路

阅读大量文献—对文献分析整理—完成开题报告—调查访谈—制定量表—试测—对量表进行修改—正式测试—输入结果—SPSS分析和Amos分析—撰写研究论文。

（三）研究方法

文献研究法：通过研究大量的文献，对已有研究的成果进行分析与综合，提升其理论和实践价值。

观察法：观察课堂上那些具有积极情绪和良好课堂行为的学生的特征，并对其特征进行总结、归纳、推理，形成学生积极情绪量表。

调查法：编制开放式问卷，对一线教师进行问卷调查，总结出教师认为好的课堂行为，最终编制学生课堂行为量表。

行动研究法：结合自己的教育教学实践，与导师密切合作，研究课堂教学中的实际问题。

问卷研究法：对学生进行问卷调查，获取数据并对数据进行分析，得出结论。

（四）研究工具

1. 学习积极情绪量表的编制

布位德伯恩的"正性情感量表和负性情感量表"是比较受欢迎的一个量表，用于检测一般人群的心理满意程度。该量表有10个项目，它们是一系列描述"过去几周"感受的是非题，信度和效度较好。

邱林、郑雪、王雁飞在《积极情感 消极情感量表（PANAS）的修订》中，对积极情感、消极情感量表（PANAS）进行了修订。他们在收集了几种主要的情感模型中积极情感和消极情感项目后，最终确定了积极情感项目和消极情感项目各9项，构成最终量表。修订后的积极情感和消极情感量表具有良好的效果。积极情感量表信度达0.85以上，消极情感量表信度达0.84以上。

本研究主要参考弗瑞克森的积极情绪理论，它包括快乐（Joy）、兴趣（Interest）、满足（Contentment）、爱（Love）、自豪（Pride）和感恩（Gratitude）六个因子，结合以上两个量表编制学习积极情绪量表。

2. 数学课堂行为量表编制

目前还没有一个比较科学的课堂行为量表，只有一些简单的学生课堂表现评价表，其效度和信度不得而知。当然，也有较好的儿童行为量表，比如阿肯巴克的儿童行为量表（CBCL）、康纳斯儿童行为问卷就具有很好的信度和效度。

参考以上量表，笔者自编了一份科学合理的小学生数学课堂行为量表。

其步骤如下：

（1）通过文献研究和开放式问卷调查，收集小学生课堂行为项目，设计小学生数学课堂行为初始观察表。

（2）进行多次观察，然后再进行项目分析，方法是探索性因素分析和验证性因素分析。

（3）形成最终的小学生课堂行为问卷并正式施测，收集数据。

（五）研究模型图

根据学习积极情绪、数学课堂行为和数学学业水平的关系，设计了如下研究模型（见图1）。

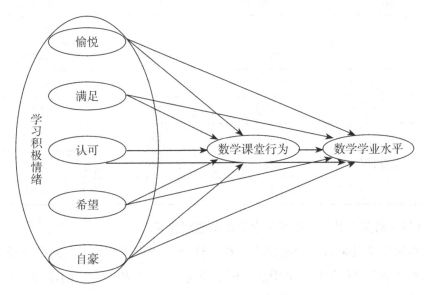

图1 学习积极情绪、数学课堂行为和数学学业水平的关系

四、编制学习积极情绪量表和数学课堂行为量表

（一）研究目的

本研究结合弗瑞克森的积极情绪理论，探究小学生学习积极情绪量表的内容维度，形成小学生学习积极情绪问卷。探究小学生数学课堂行为问卷的内容维度，采用开放式调查问卷，形成小学生数学课堂行为量表。

（二）研究假设

假设1：小学生学习积极情绪是可测量并且是多维度的。

假设2：小学生数学课堂行为是可测量并且是多维度的。

（三）研究对象

采取整群抽样法在深圳市南山区公办小学中选取3所学校，并在3所小学的五、六年级中抽取4个教学自然班进行整班调查。这3所学校是根据其在南山区的生源和综合成绩排名（好、中、差）情况选取的——都是很具有代表性的学校，并且分布较合理。本研究共发放问卷540份，回收540份，回收率为100%。其中有效问卷421份，有效回收率为78%（见表1）。

表1　被试情况分布表

项目	分类	人数	百分比
性别	男	235	55.8%
	女	186	44.2%
年级	五年级	204	48.5%
	六年级	217	51.5%
学校分布	A校	151	35.9%
	B校	139	33%
	C校	131	31.1%

（四）研究工具——小学生学习积极情绪量表

本研究工具采取"理论建构—探索性分析—验证性分析"的研究设计思路对整体研究进行规划，采用从"理论构建"到"结构验证"的步骤，以理论驱动为切入点编制"小学生学习积极情绪量表"和"小学生数学课堂行为量表"。无论试测还是正式施测，我都对问卷调查过程中可能出现的问题做了精心思考，和同学或导师多次交流，亲自到场测试，亲自输入数据和核对数据，以保证其具有较高的质量。还对测量的时间和指导语予以统一，对收集到的数据运用Excel、SPSS12.0和Amos7.0进行管理和统计分析。

1. 小学生学习积极情绪量表的编制

在编制学习积极情绪量表的过程中，预设学习积极情绪包括六个维度，每个维度至少包括5个题项，共33个题项。采取多次衡量、多人修改与校对的方式，并请两个博士生指导，最终形成预测问卷。

2. 小学生学习积极情绪量表的试测和项目分析

在试测过程中，选取南山区3所公办小学（按照生源和排名），每个学校选取一或两个平行班，形成有效试卷162份，输入SPSS12.0中，对其进行项目分析和探索性因子分析。

项目分析要求出每一个题项的"临界比率"（Criticalratio，CR值），即将所有受试者在预试的得分总和依高低排列，前27%为高分者，后27%为低分者，求出高低两组受试者每题得分平均数差异。如果题项的CR值达到显著水准（α<0.05或α<0.01）则表示这个题目能鉴别不同受试者的反应程度。从结果来看，a1~a33和b1~b39中，只有两道题目没有鉴别度，它们是a28和b13，于是将其删除，其结果见表2。

表2　t-Test

		方差方程的 Levene 检验		均值方程的 t 检验						
		F	Sig.	t	Df	Sig.（双侧）	均值差值	标准误差值	差分的95% 置信区间	
									下限	上限
a28	假设方差相等	2.274	0.135	1.641	91	0.104	0.333	0.203	−0.070	0.735
	假设方差不相等	—	—	1.639	89.477	0.105	0.333	0.203	−0.071	0.736
b13	假设方差相等	5.099	0.026	1.176	90	0.243	0.191	0.163	−0.132	0.514
	假设方差不相等	—	—	1.202	77.208	0.233	0.191	0.159	−0.126	0.508

3. 小学生学习积极情绪量表的探索性因子分析

为检验小学生学习积极情绪量表的结构效度（Construct Validity），将对其进行因素分析。所谓结构效度是指一个测验实际测到所要测量的理论结构和特质的程度。因素分析的目的是找出量表潜在的结构，减少题项的数目，使之变为一组数目较少但彼此相关较大的变量，这种方法又称为"探索性因子分析"（Exploratory Factor Analysis）。表3给出了KMO检验和Bartlett's球状检验结果，其中KMO值为0.932。根据统计学家冯启思给出的分析，KMO取值大于0.6，适合做因子分析。Bartlett's球状检验给出的P值为0.01，拒绝其零假设，被认为变量适合做因子分析。

表3　KMO检验和Bartlett's球状检验

KMO检验值	Bartlett's球状检验		
	检验值	df	Sig.
0.932	4013.516	325	0.000

接着对每一个维度进行探索性因素分析，抽取不同的二级因素，并根据项目的内容和弗瑞克森关于积极情绪的划分对二级因素和维度进行重新设置，使用SPSS12.0进行探索性因素分析。

利用因子萃取方法进行分析，结果显示在第五个因子处，开始形成碎石，其后的坡度线比较平坦，由此可以看出保留5个因素较为适宜（如图2）。

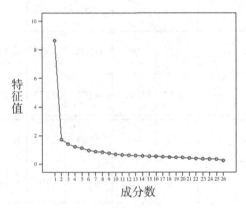

图2　学习积极情绪碎石图

利用主成分分析法共抽取5个因子，共解释总方差的60.441%。逐个删除载荷量低的项目。删除10个项目后，学习积极情绪量表由5个维度、26个项目构成。采用斜交法进行因子旋转，以明晰因子间的关系，得到因子负荷矩阵，其方差累计贡献率为54.46%。统计分析结果见表4。

表4　学习积极情绪量表各因子的特征值、方差贡献率和方差累积贡献率

因素	特征值	贡献率%	累积方差贡献率%
愉悦	3.29	12.67	12.67
满足	3.26	12.54	25.21
认可	3.21	12.34	37.55

续 表

因素	特征值	贡献率%	累积方差贡献率%
希望	2.25	8.63	46.18
自豪	2.15	8.28	54.46

对其结果进行极大方差旋转，提取旋转后因子负荷量在0.40以上的题项。再结合弗瑞克森关于积极情绪的理论，经过分析得出，快乐和兴趣维度的题目都进入同一个纬度。后来考虑这两个维度的关系与题项的意义，决定舍其一。经过分析对比，从以下5个维度去构建学生的学习积极情绪，它们是愉悦、满足、认可、希望和自豪。再结合这5个维度所包含的内容，选取合适的项目，删除不合格的项目，最终小学生学习积极情绪量表每个维度的题项如下（见表5）。

表5 小学生学习积极情绪量表每个维度的题项

愉悦		满足		认可		希望		自豪	
项目	载荷	项目	载荷	项目	载荷	项目	载荷	项目	载荷
a1	0.71	a11	0.57	a4	0.50	a26	0.59	a16	0.55
a3	0.42	a12	0.65	a6	0.48	a27	0.67	a17	0.70
a8	0.70	a13	0.64	a7	0.54	a31	0.71	a18	0.46
a9	0.57	a15	0.54	a14	0.40	a33	0.53	a20	0.80
a10	0.79	a19	0.59	a22	0.61				
		a23	0.64	a24	0.61				
		a25	0.64						

4. 小学生学习积极情绪量表的正式测试

根据探究性因子分析对小学生学习积极情绪的研究结果，形成了正式的学习积极情绪量表，共5个维度、26个项目。对量表重新设置后进行正式测试，并对试卷进行筛选，获得有效试卷421份。统计分析采用SPPS12.0和Amos7.0。

5. 小学生学习积极情绪量表的验证性因子分析

利用Amos7.0软件对学习积极情绪量表进行验证性因素分析，以检验学习积极情绪假设模型的适配度，确定学习积极情绪的内容维度。按照验证性因子分析的操作步骤，笔者检验了样本数据与假设模型的拟合度，得到小学生积极情绪假设模型的标准化解。结果显示学习积极情绪量表各项指标CFI、NFI和IFI均大于0.90，RMEA小于0.08（见表6）。说明量表中包含的条目能较好地代表量表维度的含义，学习积极情绪模型是可以接受的模型。

表6 学习积极情绪评定量表模型验证拟合指数（$n=421$）

量表	x^2	df	x^2/df	RMSEA	NFI	CFI	IFI
学习积极情绪	579.777	289	2.006	0.061	0.95	0.97	0.97

笔者检验了数据与假设模型的拟合度，得到了小学生学习积极情绪假设模型标准化解（如图3）。

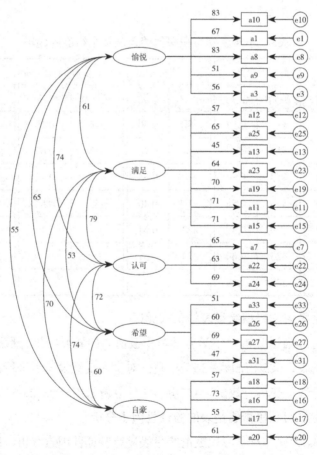

图3 小学生学习积极情绪假设模型标准化解

6. 小学生学习积极情绪量表信效度分析

（1）问卷的信度。信度又称可靠性，指的是测量的一致性程度。本研究采用Cronbach.sα一致性信度系数来考察自编问卷的同质性信度。如表7所示，学习积极情绪问卷共分为5个分量表，其信度系数在0.651～0.825之间，总量表信度为0.917，说明学习积极情绪问卷的信度较高。

表7　学习积极情绪信度表

	愉悦	满足	认可	希望	自豪	总量表
α 系数	0.805	0.825	0.805	0.651	0.712	0.917

再来看一下分半信度，其值为0.870，由此得出问卷具有较高的分半信度。

（2）问卷的效度。从各维度和总量表之间的相关性（见表8）得知，各分维度与总量表的相关度均显著，相关系数介于0.67～0.88，相关度较高，从而表明内容效度比较理想。再看结构效度，各分维度之间的相关度在0.39～0.65之间，说明5个维度之间具有较好的相对独立性，该量表具有一定的结构效度。

表8　学习积极情绪问卷各维度和总量表的相关度

	愉悦	满足	认可	希望	自豪	积极情绪
愉悦	1.00					
满足	0.53**	1.00				
认可	0.65**	0.63**	1.00			
希望	0.50**	0.39**	0.57**	1.00		
自豪	0.44**	0.53**	0.56**	0.42**	1.00	
积极情绪	0.80**	0.83**	0.88**	0.67**	0.72**	1.00

注：**在0.01水平（双侧）上显著相关。

从以上数据分析可以看出，本问卷经过项目筛选后，剩余各项目具有良好的鉴别能力。通过探索性因子分析和验证性因子分析，得到了小学生学习积极情绪的5个维度，它们分别是愉悦、满足、认可、希望和自豪，能够较好地反映研究的设计构想，和理论吻合。信度和效度的数据亦表明本研究问卷可信且有效。

（五）研究工具——小学生数学课堂行为量表

1. **小学生数学课堂行为量表的编制**

通过文献阅读，发现对数学课堂行为的调查还没有一份较科学的问卷，基本上都是以课堂观察表为主。笔者通过开放式问卷，对南山区4所小学有经验的一线教师（共29名）进行开放性问卷调查，问题是：您认为小学数学课堂有哪些较好的课堂行为（请至少列出五项）？通过开放性问卷调查、整理和分析，得出了数学课堂行为观察项目（如图4）。结合有关文献资料，研究后初步确定以准备与习惯、注意与倾听、思考与质疑、发言与评价、探究与创新、自主与合作作为数学课堂行为的构想效度，编制小学生数学课堂行为调查问卷。预测问卷的题项设计一方面参考了大量与课堂行为有关的文献；另一方面参考一线教师对于课堂行为的经验之谈。编制出调查问卷后对问卷进行了多次调整与修改，并请一线教师以及导师进行斟酌，力求语言和内容适合小学高年级学生的年龄特点，最后请导师和博士生进行指导，形成试测量表。

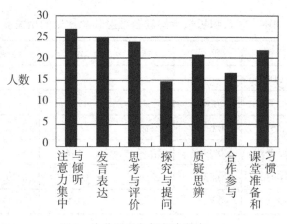

图4　数学课堂良好行为调查

2. **小学生数学课堂行为量表的试测及初步分析**

对问卷进行初步的项目分析，按总分把被试者分成高分组和低分组，然后检验这两组被试者在每个题项的得分是否有差异。结果表明问卷除b13外，其余各小题的t值均具有鉴别度，能鉴别出不同受试者的反应程度。由于b13的t值不显著，不具有鉴别度，于是删掉这道题。

对剩余题目进行探索性因子分析。表9给出了KMO检验和Bartlett's球状检验结果。其中KMO的值为0.933，属于较高，再结合Bartlett's球状检验结果，认为适合做因子分析。

表9　KMO检验和Bartlett's球状检验

KMO检验值	Bartlett球状检验		
	检验值	df	Sig.
0.933	5815.269	496	0.000

采用探索性因子分析法对问卷做初步分析。从碎石图上可以看出，从第五个因子后开始趋于平缓，故提取前五个因子，其方差累计贡献率为53.56%。（见图5）

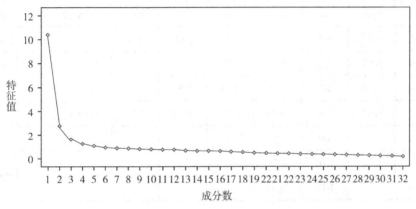

图5　数学课堂行为碎石图

我们采取主成分分析法，再对剩下的27个题目做因子分析。统计结果见表10。

表10　数学课堂行为量表的因子分析

因素	特征值	贡献率	累积贡献率
自主与合作	4.42	13.81	13.81
注意与倾听	4.41	13.78	27.59
发言与评价	3.41	10.66	38.25
提问与质疑	2.90	9.07	47.32
思考与探究	2.00	6.24	53.56

对其结果进行极大方差旋转，提取旋转后因子负荷量在0.5以上的题，由探索性因子分析结果可以确定5个分量表。根据每一个公共因素所包含项目的内容，对这5个分量表进行命名。结合对一线教师调查结果的分析发现，准备与习惯这个维度的题目都被移到其他维度上了。再进一步分析研究，准备与习惯这些题项确实可以归为其他维度的题项，于是将数学课堂行为归为以下5个维度：自主与合作、注意与倾听、发言与评价、提问与质疑、思考与探究，并对其进行探索性因子分析，其评定量表各因子题项及载荷见表11。

表11　小学生数学课堂行为评定量表各因子题项及载荷

自主与合作		注意与倾听		发言与评价		提问与质疑		思考与探究	
项目	载荷	项目	载荷	项目	载荷	项目	载荷	项目	载荷
b21	0.46	b1	0.57	b4	0.76	b15	0.78	b14	0.59
b33	0.57	b5	0.50	b22	0.60	b16	0.38	b18	0.54
b36	0.67	b6	0.75	b23	0.75	b17	0.67	b19	0.64
b37	0.66	b7	0.75	b24	0.53	b29	0.77		
b38	0.53	b8	0.79	b25	0.55	b35	0.54		
		b9	0.66	b32	0.52				
		b10	0.58						
		b11	0.60						

3. 小学生数学课堂行为量表的正式测试及验证性因子分析

根据探究性因子分析，对题目进行调整、修改，编制成正式问卷，并正式施测。施测过程参考"小学生学习积极情绪量表的探索性因子分析"的内容。

利用Amos软件对小学生数学课堂行为量表进行验证性因素分析，得到拟合模型，小学生数学课堂行为量表的各项指标CFI、NFI和IFI均约等于0.90，RMEA小于0.08（见表12），说明量表中包含的条目能较好地代表量表维度的含义，数学课堂行为分5个维度是很好的模型。

表12　课堂行为评定量表模型验证拟合指数（ $n=421$ ）

量表	x^2	df	x^2/df	RMSEA	NFI	CFI	IFI
课堂行为	806.296	314	2.568	0.061	0.833	0.89	0.891

检验数据与假设模型的拟合度后，得到小学生数学课堂行为假设模型标准化解（见图6）。

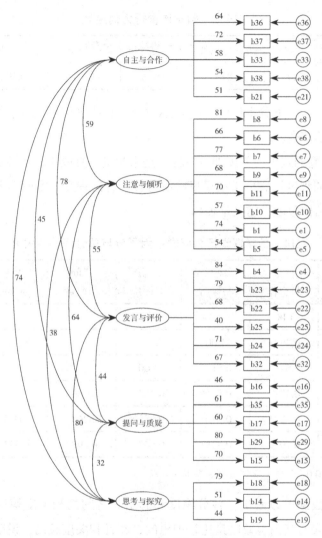

图6　小学生数学课堂行为模型标准化解

4. 小学生数学课堂行为量表信效度分析

（1）问卷的信度。信度是指测验结果的一致性、稳定性及可靠性，一般多以内部一致性来表示该测验信度的高低。本研究采用Cronbach.s α 一致性信度系数来考查自编问卷的同质性信度。如表13所示，整份问卷的 α 系数达0.915，信度系数较高，而信度系数高即表示该测验的结果一致性、稳定性、可靠性高。

而分量表的 α 系数在0.729～0.874之间（只有一个是0.592），总的来说这样的信度水平是可以接受的。

表13　数学课堂行为信度表

	自主与合作	注意与倾听	发言与评价	提问与质疑	思考与探究	总量表
α 系数	0.729	0.874	0.834	0.76	0.592	0.915

我们再来看一下分半信度，其值为0.865，总体来讲还是不错的，说明本问卷具有一定的信度。

（2）问卷的效度。效度即有效性，是指测量工具或手段能够准确测出所需测量的事物的程度。它要求结果反映所考查内容的程度。本问卷考查了问卷的内容效度和结构效度，结果见表14。

表14　数学课堂行为问卷各因子分与总分间的相关度

	自主 与合作	注意 与倾听	发言 与评价	提问 与质疑	思考 与探究	课堂 行为
自主与合作	1.00					
注意与倾听	0.49**	1.00				
发言与评价	0.64**	0.51**	1.00			
提问与质疑	0.38**	0.57**	0.42**	1.00		
思考与探究	0.52**	0.31**	0.58**	0.26**	1.00	
课堂行为	0.79**	0.81**	0.84**	0.69**	0.64**	1.00

注：**在0.01水平（双侧）上显著相关。

从以上数据可以看出，各分维度和总量表之间的相关度均显著，其值为0.64～0.84，表明其内容效度是比较理想的，并且相关度较高，说明测量的结果与要考查的内容吻合。而各维度和维度之间的相关度则在0.26～0.64之间，大部分都具有较好的相对独立性，说明该量表具有一定的结构效度。

五、研究结果

本部分只对数据进行分析，主要工作如下：①检验不同个人特征变量在学习积极情绪、数学课堂行为和数学学业水平上是否存在差异；②研究学生学习积极情绪、课堂行为和学业水平的差异；③分析小学生学习积极情绪、数学课堂行为与数学学业水平的相关度；④分析小学生学习积极情绪、数学课堂行为与数学学业水平的路径。

（一）研究内容

研究内容主要有以下几个方面：

（1）小学生学习积极情绪和课堂行为的描述研究。

（2）分析不同个人特征变量在学习积极情绪、数学课堂行为和数学学业水平上是否存在差异。

（3）分析学习积极情绪、数学课堂行为对数学学业水平是否有显著的预测作用。

（4）分析学生学习积极情绪、数学课堂行为与数学学业水平的是否高相关。

（5）分析学生学习积极情绪、课堂行为与数学学业水平的路径。

（二）研究方法

研究方法应用了各层面的描述统计、独立样本 t 检验、双因子变异分析、单因子多变量变异数分析、皮尔逊的积差相关法、路径分析等统计方法。采用的统计软件为SPSS12.0。

（三）研究对象

研究对象为参加学习积极情绪和数学课堂行为正式测验的421人。被试基本情况可以参考本义的"编制学习积极情绪量表和数学课堂行为量表"。

（四）研究工具

研究所用的工具有自编的学习积极情绪量表、数学课堂行为量表，还有数学学业成绩（取其最近三次数学考试的平均成绩）。学习积极情绪量表和数学课堂行为量表的基本情况和信效度分析已经在前面第四部分详细说明，这里不再赘述。

（五）具体内容

1. 小学生学习积极情绪和课堂行为的描述研究

由表16可以看出，就学生学习积极情绪而言，每题得分平均值为3.828，属于中上等程度范围，说明所抽取的3所学校学生的学习积极情绪较积极，学习过程中的情绪较正向。由表15可以看出，在5个层面中，以"满足"层面的得分最低，说明学生对自己的学习不满足，不满足才有奋斗的动力。而"希望"层面的得分最高，两种层面相互补充，说明学生对自己的学习现状不满足，有更高的希望和目标追求，是一个良好信号。

表15 Descriptive——描述统计量

层面	人数N	极小值 Minimum	极大值 Maximum	均值 Mean	标准差 Standard. Deviation
愉悦	421	5	25	19.036	4.047
满足	421	9	20	15.812	2.127
认可	421	9	30	22.430	4.353
希望	421	4	35	24.071	4.936
自豪	421	5	20	18.173	2.853
积极情绪总分	421	合计：42	合计：130	合计：99.522	合计：18.316
自主与合作	421	5	25	18.019	4.156
注意与倾听	421	11	40	31.743	5.784
发言与评价	421	6	30	17.998	5.256
提问与质疑	421	7	25	20.653	3.630
思考与探究	421	3	15	8.922	2.616
课堂行为总分	421	合计：46	合计：135	合计：97.335	合计：21.442
数学学业水平	421	42	100	90.610	9.608
有效的 N（列表状态）	421	—			

我们从描述统计量表（见表16）中可以看出，数学课堂行为每题平均得分为3.605。在5个层面中，以"思考与探究"层面的得分最低，而"提问与质疑"层面的得分最高。

表16 描述统计量表

层面	人数N	均值Mean	题项Item	每题平均得分
愉悦	421	19.036	5	3.807
满足	421	24.071	7	3.439
认可	421	22.430	6	3.738
希望	421	18.173	4	4.543

层面	人数N	均值Mean	题项Item	每题平均得分
自豪	421	15.812	4	3.953
学习积极情绪	421	合计: 99.5232	合计: 26	平均: 3.828
自主与合作	421	18.019	5	3.604
注意与倾听	421	31.743	8	3.968
发言与评价	421	17.998	6	3.000
提问与质疑	421	20.653	5	4.131
思考与探究	421	8.922	3	2.974
数学课堂行为	421	合计: 97.335	合计: 27	平均: 3.605
数学学业水平	421	90.610	—	—
有效的 N（列表状态）	421	—	—	—

说明：每题平均得分为均值除以题项数。

2. 分析不同性别、不同年级的小学生，其学习积极情绪、数学课堂行为与数学学业成绩间是否有显著差异

（1）分析不同性别的学生其学习积极情绪、数学课堂行为与数学学业成绩间的差异

本研究采用独立样本t检验做差异性比较，从独立样本t检验表（见表17）中得知，不同性别的学生，在"注意与倾听""思考与探究"层面有极其显著差异（表中标**），在"发言与评价"层面有边缘显著差异（表中标*）。南山区小学高年级女生在"注意与倾听"层面显著优于同段男生，但在"思考与探究"和"发言与评价"两个层面显著低于同段男生。

这样的结果跟现实状况是比较符合的，女生较男生来说，乖巧、听话、学习习惯较好，但是比较胆小，不太愿意表现自己，加上逻辑思维能力可能比不上男生，探究性和思考性有所欠缺；而男生比较大胆、爱冒险，不怕出丑，探究欲望比较强，虽然在"注意与倾听"层面的得分男生比女生低，但在"思考与探究"和"发言与评价"两个层面的得分则高于女生。

表17 性别独立样本t检验表

	性别	N	均值	标准差	均值的标准误差	t值
愉悦	1	235	19.213	4.223	0.275	1.01
	2	186	18.812	3.812	0.280	—
满足	1	235	23.923	5.103	0.333	−0.69
	2	186	24.258	4.723	0.346	—
认可	1	235	22.468	4.503	0.294	0.202
	2	186	22.382	4.168	0.306	—
希望	1	235	18.000	2.362	0.154	−1.886
	2	186	18.392	1.768	0.130	—
自豪	1	235	15.791	2.870	0.187	−0.168
	2	186	15.839	2.839	0.208	—
学习积极情绪	1	235	合计：99.396	平均：15.208	0.992	−0.199
	2	186	合计：99.683	平均：13.973	1.025	—
自主与合作	1	235	18.098	4.250	0.277	0.437
	2	186	17.919	4.043	0.296	—
注意与倾听	1	235	30.906	5.975	0.390	−3.422**
	2	186	32.801	5.364	0.393	—
发言与评价	1	235	18.519	5.220	0.341	2.299*
	2	186	17.339	5.241	0.384	—
提问与质疑	1	235	20.889	3.620	0.236	1.503
	2	186	20.355	3.629	0.266	—
思考与探究	1	235	9.366	2.581	0.168	3.990**
	2	186	8.360	2.558	0.188	—
数学课堂行为	1	235	合计：97.779	平均：16.691	1.089	0.617
	2	186	合计：96.774	平均：16.441	1.206	—

注：1为男；2为女。

（2）分析不同年级的小学生其学习积极情绪、数学课堂行为与数学学业成绩间的差异

对于五、六年级的学生，我们也进行了独立样本t检验，从表18中可知，五、六年级的学生在学习积极情绪之"希望"这一层面的得分有极其显著差异

（表中标＊）。南山区小学五年级学生在"希望"层面显著优于六年级。

从年龄上来讲，五、六年级相差一岁，相对来讲年龄差别不大，其学习积极情绪和数学课堂行为除"希望"这一层面有显著差异外，其他未见显著差异，这也是合理的。由于年龄相差小，并且都同属于小学高年级段，与事实较吻合。但"希望"这一层面，六年级相对于五年级学生略低，可能是因为六年级学生面临毕业，无论是知识方面的学习压力还是来自父母和教师的压力都倍增，成绩的两极分化现象也比较严重，有些学生成绩退步较大，对数学学习丧失信心，因而"希望"层面的得分就比较低。

表18　年级独立样本t检验表

	年级	N	均值	标准差	均值的标准误	t值
愉悦	五	217	19.332	4.009	0.272	1.551
	六	204	18.721	4.073	0.285	—
满足	五	217	23.866	4.741	0.322	−0.878
	六	204	24.289	5.137	0.360	—
认可	五	217	22.355	4.237	0.288	−0.365
	六	204	22.510	4.483	0.314	—
希望	五	217	18.406	1.795	0.122	2.301*
	六	204	17.926	2.411	0.169	—
自豪	五	217	15.949	2.830	0.192	1.016
	六	204	15.667	2.876	0.201	—
学习积极情绪	五	217	合计：99.908	平均：13.637	0.926	0.556
	六	204	合计：99.113	平均：15.695	1.099	—
自主与合作	五	217	18.101	3.966	0.269	0.419
	六	204	17.931	4.357	0.305	—
注意与倾听	五	217	31.668	5.750	0.390	−0.275
	六	204	31.824	5.832	0.408	—
发言与评价	五	217	17.806	4.867	0.330	−0.769
	六	204	18.201	5.646	0.395	—
提问与质疑	五	217	20.843	3.540	0.240	1.109
	六	204	20.451	3.721	0.261	—

续 表

	年级	N	均值	标准差	均值的标准误	t值
思考与探究	五	217	9.041	2.510	0.170	0.969
	六	204	8.794	2.725	0.191	—
数学课堂行为	五	217	合计：97.461	平均：15.542	1.055	0.161
	六	204	合计：97.201	平均：17.633	1.235	—

3. 分析学生学习积极情绪、课堂行为对学业水平是否有显著的预测作用

（1）分析不同学习积极情绪的学生在数学课堂行为5个层面是否有显著差异

从多变量变异分析摘要表（见表19）中可以看出，不同学习积极情绪的学生在数学课堂行为五个层面有显著差异（Wilks Λ=0.406***），此种差异是由自主与合作、注意与倾听、发言与评价、提问与质疑、思考与探究五方面因素造成的。再从单变量变异数检验结果来看，五个层面的事后比较均显示"高分组"学生的数学课堂行为均显著优于"中分组""低分组"的学生，而"中分组"学生的数学课堂行为又显著优于"低分组"学生。可见学习积极情绪越高的学生，其数学课堂行为表现越好。

表19 不同学习积极情绪对数学课堂行为之多变量变异分析摘要表

变异来源	层次名称	SSCP	Df	MS	F	事后比较
TING（组间）	自主与合作	2325.665	2	1162.833	98.629***	1>2；1>3；2>3
	注意与倾听	6244.480	2	3122.240	167.195***	1>2；1>3；2>3
	发言与评价	4841.948	2	2420.974	149.676***	1>2；1>3；2>3
	提问与质疑	1469.948	2	734.974	75.606***	1>2；1>3；2>3
	思考与探究	508.392	2	254.196	44.908***	1>2；1>3；2>3
Error（误差）	自主与合作	4928.183	418	11.790	—	
	注意与倾听	7805.814	418	18.674	—	
	发言与评价	6761.050	418	16.175	—	
	提问与质疑	4063.420	418	9.721	—	
	思考与探究	2366.021	418	5.660	—	

注：1为高分组；2为中分组；3为低分组；***代表p<.001。

（2）分析不同数学学业水平的学生在数学课堂行为五个层面是否有显著差异

从多变量变异数分析摘要表（见表20）中可以看出，不同数学学业水平的学生在数学课堂行为五个层面有显著差异（Wilks Λ =0.775***，***代表p<.001），此种差异是由自主与合作、注意与倾听、发言与评价、提问与质疑、思考与探究五方面因素造成的。再从单变量变异数检验结果来看，五个层面中的"自主与合作""注意与倾听""发言与评价""提问与质疑"事后比较均显示"高分组"学生的数学课堂行为均显著优于"中分组""低分组"的学生，"中分组"学生的数学课堂行为显著优于"低分组"学生。而"思考与探究"层面事后比较则显示"高分组"学生的数学课堂行为均显著的优于"中分组""低分组"的学生，而"高分组"学生的数学课堂行为与"中分组"学生差异不显著。这与表15中"思考与探究"层面的得分最低相互对应，因为得分都比较低，所以对于"高分组"和"中分组"的学生差异难以显著。可见学生数学学业水平越高的学生，其数学课堂行为表现越好。

表20 不同学习积极情绪对数学课堂行为之多变量变异分析摘要表

变异来源	层次名称	SSCP	Df	MS	F	事后比较
TING（组间）	自主与合作	939.678	2	469.839	31.103	1>2；1>3；2>3
	注意与倾听	2448.694	2	1224.347	44.113	1>2；1>3；2>3
	发言与评价	1416.691	2	708.346	29.067	1>2；1>3；2>3
	提问与质疑	650.675	2	325.338	27.852	1>2；1>3；2>3
	思考与探究	189.266	2	94.633	14.732	1>3；2>3
Error（误差）	自主与合作	6314.170	418	15.106	—	—
	注意与倾听	11601.600	418	27.755	—	—
	发言与评价	10186.306	418	24.369	—	—
	提问与质疑	4882.693	418	11.681	—	—
	思考与探究	2685.148	418	6.424	—	—

注：1为高分组；2为中分组；3为低分组。

（3）不同数学学业水平的学生在学习积极情绪五个层面是否有显著差异

从多变量变异数分析摘要表（见表21）中可以看出，不同数学学业水平的学生在学习积极情绪五个层面有显著差异（Wilks Λ =0.747******代表

p<0.001），此种差异是由愉悦、满足、认可、希望、自豪五个因素造成的。再从单变量变异数检验结果来看，五个层面中的"满足""认可""希望"事后比较均显示"高分组"学生的数学课堂行为均显著优于"中分组""低分组"的学生，而"中分组"学生的数学课堂行为又显著优于"低分组"学生。而"愉悦"和"自豪"层面事后比较则显示"高分组"学生的数学课堂行为均显著优于"中分组""低分组"的学生，而"高分组"学生的数学课堂行为与"中分组"学生差异不显著。可见学生数学学业水平越高的学生，其学习积极情绪的表现越积极、越正向。

表21　不同数学学业水平对学习积极情绪之多变量变异分析摘要表

变异来源	层次名称	SSCP	Df	MS	F	事后比较
TING（组间）	愉悦	726.954	2	363.477	24.699***	1>3；2>3
	满足	2306.638	2	1153.319	60.829***	1>2；1>3；2>3
	认可	805.624	2	402.812	23.537***	1>2；1>3；2>3
	希望	162.102	2	81.051	19.491***	1>2；1>3；2>3
	自豪	259.914	2	129.957	17.200***	1>3；2>3
Error（误差）	愉悦	6151.512	418	14.717	—	—
	满足	7925.225	418	18.960	—	—
	认可	7153.559	418	17.114	—	—
	希望	1738.240	418	4.158	—	—
	自豪	3158.262	418	7.556	—	—

注：1为高分组；2为中分组；3为低分组；***代表p<.001。

4. 小学生学习积极情绪，课堂行为与学业水平的相关分析

在双变量数据相关分析（见表22）中，由于这里的变量都是连续变量，利用皮尔逊的统计指标——相关系数求二者之相关程度，相关系数可作为两个连续变量间线性相关的指标。分析可知：愉悦、满足、认可、希望、自豪、学习积极情绪、自主与合作、注意与倾听、发言与评价、提问与质疑、思考与探究，与学生的数学课堂行为均呈显著的正相关，其系数分别为0.397、0.517、0.366、0.343、0.330、0.506、0.419、0.477、0.413、0.410、0.284、0.537，其解释变异量（又称决定系数，为相关系数的平方）分别为0.1576、0.2673、0.1340、0.1176、0.1089、0.2560、0.1756、0.2275、0.1706、0.1681、0.0807、0.2884。

表22 Correlations——相关分析

	数学成绩	愉悦	满足	认可	希望	自豪	学习积极情绪	自主与合作	注意与倾听	发言与评价	提问与质疑	思考与探究	数学课堂行为
成绩	1	0.397	0.517	0.366	0.343	0.330	0.506	0.419	0.477	0.413	0.410	0.284	0.537
显著性Sig.		0.000	0.000	0.000	0.000	0.000	0.000	0.000	0.000	0.000	0.000	0.000	0.000
n	421	421	421	421	421	421	421	421	421	421	421	421	421
愉悦	0.397	1	0.526	0.648	0.503	0.443	0.805	0.434	0.638	0.458	0.499	0.257	0.627
显著性Sig.	0.000	—	0.000	0.000	0.000	0.000	0.000	0.000	0.000	0.000	0.000	0.000	0.000
n	421	421	421	421	421	421	421	421	421	421	421	421	421
满足	0.517	0.526	1	0.633	0.388	0.531	0.829	0.487	0.632	0.583	0.500	0.399	0.700
显著性Sig.	0.000	0.000	—	0.000	0.000	0.000	0.000	0.000	0.000	0.000	0.000	0.000	0.000
n	421	421	421	421	421	421	421	421	421	421	421	421	421
认可	0.366	0.648	0.633	1	0.573	0.555	0.880	0.626	0.607	0.687	0.496	0.473	0.770
显著性Sig.	0.000	0.000	0.000	—	0.000	0.000	0.000	0.000	0.000	0.000	0.000	0.000	0.000
n	421	421	421	421	421	421	421	421	421	421	421	421	421
希望	0.343	0.503	0.388	0.573	1	0.420	0.667	0.471	0.471	0.433	0.332	0.272	0.535
显著性Sig.	0.000	0.000	0.000	0.000	—	0.000	0.000	0.000	0.000	0.000	0.000	0.000	0.000
n	421	421	421	421	421	421	421	421	421	421	421	421	421
自豪	0.330	0.443	0.531	0.555	0.420	1	0.722	0.432	0.415	0.488	0.300	0.344	0.528
显著性Sig.	0.000	0.000	0.000	0.000	0.000	—	0.000	0.000	0.000	0.000	0.000	0.000	0.000
n	421	421	421	421	421	421	421	421	421	421	421	421	421
积极情绪	0.506	0.805	0.829	0.880	0.667	0.722	1	0.622	0.718	0.685	0.560	0.452	0.818

续表

	数学成绩	愉悦	满足	认可	希望	自豪	学习积极情绪	自主与合作	注意与倾听	发言与评价	提问与质疑	思考与探究	数学课堂行为
显著性Sig.	0.000	0.000	0.000	0.000	0.000	0.000	—	0.000	0.000	0.000	0.000	0.000	0.000
n	421	421	421	421	421	421	421	421	421	421	421	421	421
自主与合作	0.419	0.434	0.487	0.626	0.471	0.432	0.622	1	0.494	0.637	0.381	0.520	0.791
显著性Sig.	0.000	0.000	0.000	0.000	0.000	0.000	0.000	—	0.000	0.000	0.000	0.000	0.000
n	421	421	421	421	421	421	421	421	421	421	421	421	421
注意与倾听	0.477	0.638	0.632	0.607	0.471	0.415	0.718	0.494	1	0.514	0.575	0.307	0.811
显著性Sig.	0.000	0.000	0.000	0.000	0.000	0.000	0.000	0.000	—	0.000	0.000	0.000	0.000
n	421	421	421	421	421	421	421	421	421	421	421	421	421
发言与评价	0.413	0.458	0.583	0.687	0.433	0.488	0.685	0.637	0.514	1	0.425	0.578	0.841
显著性Sig.	0.000	0.000	0.000	0.000	0.000	0.000	0.000	0.000	0.000	—	0.000	0.000	0.000
n	421	421	421	421	421	421	421	421	421	421	421	421	421
提问与质疑	0.410	0.499	0.500	0.496	0.332	0.300	0.560	0.381	0.575	0.425	1	0.262	0.691
显著性Sig.	0.000	0.000	0.000	0.000	0.000	0.000	0.000	0.000	0.000	0.000	—	0.000	0.000
n	421	421	421	421	421	421	421	421	421	421	421	421	421
思考与探究	0.284	0.257	0.399	0.473	0.272	0.344	0.452	0.520	0.307	0.578	0.262	1	0.636
显著性Sig.	0.000	0.000	0.000	0.000	0.000	0.000	0.000	0.000	0.000	0.000	0.000	—	0.000
n	421	421	421	421	421	421	421	421	421	421	421	421	421
课堂行为	0.537	0.627	0.700	0.770	0.535	0.528	0.818	0.791	0.811	0.841	0.691	0.636	1
显著性Sig.	0.000	0.000	0.000	0.000	0.000	0.000	0.000	0.000	0.000	0.000	0.000	0.000	—
n	421	421	421	421	421	421	421	421	421	421	421	421	421

5. 分析小学生学习积极情绪、课堂行为对数学学业水平有影响的路径

由图7可以看出，在对学生数学学业水平有影响的路径中，有9条显著路径，直接路径为：满足⇒数学学业水平，认可⇒数学学业水平，希望⇒数学学业水平，自豪⇒数学学业水平，数学课堂行为⇒数学学业水平。间接路径为：愉悦⇒数学课堂行为⇒数学学业水平，满足⇒数学课堂行为⇒数学学业水平，认可⇒数学课堂行为⇒数学学业水平，希望⇒数学课堂行为⇒数学学业水平。

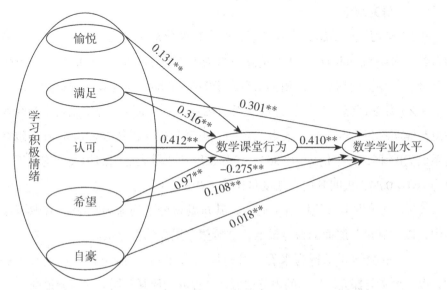

图7 小学生学习积极情绪、课堂行为对学业水平的路径分析

其中自豪直接影响学生数学学业水平，课堂行为也直接影响学生数学学业水平，而愉悦是通过数学课堂行为间接影响数学学业水平，满足、认可、希望既直接影响数学学业水平，又通过数学课堂行为间接影响数学学业水平。

结合课堂教学实践，我们通过分析发现，若学生认为数学学习是一种自豪、光荣、值得骄傲的事情，那么他就会因学习这件事情比别人获得更多的满足感，从而获得更多的学习动力，最终促进学业水平的提高。

愉悦则是一种令人感觉良好的，令神经活跃的正面情绪。研究发现它通过数学课堂行为间接影响数学学业水平。如果课堂上学生处于愉悦状态，课堂表现比较活跃，学习效果得到保证，数学学业水平就会自然而然得到提高。

满足、认可、希望既直接影响数学学业水平，又通过数学课堂行为间接影响数学学业水平。这说明三者在学生数学学习的过程中相当重要。这就要求教

师在教育教学过程中，要帮助学生树立近期目标和长远目标；在学习过程中，教师则要对学生的学习给予及时的肯定、认可及赞扬，帮助学生不断获得学习的满足感。及时的肯定与鼓励也能帮助学生增强学习动力，最终学生学习目标实现了，数学学业水平也就自然提高了。

六、总结与展望

（一）研究结论

（1）学习积极情绪量表较理想，五个维度分别为愉悦、满足、认可、希望和自豪，其Cronbach.sα一致性信度系数为0.917，分半信度为0.870。各分维度与总量表的相关度均显著，相关系数介于0.67~0.88，内容效度颇高。

（2）数学课堂行为量表也较理想，共分为五个维度，分别是自主与合作、注意与倾听、发言与评价、质疑与提问、思考与探究，其Cronbach.sα一致性信度系数为0.915，分半信度为0.865。各分维度和总量表之间的相关度均显著，其值为0.64~0.84，表明其内容效度是比较理想的。

（3）就学生学习积极情绪而言，其每题得分平均值为3.828。在其五个层面中，以"满足"层面的得分最低，"希望"层面的得分最高。

（4）从数学课堂行为来看，其每题得分平均值为3.605。在其五个层面中，以"思考与探究"层面的得分最低，"提问与质疑"层面的得分最高。

（5）不同性别的学生在"注意与倾听""思考与探究"层面有极其显著差异，在"发言与评价"层面具有边缘显著差异。南山区小学高段女生在"注意与倾听"层面显著优于同段男生，但在"思考与探究"和"发言与评价"两个层面显著低于同段男生。

（6）不同学习积极情绪的学生在数学课堂行为五个层面有显著差异（Wilks'∧=0.406***，***代表$p<.001$），此种差异是由自主与合作、注意与倾听、发言与评价、提问与质疑、思考与探究五个因素造成的。学习积极情绪越高的学生，其数学课堂行为表现越好。

（7）从相关分析得出，愉悦、满足、认可、希望、自豪、学习积极情绪、自主与合作、注意与倾听、发言与评价、提问与质疑、思考与探究及数学课堂行为均呈显著的正相关关系。

（8）从小学生学习积极情绪、数学课堂行为对数学学业水平有影响的路径分析中可以看出，自豪和课堂行为直接影响数学学业水平，而愉悦则通过数学课堂行为间接影响数学学业水平，满足、认可、希望既直接影响数学学业水平，又通过数学课堂行为间接影响数学学业水平。

（二）研究价值和创新之处

本研究的核心概念是学习积极情绪和数学课堂行为。学习积极情绪以国外学者弗瑞克森的积极情绪理论为基础，建构本研究的学习积极情绪维度，其他学者也进行了相关实证研究，但深入探讨学习积极情绪的还没有。而数学课堂行为则是从实践到理论，再到实践，再到理论验证的过程。所以本研究的创新之处有如下五点：

（1）国外学者弗瑞克森只对积极情绪建构理论，而本研究结合课堂学习，把其理论纳入课堂学习范畴，建构学习积极情绪概念，并对其进行研究，为国内学术研究开辟了新的视野。

（2）弗瑞克森只建构了积极情绪的理论，没有明确它的内容维度，只是根据自己的研究结果对其进行划分。本研究通过条目收集、初始问卷修订、预测和正式测验等，探明了学习积极情绪的内容结构，并通过因子分析、信效度分析等验证了学习积极情绪内容结构，结果表明其是可信且有效的。

（3）数学课堂行为量表的编制则是通过开放性调查问卷、文献阅读、理论提升建构其内容维度的，并通过问卷编制的标准化流程，形成了首个数学课堂行为问卷，为后续研究提供了有益参考，也为教师或研究者了解小学生课堂行为要受哪些因素影响提供了参考，有利于他们有针对性地采取相应的改进措施。

（4）本研究证明了学习积极情绪和数学课堂行为能有效预测数学学业水平，说明数学学业水平受学习积极情绪和数学课堂行为的影响，这对推动教师关注学习积极情绪和数学课堂行为有积极意义。

（5）本研究验证了数学课堂行为是学习积极情绪和数学学业水平的中介变量。

（三）本研究的不足与展望

在研究的过程中还存在以下不足：

（1）情绪是人类和动物所共有的一种反映形式，具有外显性和即时性，常随情况的变化而变化。情绪有许多种类，人类最原始的四种情绪是愉快、愤怒、恐惧和悲哀，这些外显性和即时性反映形式难以把握。测量时间要和课堂行为量表以及数学学业水平结合在一起才能更准确。

（2）数学课堂行为是一个复杂且难以测量的变量。本研究使用自编的数学课堂行为量表虽然信度和效度都不错，但也难保证能全面地测量小学生的数学课堂行为，后续研究从观看教学录像来辅助问卷结果可能会更合适。

（3）由于五、六年级的学生没有相应的数学学业水平测试，本研究使用问卷测试前的三次数学平均成绩来代替数学学业水平测试成绩，可能会有所欠缺，后续研究可以考虑利用相应的数学学业水平试卷进行测试。

（4）本研究抽取的被试者是从南山区三所公办小学选取的五、六年级的学生，研究范围比较窄，样本容量有点偏小，研究结果是否适用于其他年龄或年级学生群体尚需验证。再者，本研究只调查了在公立学校就读的学生群体，而没有调查民办学校的学生群体，后续研究中可考虑探究不同年级、不同学校、不同办学性质的学生群体的学习积极情绪、数学课堂行为与数学学业水平的关系。

（四）研究展望

学习积极情绪是个很宽广的研究领域，数学课堂行为同样也是。完成本研究后我反思自己的研究局限，结合目前我国的教育现状，提出关于后续研究的几点展望：

（1）在条件允许的情况下，最好能在整个南山区（或深圳市）抽样，包括在民办学校中抽样，扩大样本容量，使样本更具有代表性，以提高研究结论的真实性和推广性。

（2）进行课堂观察，利用摄像机进行录像，这样测得的数据才能更加准确。

（3）学习积极情绪和数学课堂行为是本研究模型的核心概念，应考虑把数学课堂行为也展开来研究，今后可以进一步探讨学习积极情绪和数学课堂行为各维度之间的路径关系，进行多路径回归分析。

（4）跨地区研究。中国南北和东西地域存在较大差异，小学生的学习积极情绪和课堂行为也不尽相同，进行跨地区研究既有理论意义，又有实践意义。

七、教育启示

（一）培养学生强烈的学习积极情绪

研究表明，教师和家长对小学高年级学生的学习情绪关注还不够。据了解，很多家长都是完全按自己的意愿给孩子报各种各样的兴趣班，完全不考虑孩子自己的意愿。调查显示，有80%的学生是被逼着去上兴趣班的，其学习的积极情绪受到严重打击，长此以往，学生对学习完全失去了兴趣和动力。本来学生天生对未知世界有极强的探索欲望，由于教师、家长和社会对其施加无形的压力，从而导致学生学习的消极情绪出现。那么如何在学习过程中培养学生的学习积极情绪呢？这个问题已经是迫在眉睫的事情了。

课堂教学的效果好坏不仅仅取决教师的教学水平，更是取决学生是否积极主动地学习。学生学习上积极情绪的形成，不仅是课堂良好气氛营造的基础，而且能不断地激发师生双方的积极性，从而为稳步持久取得优良教学成果和学习成绩提供保障。要培养学生的积极情绪，达到良好的课堂氛围，主要从以下几个方面着手。

1. 让每个学生都拥有一个易实现的目标

目标是个人期望的成果。人没有目标不是不可以活，只是会活得很累，没有方向，活得浑浑噩噩、无所追求。因为目标是动力，是梦想，有了动力人才有激情，有追求，有希望。

对于小学生而言，长期目标有两个，一是将来为国家，为民族贡献自己一分力量，为把祖国建设得更加美好而奋斗；二是为自己的美好未来奠定基础。短期目标则是在校要学好各门功课，掌握基础知识技能，为将来工作打下良好的基础。

2. 注重学习内在动机的激发

学生的学习观念从"要我学"转变成"我要学"。很多学生对学习缺乏兴趣，没有学习的积极情绪，主要是觉得学习是家长和教师要求我学的，学习内驱力没有被激发出来。教师要善于激发学生的内在动力，比如对知识的求知欲的激发，要利用知识本身的魅力、内涵和外延来激发学生的兴趣，让学生从"要我学"变为"我要学"。

同时，要让学生多体验成功，让学生"跳一跳，摘桃子"。教师要在课堂上关注各个层面的学生，简单的问题让学习能力稍微弱一些的学生回答，难的问题让学习成绩较好的学生来挑战，使他们各有所得，都有体验成功的机会。教师要及时抓住学生的闪光点，放大，放大，再放大，最终激发学生的学习内在动机。

3. 帮助学生正确地进行自我评价

在给学生树立目标和激发学生内在学习动机的同时，教师和家长还应帮助学生正确地进行自我评价，教会学生全面而客观地看问题。很多时候，学生对自己学习成绩的不正确评价会引起消极后果——觉得自己反正就这个水平，努力也没用。一旦学生对自己有这样的消极评价，肯定会影响学习意愿，更别说学习动力了。研究表明，但凡成功者都对自己有较好的自我评价。而小学阶段是形成自我评价的关键期。对小学生来说教师的评价是权威的，因此教师应该对学生进行多方面、多角度的客观评价，不能随便给学生贴上"后进生""学困生"之类的标签。同时，对学生已有的不正确的自我评价，教师应努力调整；对妄自菲薄、不会自我评价的学生应提高他们的自我评价能力，让这些学生不要老盯着自身的缺点，也应发现自己的优点，帮助他们建立自信、开朗、健康地面对自己的学习生活。

4. 创造轻松活泼、和谐融洽的教学环境

创造轻松活泼的课堂气氛、生动和谐的教学环境是培养学生良好积极情绪的核心要素。试想学生要是在这样的环境中学习，那么其情绪必定是积极的、正向的。课堂上教师应营造民主、宽容的氛围，让学生敢说敢讲。即使学生有错也不觉得丢人，学生敢反驳，敢提出自己的不同意见，教师就应给予更多的激励、鼓励和肯定。同时要教学生学会认真倾听，不断自我反思、自我提升。因此，教师在教学形式和内容上应结合学生情况，多设计一些有挑战性的内容，安排一些游戏，使课堂丰富多彩、形式多样，充分调动每一个学生的学习兴趣。在教学内容的设置上，要富于趣味性、变化性，使学生不感到枯燥无味。此外，教师应及时发现并调整学生中出现的紧张情绪，注意保持良好的课堂气氛，消除学生对新知识，对难知识的恐惧情绪，使学生能够尽快掌握解决问题的方法策略。

5. 建立师生间亲密的感情

亲其师，才能信其道。这句话是说学生因为喜欢一个老师，才开始喜欢这个老师所教授的科目，并且会努力把它学好。那么如何与学生建立亲密的感情呢？作为教师应该做一个正直和具备过硬基本素质的人。正如陶行知先生所说的"身正为师，学高为范"。在平时的教学中，教师要树立良好的榜样作用，对待学生要公平，多关注学困生，尽量一碗水端平，课堂上是学生尊敬的老师，课下是学生亲密的朋友。

教学过程中的师生关系不仅是传授知识，更重要的是交流情感。就三维目标来讲，情感、态度与价值观已经提到核心目标上来了。教师的情感在学生的课堂学习中起到信号、感染和鼓励的作用，学生与教师的课堂交往，重要的一点是要学生对教师产生喜爱的情感，形成一种融洽、和谐、宽容的课堂氛围。

6. 做一名幽默风趣的教师

教师的幽默风趣能激发学生的学习兴趣，增进学生创造力的培养。营造活泼、有趣的课堂情境，易使学生易于接受所学知识。很多时候，教师如果具有幽默风趣的风格，将带来意想不到的效果。幽默风趣会使人会心一笑，幽默是一个人聪明才智的体现，也是其个人魅力的综合体现。马克·吐温曾说过，幽默是人间真情的轻松谐面。幽默风趣拉近了师生间、生生间的距离，创造出和谐的学习情境。

7. 教师要有敏锐的教学机智，引导学生保持积极情绪，克服消极情绪

教学机智是教师面临复杂教学情况下所表现的一种敏感、迅速、准确的判断能力。尽管教学机智是瞬间的判断和迅速的决定，但教学机智往往是教师在教学过程中面对特殊教学情境最富灵感的"点睛之笔"。我有次上数学课，内容是10以内的加减法，当时正好飞过来一只蜻蜓，停在班里的黑板上面，很多学生叽叽喳喳，议论纷纷，惊奇、新鲜的事物出现了，当时有两种方式处理，一是让学生停下别看蜻蜓（事实证明那是不可能的，有时候大声训斥还会促使消极情绪的产生），另一种是充分利用蜻蜓做素材，让学生观察，提问与数学有关的问题，整个课堂就与众不同，学生的兴趣点、积极的情感情绪由此而生。

教学机智在课堂教学中的运用主要体现在对课堂偶发事件的处理上。课堂偶发事件的发生，对教师来说是一种严峻的挑战。然而，应该认识到挑战与机遇并存。在偶发事件中，既有不利于正常教学的一面，也有有利于正常教学的一面。因此，只要教师掌握教学机智的运用策略，及时、巧妙、灵活地处理，就能使偶发事件对教学起到烘托、补充和增效的作用。

8. 学习内容丰富化，组织形式多样化

教师要根据学习内容和学生学习特点合理安排学习内容，根据不同的时段设计不同的内容，根据内容设计不同的形式，让学生多方面去实践、操作、感悟、反思，让一节课有静有动、有松有弛、丰富多彩，这样学生才更加感兴趣，才会想学，从而具备学习积极情绪。

学习积极情绪无论对学生还是教师都至关重要。人在积极的情绪中生活、学习、工作，能促进生理和心理健康，提高学习或工作效率，提高生命质量，其重要性是不言而喻的，教师要善于培养学生的积极情绪，消除负面情绪，为建立一个积极向上、奋力拼搏、和谐的学习氛围而努力。

（二）培养学生良好的课堂行为习惯

课堂是学生学习的主要场所，教师要给学生提供课内实践的机会，让学生在特定的情境中进行实践体验，使他们在活动中感悟道理、体验情感，反思自己的所为，规范行为。总之，校园学习期是学生迈向社会之前的一个最关键的时期，所以学生在课堂上的学习质量非常重要，特别对于小学来讲，培养其良好的课堂习惯至关重要。良好的课堂行为习惯，是人一生的礼物；良好的课堂习惯，是学生成功的保证；良好的课堂行为习惯，是通往金字塔的必由之路。

那么我们该如何去培养学生的良好课堂行为习惯呢？参考本课题的研究结果，我们可以具体从培养学生的自主与合作、注意与倾听、发言与评价、提问与质疑、思考与探究等习惯入手，有了这些学习习惯的人，在课堂上才能真正成为课堂的主人，课堂的实践者和参与者。下面具体谈谈每种习惯该怎样培养。

课堂行为之一：自主与合作

自主学习是以学生作为学习的主体，通过学生独立的分析、探索、实践、质疑、创造等方法来实现学习目标。"自主学习"这一范畴本身就昭示着学习主体自己的事情，体现"主体"所具有的"能动"品质；学习是"自主"的学习，"自主"是学习的本质，"自主性"是学习的本质属性。学习主体是自己学习的主人，学习归根结底是由学习主体自己主导和完成的。

合作学习是指学生为了完成共同的任务，有明确的责任分工的互助性学习。合作学习鼓励学生为集体的利益和个人的利益而一起工作，在完成共同任务的过程中实现自己的理想。

自主学习与合作学习，两者密切相关、相互交叉和贯通。自主是合作的基础，合作并不是否定自主。一线教师都有一个深刻的体会，那就是合作学习之前应当让每个学生有充分的准备，或自己预习，或自己先收集资料，或自己先独立思考，做好发言准备，或按分工要求个人先完成一定的准备任务等。学生有备而来，才能合作得更有效，所以教师应该在小组合作之前，先让学生进行独立的思考。在学生们思而不得的情况下，再顺势组织小组合作。合作的目的是为了更高水平的自主。学习需要合作，在强调自主学习的时候，也不排除生生间和师生间的互相学习、互相帮助、互相切磋。但合作学习并不意味着让学生脱离独立思考。在合作交流的过程中，一定要强调个体的主动参与，小组的每个成员都应主动发言，主动完成负责的任务，认真配合他人，支持他人，认真倾听、欣赏别人，学会与他人沟通、协调，这一切都建立在个体自主、主动参与的基础之上。

对于学生而言，在自主中探究，在自主中发展，在自主中创造，唯有这样才能锻炼自我，提升自我。学生在合作中培养其合作精神和合作意识，在合作中提高个人的交往能力和创新精神，在合作中培养竞争意识，能够承受比自己学习能力强的同伴的压力，从而促使自己主动学习，乐于分享，积极参与，真正具有与别人平等竞争与合作的意识。对于教师而言，要真正落实真自主，真合作，将自主与合作巧妙结合，二者相互呼应，根据教学内容和学习材料，有选择地利用二者，该自主的自主，该合作的合作，充分挖掘二者的优势，服务学生，服务教学内容。

课堂行为之二：注意与倾听

注意与倾听是人类获取知识的主要过程。有关如何培养学生的注意和倾听的文献上已有很多资料，这里就不再一一述说，这里想说的是教师应当多去学习如何培养学生的注意与倾听习惯，提高其注意与倾听的品质。作为教师要善于学习，多读、多思、多用前人的方法和策略，提高学生的注意力和倾听的品质。

课堂行为之三：发言与评价

新课程改革把教学过程看成是师生交往、积极互动、共同发展的过程。交往意味着人人参与，意味着师生平等地对话与交流。课堂上师生对话、生生对话是衡量一节课好坏的重要标志之一，特别是生生对话，很好地阐释了新课标理念。提高学生课堂发言与评价有非常重要的意义，可以提高学生集中注意力及听课的效率，加深对听课内容的理解；可以锻炼学生的思维敏捷性和语言表达能力，培养学生的创新精神。

我们可以从以下几个方面培养学生的发言与评价能力：

（1）鼓励学生多思多想。

（2）消除学生的畏惧感。

（3）少用否定性评价，多用肯定性评价。

（4）允许学生出错，充分利用学生的错误资源顺势引导。

（5）尊重每个学生的见解，并让其他学生学会倾听和包容。

（6）进行对话式教学，敞开心扉与学生交流，蹲下身来和学生一起学习。

（7）善于倾听学生的错误，关注学生的内心世界。

（8）营造一个接纳、包容的班级氛围。

总之，积极发言是学生上课认真、积极学习的表现，它会使学生处于一种活跃的思维状态，更好地发展逻辑分析能力。不但如此，积极发言还可以不断提高学生的口才和胆量，为将来走向社会做准备。如此说来，培养学生积极的发言习惯不但是课程改革的需要，也是对学生的一生负责，教师不可等闲视之。

课堂行为之四：提问与质疑

爱因斯坦曾在总结完数十年科学生涯的经验后，感叹道："提出一个问题往往比解决一个问题更重要，解决一个问题也许仅是一个数学或实验上的技能而已，而提出新的问题、新的可能性，从新的角度去看旧的问题，需要创造性的想象力，并标志着科学的真正进步。"科学如此，对于小学生数学课堂来讲，能否提出有价值的数学问题，同样意义更大。

对于小学生更重要的是具有提问的意识和习惯，不迷信权威，不迷信书本，具有质疑的精神、反驳的能力。这就需要教师去培养，不是把那些新奇的想法抹杀在摇篮里，而应该具有一颗爱心，给这些提问与质疑的幼苗多浇水、多施肥，让其苗壮成长。那么如何培养学生提问与质疑的能力呢？可以从以下几个方面来着手：

（1）营造宽容和谐的氛围，让学生敢问。

（2）遵循认知规律和学生特点，让学生会问。

（3）创设开放式问题情境，让学生愿问。

（4）精心组织课堂形式，让学生善问。

（5）及时评价与肯定，让学生找到成功的感觉。

善于质疑和提出问题的学生，才是真正的学习的主人，才是课堂真正的拥有者，才是求知道路上的探索者和开拓者。一个善于提出问题的学生，通常是一个有主见、有思想、爱探究的学生。提出一个问题比解决一个问题更加困难，因此提问与质疑是思维活动的最高境界，即使提出一个非常简单的问题，也需要对已有知识进行整理、分析、归纳等等，然后再创造和提升。

总之，在新课标的指引下，教师要在课堂上充分挖掘资源，调动学生提问与质疑的精神，鼓励他们大胆质疑，诱导他们发现问题、提出问题，通过多种方式、多种策略，在数学探究学习中培养他们提出问题的意识和能力，并逐步提高创新能力。

课堂行为之五：思考与探究

探究亦称发现学习，是学生在学习情境中通过观察、阅读，发现问题，收集数据，形成解释，获得答案并进行交流、检验的过程，学生只有通过对数学内容的探究，才能形成其自主探索问题的学习方式。小学阶段，倘若形成探究学习的方式和思考意识，学生将会终身受用。具体在课堂教学中，可以从以下几个方面入手：

（1）培养兴趣，鼓励学生研究问题。

（2）在教学过程中渗透探究意识。

（3）坚持让学生自主学习、独立思考。

（4）注重激励性评价，促进深层探究。

平时的课堂教学中，应加强学生探究思维的锻炼，鼓励学生多思考，深入探究。教师要在探究的方式方法上引导学生，让学生参与探究的过程，和学生一起研究问题，以身作则，用个人魅力影响学生，促使其有探究的意识和坚强的探究毅力。

小学低年级学生数学课堂学习习惯的培养策略

一、课题提出的背景

中国有句古话："三岁看小，七岁看老。"这句话概括幼儿心理发展的一般规律。三岁到七岁被称为幼儿期（幼儿园和小学低年级），又叫学前期。所谓"七岁看老"是指在七岁时幼儿的个性倾向开始形成。这里的个性倾向形成最主要包括习惯的形成和固化——数学课堂的良好习惯对于学生来讲一生享用。

从现实意义的角度来讲，习惯是人生之基，习惯可以决定一个人的成败，也可以促进事业的成功。叶圣陶先生曾说过："什么是教育？教育就是培养良好的习惯。"这句话用最朴素的语言揭示了培养学生良好习惯的重要性。毫无疑问，培养孩子良好习惯的神圣责任，落到了广大父母与一线教师身上，那么我们如何在课堂上让学生养成良好的数学学习习惯呢？由此开始我们的课题研究。

二、文献研究

通过大量文献研究发现，学者对教师课堂学习的行为习惯研究比较多，《小学生学习积极情绪、数学课堂行为与数学学业水平的关系研究》中已经进行了详细论述，这里略过。

三、课题研究的理论依据

好的学习习惯是非常重要的，凡是有成就的人，都有一个良好的学习习惯。学习习惯的培养是持之以恒、强化训练的结果，不是一朝一夕就能完成的，这个过程充满着对意志的磨炼。美国心理学家威廉·詹姆士说："播下一个行动，收获一种习惯；播下一种习惯，收获一种性格；播下一种性格，收获一种命运。"就是说习惯是可以决定命运，改变人的一生的，由此可以看出习惯是相当重要的。

小学时期是培养学生良好习惯的关键时期，而低年级学段，则是培养良好习惯的最佳时机。实践证明，随着年龄的增长，良好习惯的培养会越来越困难，且学生一旦形成了不良习惯，纠正起来也比较难了。因此，培养学生良好的习惯，抓得越早就越主动，越见效。

四、课题研究的目标

根据已有文献和我校低年级数学课堂实际，特制定了本课题的研究目标。

（1）研读已有学习习惯培养的文献，对文献进行分析与综合。

（2）对一线教师的课堂管理和教育教学实践经验进行调查、总结与提升。

（3）结合文献和实践经验，形成低年级数学学习习惯的培养策略。

五、课题研究的主要内容

（1）低年级数学学习习惯研读（文献研究）。

（2）低年级优秀的数学学习习惯调查（开放式问卷）。

（3）数学课堂调控的几项措施。

（4）培养学生良好课堂行为习惯的具体策略。

研究目标：紧紧围绕以上四个研究内容，结合课堂教学实践，研读已有文献，形成低年级数学学习培养策略，在各个班级实践运用，最终达到各班学生都具有优秀的数学学习习惯。

六、课题研究的方法

本课题采取的研究方法有文献研究法、经验总结法和个案研究法等。这里将对以上方法进行应用分析。

（1）文献研究法。分类阅读有关文献（包括文字、图形、符号、声频、视频等具有一定现实价值、理论价值和资料价值的材料），得出一般性结论或发现问题，产生新的思路。

（2）观察法。根据班内优等生的表现，了解其有好习惯、好学习方法的背景，从而发现其共同的特质。可以从以下几个方面来着手：一是做好观察设计方案；二是确定拟观察的个案对象；三是确定拟观察的具体项目。在观察实际过程中，加以分析研究，得出某种结论。

（3）经验总结法。根据教育实践所提供的事实，分析概括教育现象，挖掘现有的经验材料，并使之上升到教育理论的高度，以便更好地指导新的教育实践活动。透过现象看本质，找出实际经验中的规律，才能更加理性地改进教学。

（4）个案研究法。观察或追踪两个较特殊的学生和7节数学课，用半个学期的时间进行分析概括，透过现象看本质，得出规律性的结论，找出解决问题的办法。

（5）调查法。本课题采用问卷调查法，对29名一线数学教师进行问卷调查，了解事实情况、分析情况、认真研究，得出结论，寻找一线教师认为好的学生数学学习习惯。

七、课题研究的主要过程

课题实施步骤有以下四个阶段。

（1）第一阶段课题准备阶段为（2012年11—12月）：完成课题的前期准备工作，阅读大量文献，形成课题的文献综述，了解国内的研究水平，明确课题的研究内容、方向和目标。

（2）第二阶段制订计划阶段为（2012年12月）：制订课题方案和活动计划，明确任务分工，合作到位。

（3）第三阶段课题研究阶段为（2013年1—5月）：主题研讨，教学方案设计，研究课、青赛课、说课、评课，策略探讨，等等。

（4）第四阶段课题收获阶段为（2013年6—7月）：反思，制作教案、课件，写论文，等等。

八、课题研究成果

（一）课堂调控几项措施

小学一、二年级的学生，都是刚刚入学的儿童，天真、活泼、可爱，约束力差，注意力容易分散。他们观察事物往往比较笼统，不够精确，行为上表现为既爱说又爱动。他们的有意注意时间持续不长，且注意力多与兴趣、情感有关，学习中经常出现上课不专心、回答问题不正确、理解不透彻等现象。教师总把这些特点视为缺点加以约束，限制学生动，强制其听课，有的学生还被认为是患了多动症。学生上课不专心听讲，受到老师批评、家长责备后，容易产生厌学情绪。

低年级是学生从以游戏为主的生活过渡到以学习为主的生活的阶段，这一阶段是学生形成正确学习方法和良好学习习惯的关键期，抓紧培养学生的学习兴趣和热情，能有效地防止课堂教学后期容易产生的注意力分散问题，从而调动学生学习的积极性。如果没有科学的引导，不仅会影响学生学习能力的培养，还会给学生的终身学习留下阴影。

结合平时的教学实践经验，我整理了一些课堂小口号、激励小措施、合作小要求和课堂小游戏，能有效帮助一线教师调控课堂，吸引学生的注意力，培养学生的兴趣。

1. 课堂小口号

（1）请大家向我看——我就向你看（请大家仔细听——我就仔细听）（可以有很多变式，教师要根据情况而变化）。

（2）小手先说话——我就小手先（后面这个可以省略，根据课堂情况而定，特别是学生都想发言，都在抢着说时教师就可以说"小手先说话"）。

（3）请你像我这样坐（做）——我就像你这样坐（做）。

（4）请你像他那样坐——我就像他那样坐。

（5）眼睛向前看，耳朵仔细听（变式——问：请你向前看；回：我就向前看。问：请你仔细听；回：我就仔细听……）。

（6）123坐端正。

（7）小眼睛，看老师（黑板）。

（8）小手小手放放好——我就我就放放好。

（9）小朋友们请坐好——我坐好。

（10）表扬××——向他学习。

2. 激励小措施

当学生课堂表现较好的时候（态度端正，发言积极，表述清晰，方法有创意），教师及时地肯定与奖励对学生来讲是非常大的激励措施，对于提高学生参与度和自信心将起到相当重要的激励作用。

表扬的几个关键词：具体、到位、钦佩、微笑、发自内心、赞美。平时要表扬学生付出的努力、取得的进步而不是表扬结果；在学生受到挫折后进行鼓励有时候更重要；公开场合表扬学生好的行为将会对学生起到意想不到的效果；平时不要事先去赞扬，要结合实际适时去表扬；尽可能少用物质奖励，精神奖励更能刺激学生奋发图强。

其实有时候，教师的一个鼓励的眼神、一个紧紧的拥抱，胜过千言万语。

下面介绍几种及时表扬的方法：握握手、竖起大拇指、加分、奖励贴纸、模拟校长的语气表扬、用手势做个给父母打电话表扬（谁谁家长……）等等。

同时教师还可配上惊奇的表情、夸张的语气、钦佩的举动，也可配上夸张的动作，声情并茂，最好能俯下身子去表扬，将会起到意想不到的效果。

给予学生的肯定与表扬有很多种，方法各异，教师应根据实际需要，有度地把握肯定的内容与方法，创造不同形式的肯定方式。

3. 合作小要求

平时学生同桌合作或多人小组合作时，要做到以下六个字：听、说、助、思、疑、律。教师在合作中若善于利用这六字口诀，将对学生的合作学习起到良好的效果。

（1）倾听他人发言：①听取发言要专心（及时给予回应，同意时击掌，不同意时举手，经过发言者允许再来质疑问难），眼睛注视对方（教师可以常问发言者，请看谁没有看你？谁不尊重你？发言者可以点名，可以提示，等等）。②努力听懂别人的发言，边听边思考，记住要点，并考虑他说的话是否符合实际，有没有道理。③别人发言时不随便插话打断。有不同意见，要耐心听别人说完后再提出来（小手先说话；耐心等候、专心思考，寻找突破点，组织反驳语）。④听人发言如有疑问，请对方解释说明时，要用礼貌用语，如"是否请你……"或"你是不是可以……"（尊重别人也就是尊重自己）。⑤学会站在对方的立场考虑问题，体会别人的看法和感受（遇到说服不了对方的问题，全班讨论或课下探讨）。

（2）讨论问题：①发言围绕讨论中心，不东拉西扯（简单而明了，让别人能听得清楚）。②谈看法要有依据，能说清理由（理由比答案更重要）。③语言表达力求清楚明白（大声、大胆、大概）。④别人提出疑问时，要耐心解释，态度友好（只对问题，不对人）。

（3）互帮互助：①主动、热情、耐心地帮助同学，对被帮助同学不说讽刺、嘲笑、挖苦一类的话，不伤害同学的自尊心。②帮助同学时，要向同学说清解决问题的方法，不是告诉答案，方法比答案更重要。③学习上遇到困难时，可以向同学请教自己不懂、不会的地方，接受帮助后，要表示感谢。

（4）反思与质疑：①虚心考虑别人的意见，修正和补充自己原来看法中不正确、不完善的地方（站在巨人的肩膀上）。②勇于承认自己的错误，肯定与自己不同甚至相反的正确看法（吾爱吾师，吾更爱真理）。③独立思考，敢于提出自己的大胆设想或看法（相信自己，超越自己）。

（5）自律自控：①服从组长安排。②小组讨论时，有序发言，声音要适当，不影响其他小组学习；不讲与学习无关的内容。③服从组内大多数人的意见，个人意见可保留，但应在课后再跟教师和同学交换意见（团结就是力量）。

（6）小组讨论的要求：①小组讨论的规则是，在独立思考后仍有疑惑需要解决，先是一帮一，两人间讨论。如还有困难，再扩展为4人或5人间的讨论。如遇到较难的问题，记录下来，班级讨论。②小组讨论的形式。一是自由发言式。学生可以在小组中自由发言，同学们你一言我一语地各抒己见。二是轮流发言式。小组成员围绕一个中心问题挨个发言，一个都不漏。三是一帮一讨论式。当部分学生在难题面前尽最大努力也不能解决问题，而教师又无法加以个别指导的时候，就可以采用这种讨论方式。

（7）小组成员（或代表）的发言：要求每个小组必须在充分准备的基础上回答问题，在回答问题的时候小组的各个成员（或代表）可以对该问题从不同角度发表意见。若有不同方法或答案，可以提出来寻求全班帮助。要求每人一周内至少主动发言不少于3次（老师点名不算）。

（8）合作技能"七字诀"（转）：

听取发言要专心，注视对方动脑筋。

说明理由要充分，启发大家同思考。

求助别人要心诚，得到帮助表谢意。

反思敢于承认错，肯定别人学着做。

自控发言尽量轻，服从集体留个性。

帮助同学要主动，诲人不倦情谊浓。

建议之前多思考，分工合作效果好。

协调彼此求默契，交往合作争第一。

4. 课堂小游戏

（1）鼓掌（123，321，1234567，咔咔咔咔咔咔咔。可以在课堂上做这个小游戏，看学生的注意程度，调动学生积极性，调节气氛）。

（2）鼓掌回应（当某个同学回答完问题的时候，若赞同他的想法，鼓掌一次；若和他想法一样，鼓掌两次。一是养成学生倾听与思考的习惯；二是养成注意力集中的习惯。）

（3）猜猜我是谁（比如学正方体、长方体、圆柱体，找个袋子装一些立体图形，说出它们的特征，让学生去猜猜）

（4）推荐：77个有效的课堂游戏（略）。

（5）推荐：38个经典小游戏（略）。

教师可以根据内容和学生特征自创或修改一些游戏，以便更好地促进教学。

（二）小学低年级学生数学课堂学习习惯的调查研究

为了了解低年级学生在数学课堂上有哪些好的学习习惯，我通过开放式问卷，选取南山区四所小学，对有经验的一线数学教师（共29名）进行开放性的问卷调查，前文已详述，此处略。

（三）培养学生良好的自主学习习惯

自主学习是学生主动学习的关键，倘若学生养成自主学习、主动学习的习惯，将终身受益。那么如何才能培养学生自主学习的品质？可从以下几个方面入手：

（1）父母或教师要以身作则，树立良好榜样，舍得花时间和孩子一起学习。建立学习型家庭和学习型班级对孩子来讲是非常重要的。举例子，一个学生到学校，看到大家都在读书，没有吵闹的，没有玩的，那么这个学生会做什么呢？可以想象，他一定会去读书而不是去玩。同样，家庭也是一样，父母在客厅看电视，孩子怎么可能一个人在房间安心写作业？所以无论父母或是教师一定要注重身教，很多时候身教胜似千言万语。

（2）要培养学生数学学习兴趣，让学生真正进入数学学习中去。要让学生在生活中寻找数学、了解数学，利用数学去解决问题，把数学融入生活。数学本身是枯燥的，假如学生没有兴趣，确实难以学好这门功课。所以家长平时也要注重这方面的训练，培养孩子对数字的敏感性、对图像的感觉。数感、符号感、空间感不是说说就能培养得了的，需要家长结合实际，结合生活中的点点滴滴去培养，用数学的自身魅力去吸引孩子，孩子学习数学的兴趣自然就形成了。

（3）要让孩子有完成学习任务后尽情玩乐的希望。玩是孩子的天性，学习的自觉性如果脱离了天性，那一定是空中楼阁。现在很多家长就是希望孩子用尽可能少的时间去玩，用尽可能多的时间去看书学习。且不说这种愿望的是与非，单从其可能性上讲，就是不现实的。在玩与学的关系上，家长要把握的就是一个度的问题，只有做到了既有时间玩，又有时间学习，才能达到良性的学习、娱乐双赢的结果。所谓度，不同的孩子有不同的尺度，有的孩子每天可能要有两个小时的玩乐时间，有的孩子每天可能有三个小时的玩乐时间。但无论是什么样的孩子，要达到双赢，都必须做到两个确保：一是确保孩子在学习时能够看到完成任务后去玩的希望。这一点看似简单，可很多家长往往都忽视了，周末和节假日给孩子安排了满满的学习任务和练习，孩子一点都看不到什么时候是尽头，学习就只是应付大人，甚至是熬时间，何谈自觉学习。二是确保孩子玩得尽兴。既然去玩，就要让孩子抛开各种压力，甩掉各种包袱，痛痛快快地玩，开开心心地玩，别让孩子在玩的时候去惦记着还有好多作业要做，还有许多单词没背，还有测验的准备不充分，等等。

（4）要体谅和包容孩子的失误和过错，更多地鼓励孩子去克服学习上的困难。对孩子来讲，表扬是促使其进步发展的主要动力，尤其是上小学的孩子，任何问题对他们来说都是陌生的、开创性的。因此，在孩子的学习上，家长切不可心浮气躁、急于求成。你认为一眼即知结果的数学题，也许孩子长时间都弄不明白。古语说，难了不会，会了不难。清楚了这样一个道理，我们就会理解孩子在学习中出现过错是多么的正常。具体操作中，作为教师或家长要把握好这样三个环节：一是包容的目的要十分明确。原谅孩子的过错不是袒护孩子的缺点，而是为了保护孩子的学习兴趣。孩子只有认为他能够做到的时候，他才会有信心去做；孩子只有认为可以做好的时候，他才会有决心去努力。二是鼓励必须是真实、艺术和直观的。如果你的鼓励是孩子意料之中的或是离谱的，那么不仅会降低鼓励的效果，还会使孩子认为你是在撒谎骗他。鼓励既要有孩子生活学习环境中横向的比较，也要有孩子成长进步中纵向的对照。鼓励的实质是引导孩子使他认清自己所不能认清的内在事物和内在潜力。三是包容和鼓励并不都是好言好语，更不是对孩子溺爱和对其失误漠不关心，而是要理解和支持，热心地帮助孩子找准失误的原因，找到克服问题的方法和途径。错就是错，错误本身是不会变成成绩而让家长和孩子去肯定和骄傲的，能够使失误发生转化的是孩子知道下一步应该做什么，怎么去做。

（5）要给孩子一定的约束力。要让孩子清楚自己达不到教师或家长的要求时可能带来的后果。约束力不应片面地理解成强制力，应当是家长对孩子的影响力和规范力，强制只是其中的一部分，更多的是引导。孩子最爱的无疑是父母，任何孩子都会想方设法来讨好自己的父母，包括用养成良好的学习习惯这种表达方式。因此，只有当期望值是合理的，并且孩子能够做到的时候，家长的约束力才会对其发生作用。因此，家长要想提高对孩子的影响力，就一定要为孩子确立一个合理的完成目标，循序渐进地培养孩子的学习兴趣和学习自觉性。至于后果，是孩子为不良习惯所要付出的代价，这种代价应该是建立在尊重孩子的人格和特性基础上的，是对孩子的长远发展和心理品德有益的代价。不同的孩子，对代价的付出有不同的承受力，有的孩子看见家长不高兴，心里就十分内疚；而有的孩子可能要通过家长的批评，才会有所收敛和改观。家长必须清楚的是，对孩子来说"吃一堑不长一智"是正常的，不是孩子不可救药的反映。有的孩子，一门心思就想玩，再怎么教育也改不了。对此，家长一定要有充分的心理准备和持久引导的耐心。教育引导的方法很多，比如用其他孩子做比较，用好的故事来启发，也可以用减少玩乐的时间来惩罚，等等，但无论如何都不能打骂体罚，打骂体罚给孩子心灵上带来的伤害和扭曲是很大的。

培养孩子自主学习的过程是渐进和反复的，教师和家长要有耐心和恒心，不能急于求成，也不能一劳永逸。只要能掌握孩子的特点和习性，正确地引导和教育，个个孩子都能养成高度的学习自主性。

总之，学会自主学习将会受益终身，特别是对于小学低年级的学生，培养其良好的品质更是重中之重，教师要善于引导，乐于培养，努力铸就孩子良好的品格。

（四）培养学生的注意与倾听

注意与倾听是学生获取知识、认识世界的关键能力，具体来讲可以从以下几个方面培养。

1. 营造倾听氛围，明确倾听的重要性

（1）让学生明确倾听的意义。虽然是低年级的孩子，但也应该让他们明确认真倾听不仅可以获得更多的知识，同时，也是对别人的尊重，尤其是孩子明白了倾听别人讲话也是一种礼貌问题，每个孩子还是愿意做一个文明有礼的孩子，在教师的提醒下认真倾听的。

（2）做学生忠实的听众。榜样的力量是最强大的，尤其是教师以身作则，可以很好地起到示范作用。当学生起来回答问题的时候，教师的认真倾听可以给回答问题的学生以鼓励、支持和尊重，同时，其他学生看到教师倾听的眼神和动作，也会不自觉地调整自己的状态，认真倾听。

（3）激发学生倾听兴趣。低年级的儿童活泼好动，课堂上让他们40分钟都注意倾听，必然是有一定难度的，尤其是儿童有意注意的维持时间是有限的。所以，作为教师，要善于激发儿童的学习兴趣，调动儿童的积极性，使其主动倾听。

2. 提升教师课堂有效调控能力

（1）构建和谐的师生关系。心理学家研究表明，学生在心情放松、压力适中的情境下，才会精神振奋、思维活跃。教师要主动从"传道授业解惑"者转为学习者、引导者和促进者，从三尺讲台走下来与学生进行交往，从而拉近师生距离，建立民主、平等、友好的师生关系。教师要充分相信、尊重学生，和谐的师生关系是学生主动获取知识的情感基础。在工作中，教师要以真诚、平等的心态与学生相处，用真心换得学生的诚意。在孩子心中，教师不仅是老师，更是一位可以信赖的大朋友，这样他们才愿意把心里话对我们讲，学习和生活有了困难才愿意向我们寻求帮助。

（2）教给学生倾听的方法。由于年龄的限制，学生普遍存在喜欢别人听自己说而不喜欢听别人说的问题。教师可以开导学生"善听者往往也是善于思考的好学生"，因此要养成善听的好习惯。首先我们要细化听的要求，明确提出"学会倾听要做到五心"。一是要"专心"，无论是听教师讲课，还是听同学发言，脑子里不想其他事。二是要有"耐心"，不随便插嘴，要听完别人的话再发表自己的意见。三是要"细心"，当别人的发言有错时，要学会评价，做到不重复他人的意见；自己的意见要建立在他人发言的基础上或者提出更新颖的想法。四是要"虚心"，当别人提出与自己不同的意见时，能接受并边听边修正自己的观点。五是要"用心"，在听取他人意见时不能盲从，要有选择地接受，做到"说""听""思"并重，相互促进。课堂实施中可以做一些倾听游戏训练孩子的倾听习惯。

（3）指导学生倾听的姿势。神情或身体动作最能反映一位学生是否在倾听。课堂上教师要对学生听的姿势给予认真指导。如要求学生听同学发言时看着发言同学的脸，做到神情专一，如果同学的回答与自己的思考相一致，则以微笑、点头表示认可或赞同。学生养成了这样的习惯，对师生双方来说都是非常有利。

（4）教师树立倾听的榜样。一位教育专家说过："教育的过程是教育者与受教育者相互倾听与应答的过程……倾听受教育者的述说是教师的道德责任。"小学生的向师性强，教师的一举一动都会带给学生潜移默化的影响。所以要求学生养成倾听的好习惯，教师首先要做一个耐心、专心、悉心的倾听者。当学生在发言的时候，教师首先应带头专心倾听，无论学生发言的质量如何，绝不在学生发言的时候做其他事；不轻易打断学生的发言，让学生把话说完，并在此基础上进行适当的指导和适度的评价；课后与学生谈心或受理学生的"告状事件"时，也要注意耐心听取学生的讲话，给学生一个展现个人思维的机会。教师的"倾听"一方面有助于教师及时了解学生的认知水平，有针对性地调整教学，同时也是对学生人格的一种尊重，可以帮助学生树立学习的自信。这样一来，既达到了课内外相互交流的目的，又给学生营造了良好的倾听氛围。

（5）给予学生及时的评价。正确适当地评价学生，发挥榜样的示范作用，是调动学生学习积极性的重要因素，也是培养学生倾听的重要手段。在教学时应根据学生学习情况及时恰当地进行评价。例如，"你看这位同学的眼睛一直看着老师，他听讲多认真啊""这位同学能认真听别人发言，并能指出不足，我们应向他学习"。这些富有感染力的语言拉近了师生之间的距离，营造了民主、和谐的课堂氛围，使课堂呈现活泼、热烈的气氛，使学生的学习兴趣浓厚。在"听"的培养中，教师千万不要吝啬赞扬，要让学生能够品尝到成功的喜悦，获得成功的满足感。例如，可以经常对学生说，"你听得最认真，这可是尊重别人的表现呀""这么一点小小的区别都被你找出来了，你可真了不起""你听出了他的不足，可真帮了他的大忙""大家看，这位同学不仅听懂了别人的发言，还加进了自己的想法，多棒呀"……一个眼神、一句赞扬、一个微笑，不花时间，不费力气，却能收到明显的教育效果。因此教师要善于发现每个学生的闪光点，用真诚的话鼓励他们，学生在课堂上便不会不认真听讲了，倾听的习惯非一朝一夕养成的，只要教师重视学生倾听习惯的培养，善于捕捉教育契机，适时引导，就能使学生逐步养成倾听教师讲解、倾听别人意见的良好习惯。

（6）创设乐于倾听的情境。事实上，要求学生在课堂上每一分钟都全神贯注是不可能的。兴趣永远是学生最好的老师，但倾听对于好动、活泼的儿童来说无疑是无趣的。作为一名优秀的教师就是要想方设法从这种无趣中寻找和创造乐趣。新教材中引入了许多小学生喜闻乐见的卡通形象，教师要充分利用这些素材，激发学生的学习兴趣，同时还可以根据学生的生理、心理特点，结合课题引入一定的故事，这样就大大提高了学生的学习兴趣，使学生产生了倾听下去的强烈愿望。

（7）强化自我控制能力。首先，要注意年龄级段特点。自控能力是随着认识和实践的发展而发展的，具有鲜明的年龄特点，教师不能以成人的标准去要求学生。学前儿童与小学生不同，小学生与中学生不同，小学低、中、高年级的学生也都各有特点。培养自控能力，必须根据儿童不同年龄段的不同做事能力、不同认知水平和不同的实践经验循序渐进地进行。对此，每位教师都要有足够的认识，但是也不必为此过分着急。因为一般儿童的通病，也正是我们施教的依据，只要从他们的实际出发，不放过每一个时机，严加训练，持之以恒，他们的自控能力就一定能逐步增强起来。例如，对于轻声讨论、响亮发言、认真倾听、有序分工合作等要求，教师要明确说出这样做的利弊，培养自觉性，使学生能立下志愿，加强自控，注意训练，养成习惯，从而形成优良的品质。

倾听是一种本领，是一种能力，是一种素养，学会倾听，是一种尊重。学生的倾听习惯不是一朝一夕就能形成的，需要教师不断地提醒、督促和指导，加强训练。在教学实践中，几乎处处都有倾听方面的训练点，教师要做教学中的有心人，善于捕捉和利用一切时机，使学生养成倾听教师的讲解，倾听别人意见的习惯，使师生能共同演绎精彩的课堂。

（五）培养学生的语言表达能力

语言是思维的外衣，从低年级开始培养学生语言表达能力极其重要。培养低年级学生的语言表达能力，应从以下六个方面入手：

（1）鼓励"说"。第斯多惠指出："教学的艺术不在于传授本领，而在于激励、唤醒与鼓舞。"低年级学生的好胜心特别强，他们极其渴望得到老师的表扬，因此培养学生"说"的动力应从保护学生的这种自尊心开始。在学生"说"的过程中，教师应始终面露微笑，耐心倾听，并适时予以鼓励，如"说得好""不要急，慢慢说"等。同时要求全体学生注意听，给说得好的同学鼓掌或送上小红花。教师对每个学生发言都应予以充分肯定，激励学生喜欢"说"，有信心"说"。

（2）示范模仿帮助"说"。低年级学生模仿性较强，教师的一言一行都起着潜移默化的作用。因此教师在课堂上应该注意语言的运用。

① 教师的言语必须符合一般的语言规则和逻辑要求，课堂上教师讲话的句子要完整、流畅，条理清楚、层次分明，因果关系恰当。

② 教师要使用规范的数学语言。如果教师的数学语言不够准确、规范，会使学生对数学知识产生模糊理解，影响学生对数学语言的正确使用。

③ 教师用正确、清晰的语言讲述概念、计算方法等，是一种良好的示范作用，学生通过模仿，接收信号，进行同化，逐渐形成自己的语言表达习惯。教师的示范、同学的示范，使学生们学有榜样，在不知不觉中学会了语言表达。

（3）具体形象促进"说"。心理学家告诉我们，在整个小学阶段，儿童的思维由具体过渡到抽象要经历相当长的时间。低年级儿童的思维活动在很大程度上还是与面前的具体事物或其生动的表象联系着。因此，在教学时，相应的教学内容要与形象结合起来，让学生真正理解所学知识，在学生理解的基础上讲述，在讲述的过程中加深学生理解。由于语言与直观相结合，学生的感知会更加深切，学生不仅知其然，而且知其所以然，既获得了知识，又提高了思维与语言表达能力。

（4）实践操作激发"说"。人的认识是一个由感性认识上升到理性认识的过程，教师要运用学具让学生的手、口、眼、脑等多种感官参与活动，促使外部动作化为智力活动。常言道："人有两件宝，双手和大脑。"皮亚杰也曾说过："要认识一个客体就必须动之以手。"让小学生在学习数学的过程中，边操作，边讲述，边归纳，可大大加强学生的动手能力和语言表达能力。操作与讲述既可以满足学生好动的需要，又为学生理解计算方法积累了感性认识。

（5）给机会"说"。学生口头表达能力差的重要原因之一是课堂上教师满堂灌，学生没有或很少有思考和发表自己见解的机会，使口头表达能力得不到训练。为改变这种状况，教师应多给学生"说"的机会。

首先，可以给学生自言自语的机会。让学生组织好语言、准备好说的内容，以便能一次说对，增强他们的信心。例如，我在教学（　）×4＜30时，问："括号里最大能填几，为什么？"我先让学生自己轻声说一说，然后请优秀学生示范说一遍，让大家边听边对照自己的想法，想一想自己说得对不对，并把自己的想法整理一下，自言自语说一遍，最后再举手发言进行交流。这样的自言自语可以缩小学生间的差距，鼓励其说话的勇气，增强其回答问题的信心。

其次，要给学生讨论交流的机会。通过同桌、四人小组等形式，互相交流，互相启发，互相帮助，以求共同提高。

最后，要给学生各显其才的机会。苏霍姆林斯基说："在人的心灵深处都有一种根深蒂固的需要，这就是希望自己是一个发现者、研究者和探索者。而在儿童的精神世界中，这种需要则特别强烈。"

因此，教师必须提供"八仙过海，各显神通"的良好氛围，有意识地根据问题的难易向不同水平的学生提问，让困难生回答一些难度低的问题，让优秀生回答一些思考性较强的问题，充分调动每位学生的主动性和积极性，使各类学生的思维水平和表达能力都能在原有基础上得到发展和提高。

（6）让学生规范的"说"。数学课堂使用较多的是数学语言。数学语言是由自然语言、专门术语和各种符号组成的，具有科学性、逻辑性、有序性的特点。低年级儿童数学语言主要归为四类：

① 演示操作，让儿童学会用"加减"动词表达意思。"加"的意思为合起来、拿来、增加、又多了、组成、一共等；"减"的意思有减少、拿掉、分开、还剩、余下等。

② 比较数量多少，学说关系词语，如同样多、等于、大于、小于，初步感知对应关系。例如，在生活中常说的"8大7小"，在数学中则可运用关系符号表达为"$8>7$、$7<8$"。如在教学谁比谁多多少，谁比谁少多少的应用题时，我指导学生读题，问"女生比男生多多少""男生比女生少多少"是谁与谁比？谁多？谁少？这样问可帮助学生清楚地明白，这两个算式为什么可以用同一个算式解决。

③ 比较全体和部分，学说总数、一个部分数、另一个部分数。让学生了

解总分关系，知道把两个部分数合起来用加法计算；知道已知总数和其中一个部分数，求另一个部分数用减法计算。了解倍数关系，知道求一个数是另一个数的几倍，就是求一个数里面有几个另一个数，用除法计算；已知一倍数和倍数，求几倍数用乘法计算；已知几倍数和倍数，求一倍数，用除法计算。如教学"30个同学做纸花，平均分成5组，每组有几个同学"在让学生说解题思路时，可引导学生：要求每组有几个同学，就是把30个平均分成5份，求每份是几个。

④ 结合算式，让学生学会用名词术语口述算式，熟练掌握加数、加数、和，被减数、减数、差等概念。学会区别一个数在加法算式中的各部分名称，并准确说出谁是相同加数，谁是相同加数的个数等。

数学语言是思维活动的重要工具。加强语言表达训练可丰富学生的语言，加深学生对知识的理解，从而发展学生的思维能力，提高课堂教学效果。

九、课题研究存在的主要问题及今后的设想

经过一个学期的研究，本课题基本取得了预期目标，达成了预期成果，在班内教学实践中收到了显著效果，学生的数学学习习惯明显提高。但是也存在一些问题。

（1）学生的学习习惯不是一天两天、一个月两个月可以培养好的，如何有效持久地坚持下去需要深入探究。

（2）好的数学学习习惯能否与其他学科所要求的好习惯进行融合、总结与提升，形成简单易操作的培养策略。

（3）学生年龄小，可塑性高，但是学生的个性丰富。好的习惯是否适合每个学生，或如何根据学生的个性采取有效的培养策略需要进一步深入探究。

组内合作学习探究策略

一、课题提出的背景

"卓越课堂文化建设"是当前南山区教育局正在大力推进的一项关于课堂教学模式改革与建设的重要工作。我校前几年提出的"生动课堂",其理念与教育局的"卓越课堂文化建设"不谋而合。以学为本,以生为本,先学后教,"六学"课堂等等,学习方式更加多元,学生可自主探究、合作学习、汇报展示交流等,最终的目的只有一个,提倡高效的课堂和适合时代需求的学习方式。在时代的大背景下,结合南山区教育局提出的"卓越课堂文化建设"和学校所提倡的"生动课堂"理念,深入挖掘合作学习的内涵非常重要。

因此,我们将"组内合作学习的探究策略"作为进行"卓越课堂文化建设"的一项重要研究课题。通过这项课题的研究,我们寻找合作学习的源动力,寻找提高合作学习质量的方式方法,并上升到策略,形成高效、合作、方式新颖、学生乐学易学的模式,达到高效合作的要求,激发学生的学习动力。

组内合作是合作学习非常重要的核心部分,研究合作学习必须突破组内合作学习这个难点。本项目总结前人组内合作学习的经验,提炼出组内合作常有的探究策略,并对具体内容结合某类型的课具体使用什么合作探究策略给予相应的归类与合作策略指导。

二、课题研究的理论依据与现实支持

理论上,对小组合作学习的研究已经上升到一定的高度,形成了很多理论,比如分组策略、《高效合作学习课堂常用模式操作指南》、《合作学习的教师指南》、《学生学习合作分析》等,对本课题研究有一定的支撑和指导作用。

本课题组的成员中,有两位教师已经拿到教育硕士学位,有系统的教育科学研究方法,有一定的从事教育科学研究的能力;有两位教师曾经参加过由北京师范大学刘儒德教授指导的"学习策略与教学整合的研究"课题，成果及方法对本课题的研究有很高的参考价值；有两位教师最近参加了由北京师范大学刘儒德教授领导的"学习优势"课题研究组组织的"合作学习模式研究"培训，对合作学习有了比较深入的认识。本课题组的核心成员是来自语、数、英学科的7名教师，学科分配均匀，教学班级相对集中，对提高课题研究的实效性奠定了基础。另外，本课题组的8名研究成员均从事一线教学工作，并都是学校的中青年骨干教师，他们较强的教学实践能力、较高的工作热情及一定的教育科研能力，为本课题的顺利进行提供了强有力的保障。

从氛围上看，小组合作很好地满足了南山区教育局提出的"卓越课堂文化建设"的需要，体现了新时代对课堂的要求。同时，我校最近几年开展了"生动课堂"课堂改革，其思想和理论构建与"卓越课堂文化建设"如出一辙，小课题的研究已经在学校形成了氛围，开花结果，这给开展"组内合作学习的策略"营造了良好的氛围和宽松的环境。

资源上，充分发挥教师的聪明才智，善于利用网络这一平台，从百度、Google搜索一些资料，从核心期刊入手，特别是中国期刊网和国外的期刊等，掌握更多的研究成果，站在巨人的肩膀上。

三、课题研究的目标

根据已有研究成果，特制定了本课题的研究目标：

（1）形成组内合作学习共性的、有效的实施策略。

（2）针对不同学科的特点，结合组内合作学习的普遍探究策略，形成各学科对合作学习内容、合作学习方式、合作学习成果的操作指南，以指导各学科教师有效实施合作学习。

（3）通过研究提高教师对组内合作学习产品、效率的重视度，切实提高小组合作学习的效能。

四、课题研究的主要内容

（1）组内合作学习基本的探究策略。

（2）语文、数学、英语学科对基本探究策略的运用，包括实用课型、操作步骤、注意事项等，并提供相关文字案例及视频进行例证。（本书只摘录小学

数学部分案例）

五、课题研究的方法

本课题采取的研究方法以文献研究法、经验总结法、行动研究法为主，并结合观察法、调查法、分析法等。这里将对以上方法进行应用分析。

（1）问题提出时，我们将用文献研究法、调查法、分析法等对合作学习的内涵与外延、现状及前人研究成果进行分析。

（2）总结前人经验，并结合学科特点，用经验总结法总结平时课堂上组内合作的形式。

（3）形成策略之后，用行动研究法对策略进行实践检验。

（4）对策略进行再分析，再总结，形成理论。

（5）研究过程中注重成果的总结与收集。

六、课题研究的主要过程

1. 准备阶段：（2011年4—5月）

（1）确定课题，成立课题组并申报，请有关专家领导支持与指导。

（2）制定课题研究设计方案，收集与整理资料，并对有关资料进行提炼。

（3）课题组教师对资料进行学习与分析。

（4）其他相关的实验准备工作。

2. 实施阶段：（2011年5月—2011年11月）

（1）各学科（语、数、外）教师分小组（语文组、数学组、英语组）总结与提炼，形成学科特点。

（2）小组之间进行汇报，对总结的策略进行分析与可行性探讨。

（3）制定"组内合作学习策略"操作指南，在课堂上实际操作和运用。

（4）对策略进行解读或案例视频分析，形成详细的操作指南。

3. 实践验证（2011年11月—2012年2月）

（1）在班级内实践，总结提升。

（2）请专家指导，对策略进行质的提升。

（3）再实验，再总结。

4. 总结阶段：（2012年3—4月）

阶段性检测，分析处理材料，总结规律，收集成果，撰写实验报告。

七、课题研究成果

结合前人研究成果，基于教学实践，特别是平时的合作学习，总结了四种探究策略："求优策略""求全策略""求异策略""求优化策略"，并对各种策略进行分析概述，结合语、数、外学科特点制定各学科操作模式，结合具体课程给予策略运用实例。

（一）求优策略

策略简介：先自主探究，再合作交流、分享、对比、求优。对多种答案进行综合比较，找出最优方案并进行补充，形成小组内最优方案。

数学学科求优策略操作模式如下。

1. 实用课型

新授课、探究课。

2. 操作方法

在组长的组织引领下，小组内成员先独立思考，完善自己的方法，再在组内交流自己的想法和方法。然后组内成员对多种方法进行分析比较，比较各自的优势和劣势，最终由组长引领大家形成小组内的最优方案，并对方案进行再优化。

3. 注意事项

由于是求优的方法，因此会出现多种不同的方法，这里要引导学生善于发现别的方法的优点，而不是一味去挑剔不足，在带给大家成功感的同时，不能给想出其他不同方法的学生带来挫折感和失败感。应该说"大家的方法各有千秋，只是我们觉得还有更好的方法"，进而对每个成员的方法进行再次优化。

4. 案例分析

北师大版《义务教育课程标准实验教科书·数学》三年级下册"摆一摆"。

实验操作，大胆猜测。

活动要求：

（1）量一量：图中的面积是多少？

（2）说一说：你用的是什么方法，并展示出来。

（3）评一评：你最喜欢哪一种方法？为什么？

（4）猜一猜：长方形的面积怎样计算？

小组成员在课前预习的前提下，经过组内的讨论交流后进行汇报：

我们组的测量方法是：

（1）一行一行地摆，摆了n行。

（2）长和宽各摆了一排，一个一个地摆，一共n个。

（3）方格纸一蒙，数出来就好了。

（4）用直尺量长和宽，乘起来。

……

学生在多种方法的比较中发现，第3种和第4种方法更为简捷，如果再次让他们数面积的话，他们会想用这两种方法进行。而第4种方法有待证明是否正确，引出再次数方格和计算的方法。如果验证是正确的话，那么这将是多种方法中的最优方案。

（二）求全策略

策略简介：先自主探究，再合作交流、分享、求全，总结出小组内共同的成果，类似头脑风暴策略。

数学学科求全策略操作模式如下。

1. 实用课型

复习课、练习课、探究课。

2. 操作方法

在组长的组织引导下，由组内成员逐一分享自己的想法，然后汇总到一起，激起思维的火花，使思维进一步发散，探究算法的多样化，创造出更多的方法。

3. 注意事项

既然是求全的策略，当然要鼓励学生探究算法的多样化，从不同的侧面思考，以解决问题。同时，对不同的算法的衡量标准要有所调整，只要学生能说出理由，证明方法是可行的即可。学生明白这种意图，会欣然打开思路，集思广益，创造出更多的解决方法。

4. 案例分析

北师大版《义务教育课程标准实验教科书·数学》三年级下册第102页第6

题。如图1所示，在一个长方形的花坛四周，铺上宽1米的小路。

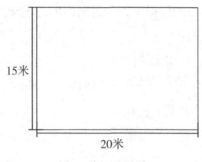

15米

20米

图1 花坛平面图

（1）花坛的面积是多少平方米？

（2）小路的面积是多少平方米？

活动要求：

（1）做一做：独立计算出小路的面积。

（2）说一说：组内交流你用的是什么方法。

（3）想一想：还可以怎样计算呢？

组员在独立完成后，在组长引领下进行全组的交流汇报。一位学生在汇报的同时，其他学生也在吸取营养，打开自己的思路。学生在说方法的同时，说出自己的理由。教师听完这些想法，再进行第3个环节的处理——想一想，还可以怎样计算呢？深化对这个问题的处理，在小组内再次激起一层涟漪，激发学生的发散性思维……

简要列举部分解答方法：

（1）20+1+1=22（米） 22×1×2=44（平方米） 15×1×2=30（平方米） 44+30=74（平方米）

（2）（20+1+1）×（15+1+1）−20×15=74（平方米）

（3）20×1=20（平方米） 15×1=15（平方米） 20+15=35（平方米） 35×2=70（平方米） 1×1×4=4（平方米） 70+4=74（平方米）

……

（三）求异策略

策略简介：学生自主探究、交流、分享，寻找不同的方法，或讨论彼此思路的不同之处，或在小组内部发现和解决问题。

数学学科求异策略操作模式如下。

1. 实用课型

复习课、练习课、探究课。

2. 操作方法

学生自主探究、交流、分享，寻找不同的地方，或讨论彼此的思路的不同之处，或在小组内部发现和解决问题。

3. 注意事项

汇报时，注意倾听与分享，特别是对问题的对比，重点在于开阔学生思路，启发学生联想，从各方面、各角度、各层次思考问题，并在各种结构的比较中，选择富有创造性的、异乎寻常的新构思。

4. 案例分析

北师大版《义务教育课程标准实验教科书·数学》五年级下册总复习。

计算：$27 \times \dfrac{4}{5} + 27 \div 5$

生1：$27 \times \dfrac{4}{5} + 27 \div 5$　　生2：$27 \times \dfrac{4}{5} + 27 \div 5$　　生3：$27 \times \dfrac{4}{5} + 27 \div 5$

$= 27 \times \dfrac{4}{5} + 27 \times \dfrac{1}{5}$　　$= \dfrac{108}{5} + 27 \times \dfrac{1}{5}$　　$= \dfrac{108}{5} + 27 \div 5$

$= 27 \times \left(\dfrac{4}{5} + \dfrac{1}{5} \right)$　　$= \dfrac{108}{5} + \dfrac{27}{5}$　　$= 21.6 + 5.4$

$= 27 \times 1$　　$= \dfrac{135}{5}$　　$= 27$

$= 27$　　$= 27$

……

在做这一题的时候，学生也会有五花八门的错误，这个是不可避免的，这也是学习的一个过程，纠错、辨析，学生在寻求异的情况下，会越辩越明。

我们来分析以上几种解决问题的方法，生1的方法绝对是最简便的方法，他充分利用了乘法分配律（转化之后利用乘法分配律）来进行简算。而生2的方法基本上按照计算的基本步骤，把它们化成分数，运用分数的计算方法来计算。

唯一欠缺的就是没有约分。生3的方法是把它们化成小数，然后计算，其可行性是可以的。当然也有其他方法。学生们通过求异，对本问题的理解更加深刻，同样对同一类问题的理解也会入木三分。

小组内每个人分析自己的做法，通过对比、分析、综合衡量，寻求解决问题的多种方法。思维水平的创造性活动揭露思考问题的思维过程，对思维过程进行剖析，并对思考问题的方向和水平进行对比，寻求解决问题的途径，可以达到灵活处理问题的目的。最终从各方面、各角度、各层次思考问题，并在各种结构的比较中，选择富有创造性的异乎寻常的新构思。

（四）求优化策略

策略简介：学生自主探究，组内寻找多种解决问题的方法，类似头脑风暴，即求全策略，然后在求全的基础上求优。

数学学科求优化策略操作模式如下。

1. 实用课型

探究课、复习课、练习课等。

2. 操作方法

（1）每个小组独立思考，形成个人的方法，列出可能的答案。

（2）组内成员轮流说出自己列出的答案。

（3）所有成员互相讨论，形成小组内产品——仅仅保留公认的最好的几种答案。

（4）对（1）（2）循环操作，对最好的几种答案进行优化。

（5）所有成员互相讨论，保留公认的最好的一种答案。

3. 注意事项

（1）操作过程中，注意发挥每个人的潜力。

（2）注重过程的优化、提升。

4. 案例分析

北师大版《义务教育课程标准实验教科书·数学》五年级下册"估计费用"。

估算某类问题，选择不同策略，并对策略进行优化（见表1）。

表1　午餐的账单

菜名	价格/元
鸡	38
鱼	33
青菜	9
饭	8

如表1所示，妈妈拿出100元付钱，叫淘气估算一下够吗？需不需要拿两张100元？

自主探究组内汇报交流。

生1：我的方法是将38+33+9+8估计为40+30+10+10=90（四舍五入法）

生2：我的方法是将38+33+9+8估计为40+35+10+10=95（五的倍数法）

生3：我的方法是将38+33+9+8估计为70+10+10=90（凑整法）

生4：……

师：通过刚才的估计，我们明白了有的估大了，有的估小了。那结果到底是估大了还是估小了呢？小组通过分析对策略进行选择，觉得生2的方法比较好，都估大了。估大了够，那实际就更够了，大家还有其他想法没？或能否在这个同学基础上再加工呢？

让学生自主探究、思考有没有比这个更好的策略，或改进这个策略。

学生合作交流：既然生2的方法是估大了，那能不能把它们都估成整十的数？

生5：我的方法是将38+33+9+8估计为40+40+10+10=100（进一法），都估大了，比实际高，那实际就够了，你们认为呢？

生6：我觉得这种方法比较好，易于操作，一看就明白，还好计算，符合估计的标准，是很棒的一个方法。

思考：本问题适合用进一法来解决问题，虽然可以用其他方法去估算，但是最好的方法还是进一法。这种方法是在充分交流、充分分享的情形下思维碰撞的结果，即在学生列出多种方法之后，通过大家的优化，对解决问题的方法、策略进行再加工、再提升，从而提升了解决问题的档次，这就是求优化策略的妙用，在过程中寻求优秀的解题过程。

八、课题研究存在的主要问题及今后的设想

本课题研究至今，虽然取得了阶段性的成果，但也存在一些问题，比如本课题总结的探究策略的操作性研究还不够深入，对小组个人或小组组长指导不够到位，小组内在策略的选择及应用上还要再多下功夫，真正实现小组内合作探究的高质效。

今后我们可以从组内合作探究策略的多样化及策略的应用与指导上下功夫，深挖探究策略，让学生在组内合作学习中有方法、有策略地去探究，去合作，走向"生动课堂"和"卓越课堂"。

参 考 文 献

［1］Russell，J. A. *A circumplex Model of Affect* ［J］. *Journal of Personality and Social Psychology*，1980（39）：1161-1178.

［2］Fredrickson B. L.，Branigan C.. *Emotions*： *Current Issues and Future Directions* ［M］. New York, NY： The Guilford Press, 2001.

［3］Davidson，R. J.，Ekman P.. *Approach Withdrawal and Cerebralasymmetry*： *Emotional Expression and Brain Physiology* ［J］. *Urnal of Personality and Social Psychology*，1990（58）：330-341.

［4］Seligman，M. E.，Csikszentmihalyi M.. *Positive Psychology*： *An Introduction* ［J］. *American Psychologist*，2000，55（1）：5-14.

［5］孟昭兰.人类情绪［M］.上海：上海人民出版社，1989.

［6］王艳梅，汪海龙，刘颖红.积极情绪的性质和功能［J］.首都师范大学学报（社会科学版），2006（1）.

［7］王艳梅.积极情绪对任务转换的影响［D］.北京：首都师范大学，2006.

［8］郭小艳，王振宏.积极情绪的概念、功能与意义［J］.心理科学进展，2007（15）.

［9］董俊.不同趋近水平积极情绪对注意范围的影响［D］.西安：陕西师范大学，2010（6）.

［10］谭晟.考研大学生的积极情绪、心理弹性与压力适应的关系研究［D］.北京：首都师范大学，2006.

［11］邹锐.论语文教师积极教学情绪对课堂教学的影响［D］.苏州：苏州大学，2011.

［12］杜娟.高校教师积极情绪、个人资源与职业倦怠的关系［D］.西安：陕西师范大学，2011（5）.

［13］崔英锦.小学生课堂行为及思考［J］.中小学心理健康教育，2003（11）.

［14］郭应平. 教师的课堂行为对学生的情感和学习成绩的影响［D］. 长沙：湖南师范大学，2003.

［15］秦淑敏. 教师期望对学生课堂行为的影响研究［D］. 兰州：西北师范大学，2006.

［16］翟健博. 课堂表现与学习成绩的关系研究［D］. 济南：山东大学，2009.

［17］张秋玲，赵宁宁. 学业水平测试的基本特征［J］. 中国考试，2010（11）.

［18］袁晓英. 中美基础教育学业水平考试体系的比较研究［J］. 中小学教师培训，2010（6）.

［19］邱林，郑雪，王雁飞. 积极情感 消极情感量表（PANAS）的修订［J］. 应用心理学，2008（14）.

［20］孙振龙. 做一名幽默风趣的数学教师［J］. 快乐阅读：中旬刊，2012（9）：71-71.

［21］兰伟彬. 积极情绪相关研究综述［J］. 四川教育学院学报，2008（10）.

［22］赵菊. 积极情绪对群际关系认知的影响［J］. 心理发展与教育，2008（3）.

［23］杨丽珠. 积极情绪和消极情绪的大脑反应差异研究综述［J］. 心理与行为研究，2007（5）.

［24］李鑫，张姝婧. 简述积极情绪在组织中五层次模型理论［J］. 才智，2011（2）.

［25］王燕. 消费情绪与消费情绪管理浅析［J］. 全国商情理论研究，2010（3）.

［26］任俊. 积极心理学思想的理论研究［D］. 南京：南京师范大学，2006.

［27］廖丽娜，唐柏林. 论大学生积极情绪情感培养的策略［J］. 长春工业大学学报（高教研究版），2008（2）.

［28］林贤芬. 积极情绪对生物教学影响的研究［J］. 当代教育论坛（教学研究），2010（6）.

［29］朱翠英，银小兰. 积极情绪对健康人格的影响探析［J］. 湖南师范大学社会科学学报，2011（1）.

［30］廖胜男，邝翠红. 积极心理在化学教学中的应用策略［J］. 化学教与学，2010（8）.

［31］张敏. 青少年情绪弹性及其对认知的影响［D］. 上海：上海师范大学，2010.

［32］陈丽君. 美感与积极情绪的关系及对变化觉察的影响［D］. 重庆：西南大学，2010.

［33］刘子弘. 拥有积极情绪，笑看美好人生——积极情绪研究综述［J］. 现代企业教育，2010（16）.

［34］李爱梅，李连奇，凌文辁. 积极情绪对消费者决策行为的影响评述［J］. 消费经济，2009（3）.

［35］刘天月. 积极情绪性质研究的现状、问题和建议［J］. 江苏技术师范学院学报，2010（1）.

［36］肖德法，袁凤识. 学习策略与课堂行为关系的典型相关研究［J］. 四川外国语大学学报，2007（3）.

［37］雷新勇. 我国学业水平考试的基本问题及反思［J］. 教育测量与评价，2010（1）.

［38］郑雪，陈少华，张兴贵，等. 小学生心理健康教育［M］. 广州：暨南大学出版社，2006.

［39］吴明隆. 结构方程模型——AMOS的操作与应用［M］. 重庆：重庆大学出版社，2009.

［40］林崇德. 心理测量学［M］. 北京：人民教育出版社，2003.

［41］吴明隆. SPSS统计应用实务——问卷分析与应用统计［M］. 北京：科学出版社，2003.

［42］仲玉华. 培养学生探究能力的几个原则［J］. 中学教育，2003（1）.

［43］冯富仙. 教学中如何培养学生的探究能力［J］. 新课程（中学），2010（6）.

［44］王茂兰. 浅谈数学教学中数学探究能力的培养［J］. 中国科教创新导刊，2009（30）.

［45］高良阔. 谈学生探究能力的培养［J］. 科技信息，2009（14）.

［46］苏茂清. 浅谈如何在小学数学课堂中培养学生提出问题的能力［J］. 神州，2011（8）：49.

［47］［美］Diane Heacox. 差异教学——帮助每个学生获得成功［M］. 杨希洁，译. 北京：中国轻工业出版社，2004.

［48］刘兼，孙晓天. 数学课程标准解读［M］. 北京：北京师范大学出版社，2011.

［49］江翠琴. 对"培优防差"课堂教学结构的实验研究［J］. 辽宁教育，
1998（6）.

［50］田俊双. 采用分层施教实现课程理念［M］. 北京：北京师范大学出版
社，2004.

［51］俞晓. "因材而练"，让作业更有效［M］. 上海：上海教育出版社，2008.

［52］［美］雅各布. 合作学习的教师指南［M］. 杨宁，卢杨，译. 北京：中国
轻工业出版社，2005.

［53］［美］兰格，科尔顿，戈夫. 学生学习合作分析［M］. 方彤，罗曼丁，
罗曼佳，译. 北京：中国轻工业出版社，2005.

［54］王新明，巫惠茹. 谈小学生学习习惯的培养［J］. 中小学教育研究，
2001（1）.

［55］郭应平. 教师的课堂行为对学生的情感和学习成绩的影响［D］. 长沙：
湖南师范大学，2003.

［56］［英］Robert Fisher. 创造性对话：课堂里的思维交流［M］. 刘亚敏，译.
北京：社会科学文献出版社，2014.

［57］李星云. 基于数学核心素养的小学数学教师课程体系建构［J］. 教育理论
与实践，2016（11）：45–48.

［58］邱甜. 未来课堂环境下的可视化教学活动设计研究［D］. 上海：华东师
范大学，2018.

［59］林崇德. 21世纪学生发展核心素养研究［M］. 北京：北京师范大学出版
社，2016.

［60］王陆，张敏霞. 课堂观察方法与技术［M］. 北京：北京师范大学出版
社，2002.

［61］王光明，范文贵. 新版课程标准解析与教学指导小学数学［M］. 北京：
北京师范大学出版社，2012.

［62］王迎. 借课堂观察数据审视教学对话的有效性［J］. 语文建设，2017
（4）：22–25.

［63］王晓玉. 关于教学情境创设的再思考［J］. 教学与管理，2011（24）.

［64］徐芳. 关于教师构建幽默课堂的几点思考［J］. 湖北经济学院学报，
2012（7）.

［65］陈国海.国内教学幽默研究述评［J］.高等教育研究学报，2007（2）.

［66］莫爱屏，潘小波.国外教师幽默话语研究［J］.外语研究，2013（1）.

［67］朱洪兴.课堂幽默与教学效果［J］.中国高等研究，1998（6）.

［68］李华.快乐数学课堂情趣相得益彰［J］.小学教学研究，2009.

［69］钱风萍.浅谈课堂幽默效应［J］.文教资料，2005（17）.

［70］孙宇宏.浅谈幽默教学［J］.吉林华侨外国语学报，2008（1）.

［71］丁芸.数学教学中教师教学机智研究［D］.福州：福建师范大学，2008.

［72］金立.合作与会话——合作原则及其应用研究［M］.北京：中国社会科学出版社，2005.

［73］王勤玲.幽默言语的认知语用研究［D］.上海：复旦大学，2005.

［74］赵明瑜.特技教师课堂语言风格的案例研究［D］.济南：山东师范大学，2008.

［75］钱守旺.钱守旺的小学数学教学主张［M］.北京：中国轻工业出版社，2012.

［76］中华人民共和国教育部.义务教育数学课程标准（2011年版）［M］.北京：北京师范大学出版社，2011.

［77］张奠宙."基本数学经验"的界定与分类［J］.数学通报，2008，47（5）：4.

［78］徐文彬.如何认识"数学的基本活动经验"［J］.教育研究与评论·小学教育教学，2012（6）：4.

［79］史宁中.《数学课程标准》的若干思考［J］.数学通报，2007（5）：1-5.

［80］张苾菁.如何帮助学生积累数学基本活动经验［J］.人民教育，2010（6）.

［81］顾援.迁移与课堂教学［J］.教育理论与实践，2000（10）.

［82］朱庆生."对话"成就精彩课堂［J］.现代教育科学：小学教师，2012（3）.

［83］王玉丽."对话"让课堂焕发活力［J］.江苏教育，2004（12）.

［84］杨步升."对话式"教学在小学数学课堂中的运用［J］.课堂教学，2013（4）.

［85］袁志忠，袁带秀，胡文勇."对话式教学"之我见［J］.教学研究，2010（6）.

［86］许福年."对话"让数学课堂更精彩［J］.基础教育论坛，2012（11）.

［87］张薇薇.小学数学教学中实施对话教学的几点思考［J］.现代教育科学，2009（4）.

［88］王世录.促进生生有效对话的策略［J］.治学之法，2012（3）.

［89］陈惠芳.对话：让课堂丰盈起来［J］.江苏教育，2013（5）.

［90］李宪勇，李香娥.对话教学的基本形式及其关系［J］.文教资料，2008（9）.

［91］吕智敏.对话教学理念下的高中英语课堂师生话语研究［D］.上海：上海师范大学，2012.

［92］邵春安.对话式教学的实践［J］.现代教学，2009（1）.

［93］陆静.对话式教学例析［J］.学科园地，2012（30）.

［94］范科颖.高中地理课堂的生生对话教学研究［J］.考试与评价，2010（3）.

［95］夏安芳.构建"生生对话"课堂，让学生个性飞舞张扬［J］.教师之友，2005（7）.

［96］舒琼琳.教师在"生生对话"中的角色定位［J］.综合天地，2006（5）.

［97］刘冬梅.教学对话中应注重生生对话的引导［J］.教育论坛，2008（14）.

［98］张建琼.课堂教学行为优化研究［D］.兰州：西北师范大学，2005.

［99］钱芳.略谈小学数学课堂教学中的有效对话［J］.课堂内外，2013（4）.

［100］张增田，靳玉乐.论对话教学的课堂实践形式［J］.中国教育学刊，2004（8）.

［101］陈庆晓.论对话教学内涵、基本类型及特征［J］.长春理工大学学报，2009（5）.

［102］祝晓琴.论新课程中的对话教学［J］.内江科技，2009（1）.

［103］王玉莉.浅谈小学数学对话教学的智慧［J］.教育研究与评论，2012（8）.

［104］王振凯.浅谈语文课堂"生生对话"中的教师功能［J］.语文学刊，2006（9）.

［105］黄振华，祁仁东.让对话成就课堂精彩［J］.教学月刊小学版，2012（11）.

［106］蔡献红.让对话在语文课堂中自由飞扬［J］.文学教育，2012（10）.

［107］范小旭.让活力课堂在多维对话中绽放精彩［J］.小学时代教育研究，2013（5）.

［108］倪安峰. 生生对话，呈现科学课堂的无线精彩［J］. 教育教学研究，2012（9）.

［109］曾海燕. 生生对话成就经典课例［J］. 小学教学数学版，2012（5）.

［110］李贵田. 生生对话中教师的指导作用解析［J］. 中学语文教学，2004（9）.

［111］黄勤新. 师生、生生、自我对话［J］. 课程教育研究，2013（6）.

［112］王玮. 实现"对话教学"的四种形式［J］. 人民教育，2004（15）：75-76.

［113］吴开腾，吴立宝，潘超. 数学教育类课程对话教学模式探究［J］. 内江师范学院学报，2010（8）.

［114］尚宇林. 谈生生对话中的教师指导作用［J］. 数学教学研究，2005（8）.

［115］田晓茜. 提高课堂"生生对话"的实效性［J］. 北京教育·刊中刊，2010（10）.

［116］肖正德. 我国对话教学研究十年：回顾与反思［J］. 高等教育研究，2006（4）.

［117］王志宏. 小学数学对话教学研究［D］. 苏州：苏州大学，2010.

［118］蓝春香. 小学数学课堂对话之教学研究［J］. 小学时代教育研究，2012（6）.

［119］刘兰英. 小学数学课堂师生对话的特征分析：上海市Y小学的个案研究［D］. 上海：华东师范大学，2012.

［120］戴剑霄. 以对话构建数学教学的深层内涵［J］. 中国科技信息，2009（12）.

［121］曹利娟. 用"对话"激发课堂的活力［J］. 吉林省教育学院学报，2008（6）.

［122］卓荣中. 语文课堂"生生对话"中的教师功能［J］. 考试周刊，2008（7）.

［123］沈芳. 在"对话"的天空中灵性飞扬［J］. 语文教学与研究，2013（45）.

［124］李桂兰. "对话"让语文课堂成为互动舞台［J］. 华夏教师，2013（3）.

［125］陈玲，胡智杰，周志. 1∶1环境下的小学英语课堂教学特征研究——基于视频案例分析的视角［J］. 中国电化教育，2014（2）：88-94.

［126］李玉环，李玉梅. 保罗·弗莱雷"对话式教学"新论［J］. 教育评论，2014（5）.

［127］白秀华. 对话教学法在小学教学教育中的应用［J］. 教育科学，2012（10）.

［128］金文. 基于Nvivo的课堂视频分析［D］. 上海：华东师范大学，2012.

[129] 张海，王以宁，何克抗. 基于课堂视频分析对信息技术深层整合教学结构的研究 [J]. 中国电化教育，2010（11）.

[130] 张志祯，喻凡，李芒. 课堂教学视频分析软件的设计与实现 [J]. 中国电化教育，2010（6）.

[131] 陈惠芳. 生态理念下的数学"对话式教学"实践 [J]. 上海教育科研，2014（3）.

[132] 陈秀. 视频分析工具在微格教学技能评价中的应用研究 [D]. 上海：华东师范大学，2012.

[133] 李婷. 视频分析软件：概述、比较与应用 [J]. 中国现代教育装备，2013（11）.

[134] 刘兰英. 数学课堂师生对话分析的内容框架构建 [J]. 全球教育展望，2013（5）.

[135] 沈坤华. 小学数学对话教学的探索 [J]. 中国教育学刊，2005（9）.

[136] 刘勉，张际平. 虚拟现实视域下的未来课堂教学模式研究 [J]. 中国电化教育，2018（5）

[137] [美] 布兰思·福特. 人是如何学习的 [M]. 程可拉，译. 上海：华东师范大学出版社，2013.

[138] [美] 丹尼尔·平克. 全新思维：决胜未来的6大能力 [M]. 高芳，译. 杭州：浙江人民出版社，2013.

[139] 谢丽莉. 小学数学优质课堂的特征分析 [J]. 课程教育研究，2017（6）.

[140] 王良华. 小学数学思维能力培训策略 [J]. 科教文汇（下旬刊），2012（1）.

[141] 陈洁. 关于培养中学生数学"空间想象力"的思考 [J]. 西北成人教育学报，2011（2）.

[142] 庞浩. 小学数学教具学具的有效制作与使用 [J]. 数学大世界（教师适用），2011（2）.

[143] 许冬梅. 空间想象能力和空间思维能力的培养 [J]. 福建信息技术教育，2005（2）.

后 记

不得不说的故事。

从教十余年的我，作为一名小学数学教师，躬耕于一线，很难有许多高、大、上的理论，更难有很多动人的故事，都是一些和学生一起经历的鸡毛蒜皮的"琐事"，能结集成册实属不易。我想，这些"琐事"虽然简单，虽然平常，可都是最真实的故事与案例，我不创造和编造故事，我只做故事的记录者，我笔记我心。

本书的缘起是有故事的。

2017年8月，我参加了橘林书院组织的课题指导师学习会，张文质和黄爱华两位老师提出作为教师要有"作品"意识。培训会上所讲的内容现在多半都忘记了，唯独这个"作品"意识让我一直念念不忘，作为一线教师，我的作品有哪些？又如何创作自己的作品呢？

事后回到自己的工作生活中，我一直思考这件事情。我该如何收集我的作品，整理我的作品呢？工作这些年，确实写过一些文章，可都是零零散散的文章。那就先收集整理着吧。于是我把所有的文章都搜集起来。还不错，有几十篇，甚是欣慰。于是将这些文章稍加编辑整理，发给了陈文芳老师。文芳老师百忙之中回信给我，并提了许多建议。他说我的书稿可以出版，而且以这本书为起点，还可以出第二本、第三本……因为书稿中既有"思"，又有"行"，这是教师最有价值的东西，他看到我的书稿中一些闪光的东西——我的很多故事都非常真实，有很多有创意的想法和做法。他说倘若稍加修改，有明确的主题和线索，这本书就有了主心骨，就可以"拎"起来，并显得很扎实。

文芳老师还给我很多很多其他建议，我都一一记下，并用心去思考与努力践行。后来，我有幸加入陈春华校长组织的"半亩花田"读写会。有了这样的平台，我如获至宝，开始了我的"写作"生涯，努力积累自己的作品。

就这样，从开始的零散式记录到围绕某个主题聚焦式"写作"，慢慢地我找到了灵感，找到了如何积累"作品"，感谢有这些导师兼朋友的鼓励与指导，润物细无声。

2019年3月，陈春华校长的大作《心怀柔软做教育》出版，春华校长送给我一本。当时春华校长说，张乾，几时能收到你的新书？我没有正面回答，但一直记得此事，努力去尝试主题式写作。我相信今天这本书得以出版，与春华校长的多次勉励是分不开的，感谢前辈的示范与鼓励。

本书收录了我几十篇一线教育教学的论文，文章曾经发表在《高等数学研究》《小学数学教育》《中外教育与研究》《教育信息化论坛》和《南山教育》等杂志上，感谢这些杂志的编委们，感谢你们给我机会，赋予我勇气，让我一次次蝶变，终于有了自己的"作品"。

本书能结集成册，要感谢我所遇见的恩师，我的学生，我的朋友，我的家人。感谢深圳市教育科学研究院中小学科技创新中心主任、全国知名数学特级教师、数学正高级教师黄爱华百忙之中给本书作序。深圳大学数学与统计学院院长、博士生导师陈之兵教授，深圳大学数学与统计学院副院长、博士生导师鲁坚教授，深圳大学数学与统计学院数学系主任曹丽华副教授，惠州学院李鹏副教授多次对本书结构及内容进行精心指导。深圳大学教育专业硕士点学科带头人、高等教育研究所原所长张祥云教授，深圳大学师范学院张兆芹教授对本书重点内容进行了用心指导。南山区委组织部副部长马明对本书出版过程中进行了诸多合理化建议与指导。南山区教育局主任督学洪其华，区教育局银艳琳部长、尤业东主任、王艾燕科长、杜金龙科长对本书进行了悉心指导。

特别感谢深圳市小学数学教研员李一鸣老师、南山区小学数学教研员陈清容老师对我专业的指导和对本书部分板块的指导。感谢出版过程中，作家张文质先生、王邦杰校长、陈春华校长、杨凌会副校长、陈文芳老师对我本人及本书的指导，感谢南山区教育督导科各位同仁对本书的各种建议，对我的指导与帮助。感谢三名书系曹梁培主任多次对本书内容及框架进行沟通与协调，并在结集成书过程中给予的专业指导，在此一并表示衷心的感谢。有你们的支持与鼓励，我才能勇敢走下去，坚持探索教育之路、人生之路。

　　愿这本册子能够对教师有所帮助，愿书中教育实践能对老师们有所启示。由于本人才疏学浅，水平有限，书中的教育观点、做法及一些想法难免存在着一定的浅陋、偏颇甚至错误，还请老师们批评指正。

张 乾

2020年5月于深圳湾畔